Les nouveaux CAHIERS

PRÉVENTION SANTÉ ENVIRONNEMENT

CAP

NOUVELLE ÉDITION 2022

Mémos
→ rédigés, en schéma, audio

Ressources numériques
→ autres situations, vidéos, QCM interactifs, tutoriels

+ 3 entraînements pour préparer le CCF

SYLVIE CROSNIER
MARY CRUÇON

foucherconnect.fr
Dans ce manuel, des ressources en accès direct pour tous

FOUCHER

28 autres situations
En alternative à la situation proposée dans le manuel, une **nouvelle situation**, variant les supports :

Autre situation
Vidéo
Infographie
Texte
BD

28 mémos rédigés
Les mémos des chapitres disponibles sous forme de textes rédigés, en **format PDF**

LE MÉMO Rédigé

28 mémos audio
Les textes des mémos rédigés disponibles en **version MP3**, pour mieux mémoriser

LE MÉMO Audio

28 QCM interactifs
Un QCM par chapitre, disponible sous **forme interactive**, pour bien réviser

qcm

5 tutoriels
Des tutoriels animés pour apprendre les principales méthodes mobilisées en PSE

Tutoriel

Une quarantaine de liens vers des vidéos et des sites internet pour enrichir les documents du manuel

vidéo
site internet

Conception de la maquette intérieure : **Primo & Primo**
Composition : **STDI**
Illustrations : **Da-Fanny, Alfonso Recio, Laure Scellier, Olivier Le Discot, Philippe Gady, Coredoc, Vincent Landrin**

ISBN 978-2-216-16472-1

Sommaire

THÉMATIQUE D : L'individu consommateur averti

ENTRAÎNEMENTS POUR PRÉPARER LE CCF

La Prévention Santé Environnement en CAP

Objectif : identifier les caractéristiques de la Prévention Santé Environnement en classe de CAP.

ACTIVITÉ 1 Quelques mots-clés de la PSE

1 **Compléter** la grille de mots croisés à l'aide de la définition associée à la photo.

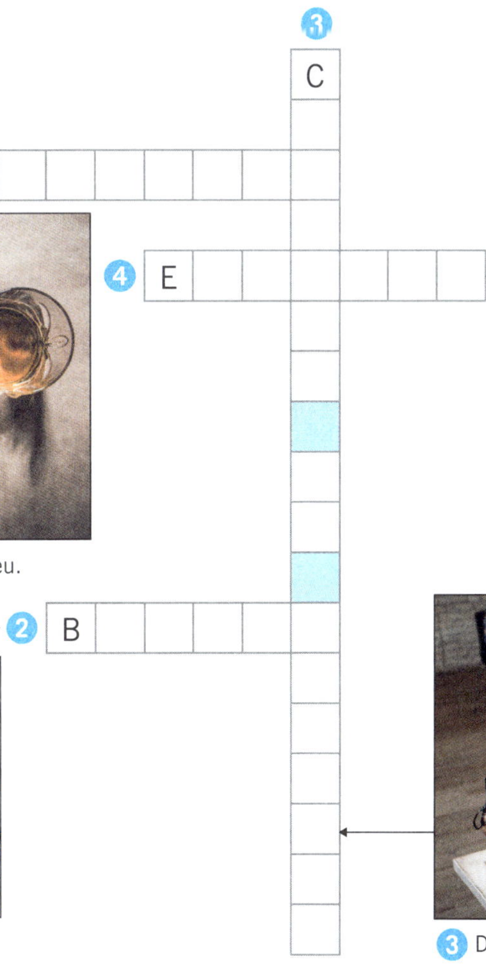

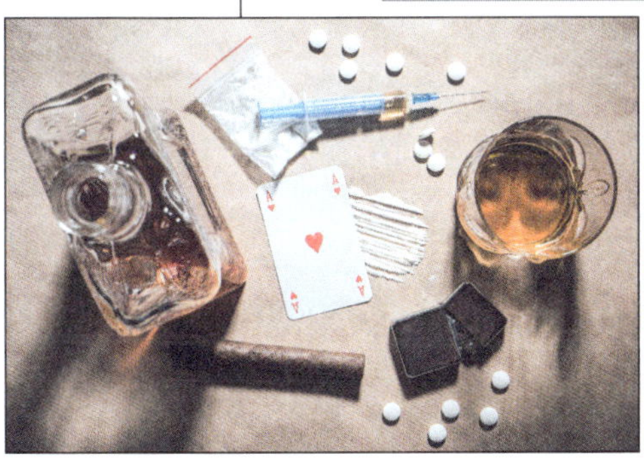

1 Dépendance à un produit ou à un jeu.

4 Produite par le Soleil, elle est dite renouvelable.

2 Équilibré, il évite l'endettement.

3 Document qui lie l'employeur et le salarié.

ACTIVITÉ 2 Les quatre thématiques du programme de PSE

2 À partir du sommaire de l'ouvrage, **associer** à chacune des quatre thématiques étudiées en PSE les modules liés aux mots-clés découverts dans la grille de mots croisés.

Quatre thématiques		Modules liés aux mots-clés de la grille
Thématique A 7 modules	L'individu responsable de son capital santé	....
Thématique B 4 modules	L'individu responsable dans son environnement	....
Thématique C 8 modules	L'individu dans son milieu professionnel, impliqué dans la prévention des risques	....
Thématique D 3 modules	L'individu consommateur averti	....

ACTIVITÉ 3 Les compétences développées en PSE

3 **Surligner** la compétence mobilisée lors de la réalisation de l'activité 2.

- **C1** Traiter une information.
- **C2** Appliquer une démarche d'analyse dans une situation donnée.
- **C3** Expliquer un phénomène physiologique, un enjeu environnemental, une disposition réglementaire, en lien avec une mesure de prévention.
- **C4** Proposer une solution pour résoudre un problème.
- **C5** Argumenter un choix.
- **C6** Communiquer à l'écrit et à l'oral avec une syntaxe claire et un vocabulaire adapté.

ACTIVITÉ 4 Les modalités d'évaluation certificative de la PSE

4 Suite aux informations données par votre enseignant(e) sur les modalités d'évaluation pour l'obtention de votre certificat d'aptitude professionnel (CAP), **cocher** la forme d'évaluation qui vous concerne.

☐ Contrôle en cours de formation.

☐ Épreuve ponctuelle.

Le système de santé

Objectif : adopter une attitude responsable face à sa santé et celle des autres.

Comment préserver son capital santé ?

En France, de très nombreux dispositifs sont mis en place pour aider chacune et chacun à prendre soin de sa santé : ils sont aussi variés que les cours d'éducation physique obligatoires à l'école, l'accompagnement gratuit pour l'arrêt de la cigarette, le remboursement de nombreux médicaments et de consultations médicales par l'Assurance maladie, ou encore l'installation de voies cyclables et d'infrastructures de musculation en ville. Toutes ces mesures relèvent de la santé publique. Elles sont très différentes les unes des autres, mais sont toutes là pour aider chaque citoyen à préserver ce fameux capital santé.

Source : www.missions-sante.com/comment-preserver-capital-sante

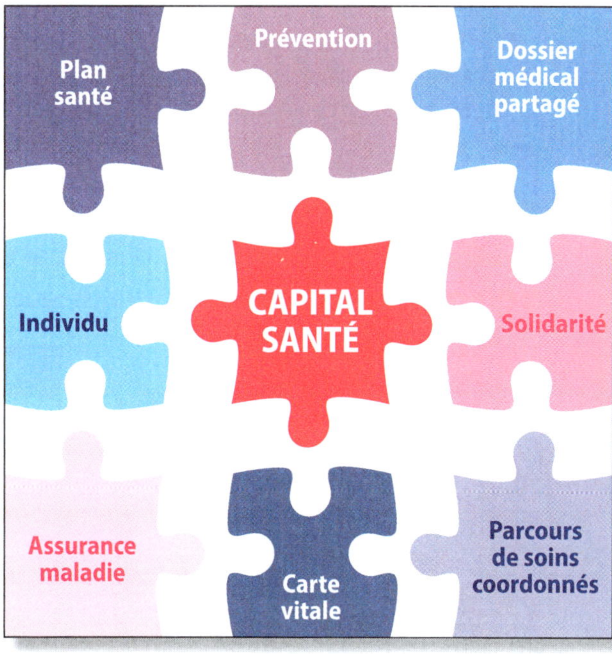

ANALYSER LA SITUATION

1 **Formuler** le problème posé dans la situation.

....

....

2 **Identifier** les éléments de la situation en renseignant le tableau.

Les personnes concernées	
Des dispositifs mis en place pour aider ces personnes	
L'intérêt de mettre en place ces dispositifs	

Autre situation BD

foucherconnect.fr/22pc01

ACTIVITÉ 1 Les effets des facteurs internes et externes sur la santé d'un individu

3 **Surligner**, dans le **document A**, la définition de la santé selon l'OMS.

DOC A La définition de la santé selon l'OMS

L'Organisation mondiale de la santé (OMS) est l'institution spécialisée de l'Organisation des Nations unies (ONU) pour la santé. L'OMS a pour objectif d'amener tous les peuples du monde au niveau de santé le plus élevé possible. Elle définit la santé comme étant un « état de complet bien-être physique, mental et social, qui ne consiste pas seulement en une absence de maladie ou d'infirmité. »

4 À partir du **document A**,

4.1 **Indiquer** le type de bien-être illustré par chaque photo.

4.2 **Proposer** un exemple qui illustre chaque type de bien-être.

La santé =

Bien-être	+ Bien-être	+ Bien-être ....

– S'impliquer avec plaisir dans son travail. –	– Pratiquer une activité sportive. –	– Éviter les situations de stress. – ....

5 À partir du **document B**, **relever** des facteurs pouvant altérer la santé de l'individu et leurs possibles effets.

Des facteurs pouvant altérer la santé			Exemples d'effets possibles sur la santé
Facteurs internes	Liés au comportement	....	....
	Liés au bagage génétique	Des gènes héréditaires.	– Hémophilie.
Facteurs externes	Liés à l'environnement	....	....

DOC B Quelques constats sur les facteurs de santé et leurs effets

• La pollution de l'air en Europe

+ de 790 000 décès
par an

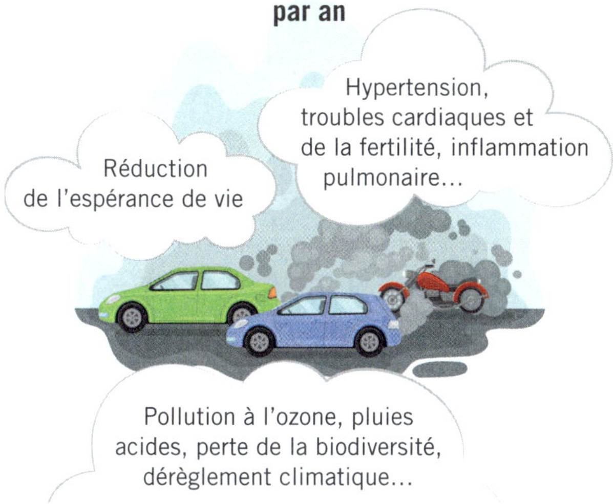

Source des chiffres : www.save4planet.com

• La pollution sonore en Europe

1 personne sur 5 en Europe vit dans des zones où les niveaux de bruit sont considérés comme dangereux pour la santé.

Nombre de personnes touchées par la pollution sonore en Europe

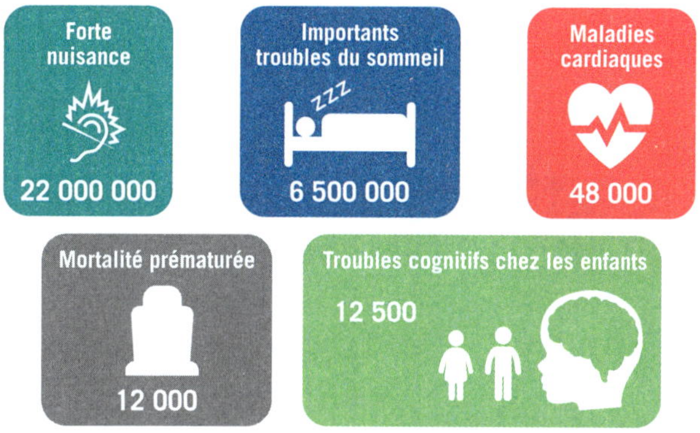

Source des chiffres : Rapport de l'AEE, « Noise in Europe 2020 ».

• L'épidémie de VIH en France

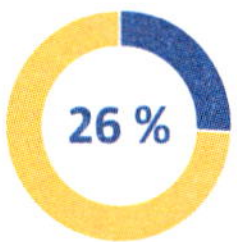

des cas de séropositivité au VIH sont **détectés à un stade déjà avancé** de l'infection

21 292 personnes **sous PrEP*** au 1er semestre 2020

6,2 millions de **tests sérologiques** du VIH réalisés en 2019

La pandémie de Covid-19 a fortement réduit le dépistage du VIH et des IST bactériennes en 2020

*Traitement préventif pour les personnes très exposées au VIH (Prophylaxie Pré-Exposition).

Source des chiffres : Santé Publique France et www.vih.org, 2019-2020.

• L'alcoolisme en France

41 080 décès dus à l'alcool

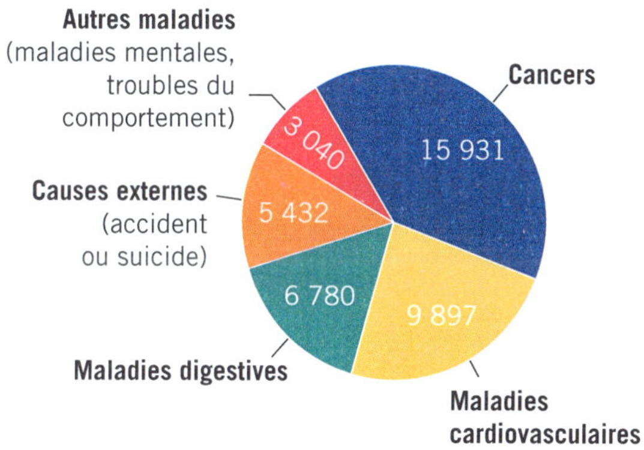

Source des chiffres : BEH, février 2019.

6 **Surligner**, dans le **document C**, l'objectif des plans santé.

7 À partir du **document C**, **préciser** la durée d'un plan national de santé.

....

8 À partir des **documents B** et **C**, **justifier** :

– la mise en place d'un plan national de mobilisation contre les addictions :

....

....

....

– la reconduction pour la quatrième fois consécutive du plan santé environnement :

....

....

DOC C Les plans santé

Un **plan de santé publique** est fondé sur le constat d'un problème sanitaire à résoudre suite à un diagnostic de santé de la population française. Il définit les orientations à prendre pour les années à venir, pour environ cinq ans, et peut être reconduit. Il vise à prévenir les risques, dépister les maladies, informer et mettre en place des dispositifs pour aider les malades et leurs familles. Il concerne l'ensemble de la population ou cible une population précise. Il est mis en œuvre par des plans et programmes nationaux et dans les territoires par des projets régionaux de santé définis par les agences régionales de santé (ARS).

 # document
Plan national de mobilisation contre les addictions.
foucherconnect.fr/22pc02

Les défis du Plan national de mobilisation contre les addictions :

– Protéger dès le plus jeune âge.
– Mieux répondre aux conséquences des addictions pour les citoyens et la société.
– Améliorer l'efficacité de la lutte contre le trafic.
– Renforcer les connaissances et favoriser leur diffusion.
– Renforcer la coopération internationale.
– Créer les conditions de l'efficacité de l'action publique sur l'ensemble du territoire. [...]

 # document
Plan national santé environnement 4 (PNSE 4) : quels sont les objectifs ?
foucherconnect.fr/22pc03

Quatre objectifs prioritaires dans le Plan santé environnement 2020-2024 :

– s'informer sur l'état de son environnement et les bons gestes à adopter ;
– réduire les expositions environnementales affectant notre santé ;
– démultiplier les actions concrètes menées dans les territoires, en mobilisant les collectivités ;
– mieux connaître les expositions et les effets de l'environnement sur la santé des populations, en développant des efforts de recherche en santé environnement.

ACTIVITÉ 2 Les spécificités du système de santé

 # vidéo
3 minutes pour comprendre la Sécurité sociale.
foucherconnect.fr/22pc04

9 À partir du **document D** et/ou de la **vidéo**,

9.1 Nommer l'organisme qui assure la protection sociale en France.

....

9.2 Nommer et **expliquer** le principe sur lequel repose la protection sociale en France.

....

....

....

....

....

....

DOC D Le principe de solidarité nationale de la Sécurité sociale

En France, la Sécurité sociale est le pivot de la protection sociale. Elle garantit un ensemble de droits qui permettent à chacun d'entre nous d'être assuré face aux conséquences des **risques sociaux**. Le système de santé repose sur un **principe de solidarité nationale** : chacun, au sein de notre société, participe à la protection de tous et bénéficie de cette protection. Grâce à leurs cotisations, les bien-portants sont solidaires des malades, les personnes en âge de travailler sont solidaires des inactifs et des retraités.

La solidarité à travers la Sécurité sociale

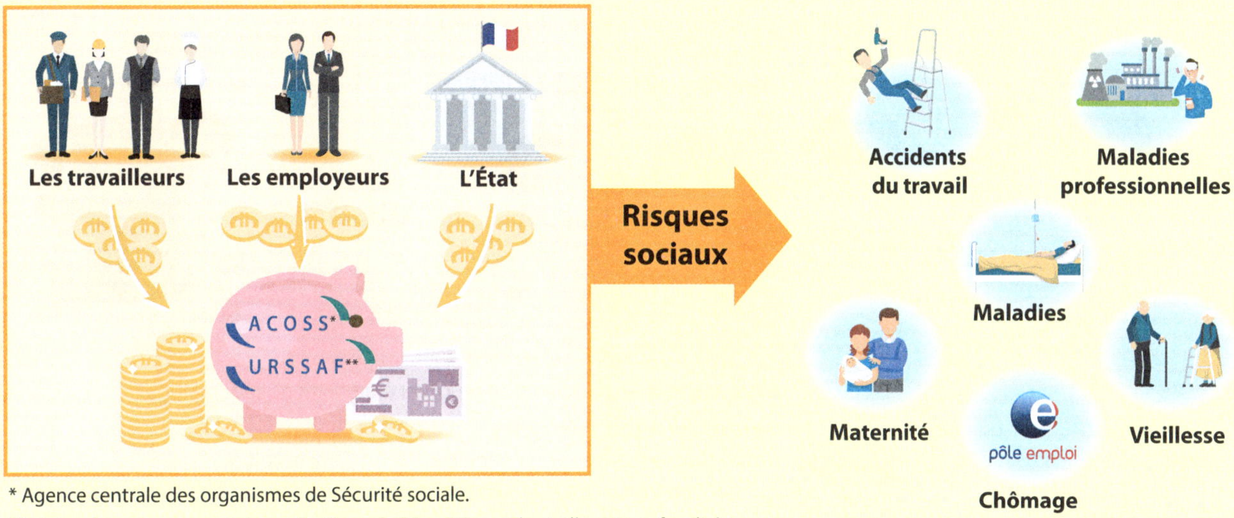

* Agence centrale des organismes de Sécurité sociale.

** Union de recouvrement des cotisations de Sécurité sociale et allocations familiales.

10 À partir du **document E** et de vos connaissances,

10.1 Préciser l'objectif du parcours de soins coordonnés.

....

....

10.2 Indiquer la marche à suivre pour bénéficier d'un parcours de soins coordonnés.

....

....

....

10.3 Indiquer pour chaque situation si le parcours de soins coordonnés est respecté.

Situations		Respect du parcours de soins coordonnés		Justifications
		Oui	Non	
	Ismaël consulte un dermatologue sans passer par son médecin traitant.			....
	Julia, à 200 km de son domicile, consulte un médecin suite à une chute ayant entraîné une entorse au pied.			....

DOC E Le parcours de soins coordonnés

 # site internet
Déclaration de choix du médecin traitant.
foucherconnect.fr/22pc05

Le **parcours de soins coordonnés** consiste à confier au médecin traitant la coordination des soins pour votre suivi médical. Le parcours de soins garantit une meilleure prise en charge des dépenses de santé. Pour en bénéficier, vous devez choisir et déclarer un **médecin traitant**. Cette déclaration peut se faire en ligne ou par courrier.

Vous êtes **hors parcours de soins coordonnés** si vous n'avez pas déclaré de médecin traitant ou si vous consultez directement un médecin (généraliste ou spécialiste) autre que votre médecin traitant, sans avoir été orienté par ce dernier.

Cependant, l'Assurance maladie a mis en place un dispositif permettant aux patients qui n'auraient pas retrouvé de généraliste après le départ à la retraite de celui-ci d'obtenir un remboursement normal.

Patient ayant 16 ans* ou plus bénéficiaire d'une couverture maladie

consulte →

Médecin traitant déclaré à la CPAM

oriente →

Médecin spécialiste

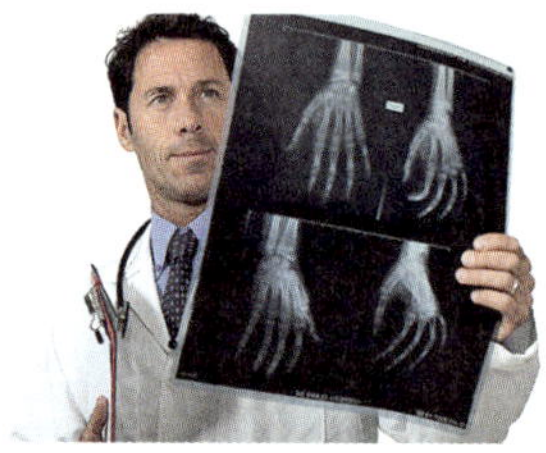

consulte →

Autre médecin si situation d'urgence ou éloignement géographique

Certains médecins spécialistes
- ophtalmologue
- pédiatre
- gynécologue
- chirurgien-dentiste
- stomatologue
- psychiatre ou neuropsychiatre

*Depuis 2017, la désignation d'un médecin traitant est étendue aux enfants de moins de 16 ans. Toutefois, si la déclaration n'est pas faite, les soins ne sont pas moins bien remboursés.

11 À partir **document F**, **renseigner** le tableau.

	Parcours de soins pour une consultation à 25 € (chez un généraliste de secteur 1)	
	coordonnés	**non coordonnés**
Taux de remboursement de la Sécurité sociale	....	....
Somme remboursée	....	....
Montant restant à la charge du patient	....	....

DOC F Le remboursement des soins

Cas 1 : consultation dans le cadre du parcours de soins coordonnés

Cas 2 : consultation hors du parcours de soins coordonnés

Dans les deux cas, vous payez votre consultation 25 €.

70 % du prix de votre consultation est **remboursé par l'Assurance maladie** moins la participation forfaitaire d'1 €.

30 % du prix de votre consultation est **remboursé par l'Assurance maladie** moins la participation forfaitaire d'1 €.

12 À partir du **document G** et/ou de la **vidéo**, **indiquer** le rôle de la carte vitale.

 # vidéo
Ma carte vitale, elle sert à quoi ?
foucherconnect.fr/22pc06

DOC G La carte vitale

La carte vitale est une **carte à puce nominative**, adressée à l'assuré âgé de plus de 16 ans. Elle contient tous les éléments administratifs nécessaires à la prise en charge des soins par l'Assurance maladie et, parfois, les coordonnées de l'organisme versant les prestations complémentaires. Remise au professionnel de santé consulté qui vérifie les droits de l'assuré, elle garantit au patient une prise en charge rapide des soins sans avoir de démarches à effectuer. Elle est jointe à une attestation d'assuré social.

13 À partir du **document H** et/ou de la **vidéo**, **indiquer** l'intérêt du dossier médical partagé.

DOC H « Mon Espace Santé » : une nouvelle plateforme médicale numérique pour tous les Français

 # vidéo
3 min pour comprendre Mon Espace Santé.
foucherconnect.fr/22pc07

« Mon Espace Santé » (monespacesante.fr) est le nouveau service sécurisé qui permettra à chacun d'être acteur de sa santé au quotidien. Il donne accès au DMP (dossier médical partagé).

Création automatique de Mon Espace Santé à chaque assuré de l'Assurance maladie (sauf opposition de sa part).

Carnet de santé numérique
regroupant traitements, résultats d'examens, allergies, antécédents médicaux.

Le médecin traitant et le patient sont les seuls à pouvoir y accéder. Les autres professionnels de santé ne peuvent voir que certaines informations en fonction de leur spécialité.

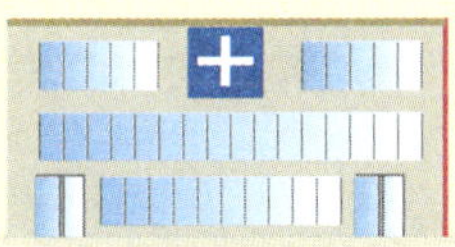

Les prescripteurs l'alimentent, mais aussi l'Assurance maladie et le patient. Les données sont conservées 10 ans.

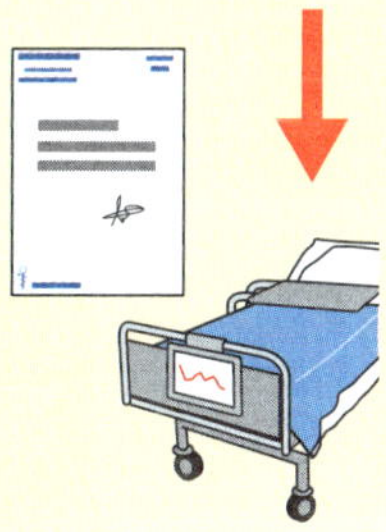

Grâce au DMP, les professionnels de santé coordonnent leurs soins et évitent les interactions entre médicaments et les examens inutiles.
Le patient bénéficie donc d'une meilleure prise en charge.

PROPOSER DES SOLUTIONS

14 **Identifier**, pour chaque photo, les solutions que chacun peut mettre en œuvre pour préserver son capital santé.

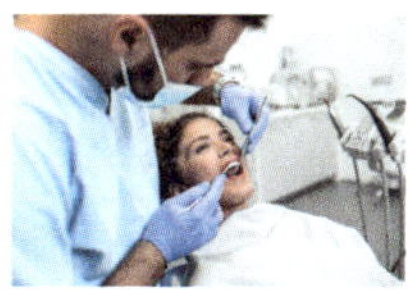

MÉMO 1 Le système de santé

1. Les effets des facteurs internes et externes sur la santé d'un individu

Définition de la santé (selon l'OMS) :

Bien-être **physique** + bien-être **mental** + bien-être **social**

↓

Santé influencée par :

Facteurs externes liés à l'environnement

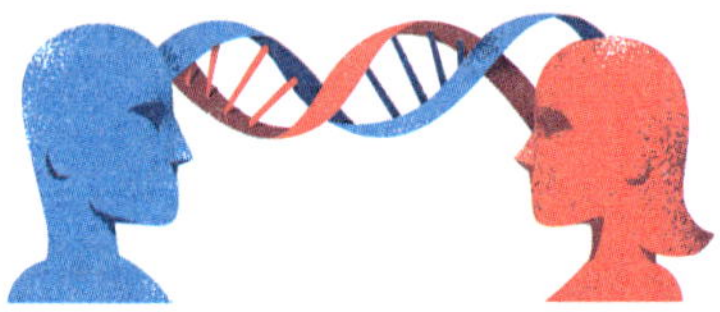

Facteurs internes liés à la génétique et au comportement de l'individu

Les plans santé

→ Ensemble d'**actions de prévention** mises en place par l'État suite à une analyse de l'état de santé de la population pour résoudre des problèmes sanitaires.

2. Les spécificités du système de santé

Un principe de solidarité
Chaque assuré participe au financement de la Sécurité sociale selon **ses moyens** et chacun bénéficie d'une aide selon ses **besoins**.

Moyens mis en œuvre →

Une carte vitale
Pour rembourser rapidement les soins.

Un parcours de soins coordonnés
Pour rationaliser les interventions des professionnels de santé.

Un dossier médical partagé
Pour regrouper numériquement les informations sur la santé d'un patient (dossier accessible sur le site monespacesante.fr).

LE MÉMO
Rédigé Audio
foucherconnect.fr/22pc08

 # qcm
8 questions pour réviser
foucherconnect.fr/22pc09

Module A2

THÉMATIQUE A

CHAPITRE 2

Le sommeil, un rythme biologique

Objectif : adopter un mode de vie qui favorise un sommeil réparateur.

Des Français qui passent du temps sur les écrans le soir jusque dans leur lit

44 % des Français passent du temps **sur internet ou les réseaux sociaux** dans leur lit et avant d'éteindre pour dormir.

Ils sont **plus somnolents** que ceux qui n'y passent aucun moment.

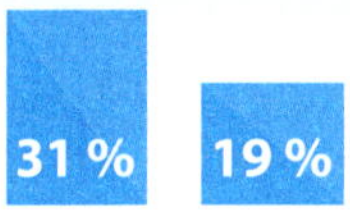

Et plus nombreux à souffrir de **troubles du rythme du sommeil**.

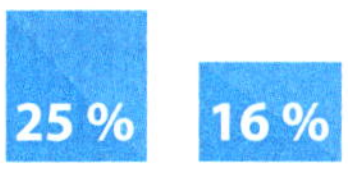

37 % regardent **la télévision** dans leur lit avant d'éteindre pour dormir.

Ils sont **plus somnolents** que ceux n'allumant pas leur télévision.

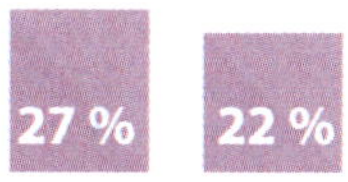

Et plus nombreux à souffrir de **troubles du sommeil**.

Source des chiffres : INSV et MGEN, « Modes de vie et sommeil », 2019.

ANALYSER LA SITUATION

1 **Identifier** le problème posé dans la situation en cochant la proposition exacte.

- ☐ Les caractéristiques du travail de nuit.
- ☒ L'impact des écrans sur le sommeil.
- ☐ Le choix d'un écran de télévision.

2 **Identifier** les éléments de la situation en répondant aux questions.

Quoi ? *Quelle est la nature du problème ?* Les écrans avant de se coucher.

Qui ? *Qui est concerné par le problème ?* Les français

Où ? *Où l'enquête a-t-elle été effectuée ?* En France

Quand ? *Quand le problème apparaît-il ?* En 2019.

Comment ? *Dans quelles circonstances le problème apparaît-il ?* l'exposition au moment de se coucher.

Pourquoi ? *Pourquoi cela pose-t-il problème ?* entraîne un manque de sommeil du au temps passé sur les écrans

Autre situation BD

foucherconnect.fr/22pc10

MOBILISER SES CONNAISSANCES

ACTIVITÉ 1 La notion de rythmes biologiques

3 **Surligner**, dans le **document A**, la définition des rythmes biologiques.

4 À partir du **document A**,

4.1 Citer des facteurs extérieurs qui influencent les rythmes biologiques.

les facteurs liés au travail, à l'activité physique et repas

4.2 Nommer le rythme biologique qui correspond à l'alternance veille/sommeil et **préciser** sa fréquence.

Rythme circadien sur 24h.

DOC A Les rythmes biologiques

Les **rythmes biologiques** sont des phénomènes biologiques naturels totalement indépendants de la volonté et qui se répètent à intervalles réguliers dans le temps.

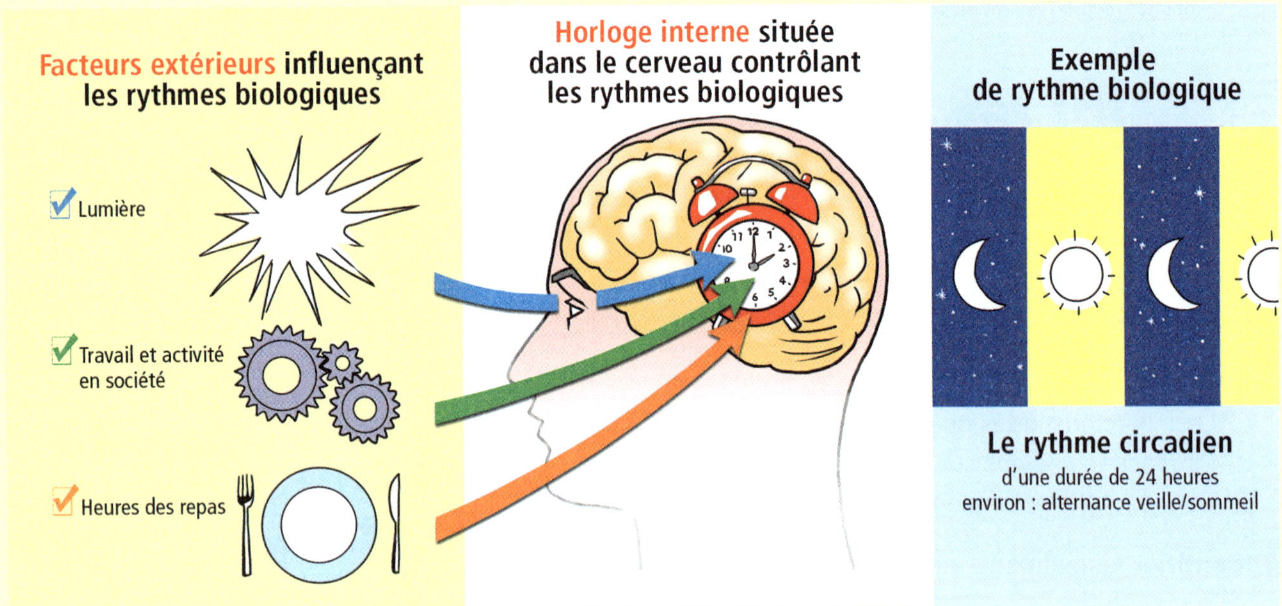

5 À partir du **document B**, **indiquer** les moments de la journée les plus favorables à l'activité physique et intellectuelle et **justifier**.

entre 9h et 13h et 17h et 19h il faut faire du sport.

DOC B L'évolution de la courbe de vigilance au cours de 24 heures

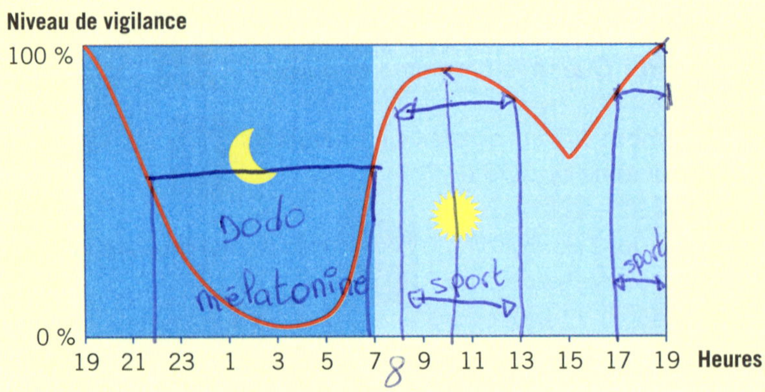

6 À partir du **document C**,

6.1 Nommer l'hormone du sommeil : mélatonine

6.2 Préciser le facteur qui déclenche sa sécrétion : l'obscurité

6.3 Indiquer l'heure à laquelle la sécrétion de l'hormone du sommeil est maximale : 3 heures

DOC C La sécrétion de l'« hormone du sommeil » intervenant dans le rythme circadien

- La **lumière**, synchroniseur externe le plus important, est détectée par l'œil qui envoie des signaux à l'horloge interne.
- Le cerveau commande la sécrétion de **mélatonine**, appelée « hormone du sommeil ».
- La sécrétion de mélatonine **augmente** à mesure que la lumière diminue. À son pic, il est très difficile de résister au sommeil.

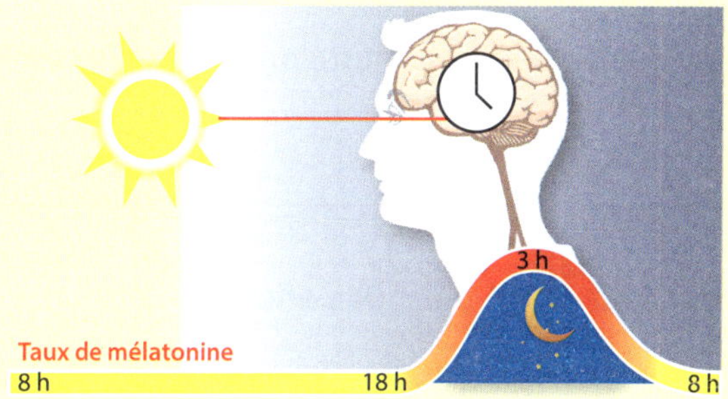

7 À partir des **documents B** et **C**, **indiquer** les horaires de travail qui désynchronisent le plus l'horloge biologique (horaires décalés par rapport à l'horloge biologique) et **justifier**.

Les horaires qui sont entre 18h et 8h du matin vont désynchroniser notre horloge interne du fait de l'absence de lumière.

ACTIVITÉ 2 Les rôles du sommeil

8 À partir du **document D**, **nommer** le stade de sommeil qui permet :

– la récupération physique : Stade 4 lent très profond

– la récupération mentale : stade 5 paradoxal

– la mémorisation : stade 5 paradoxal

DOC D Les cycles de sommeil

Le sommeil comporte des cycles qui se répètent plusieurs fois dans la nuit. Chaque cycle regroupe cinq stades.

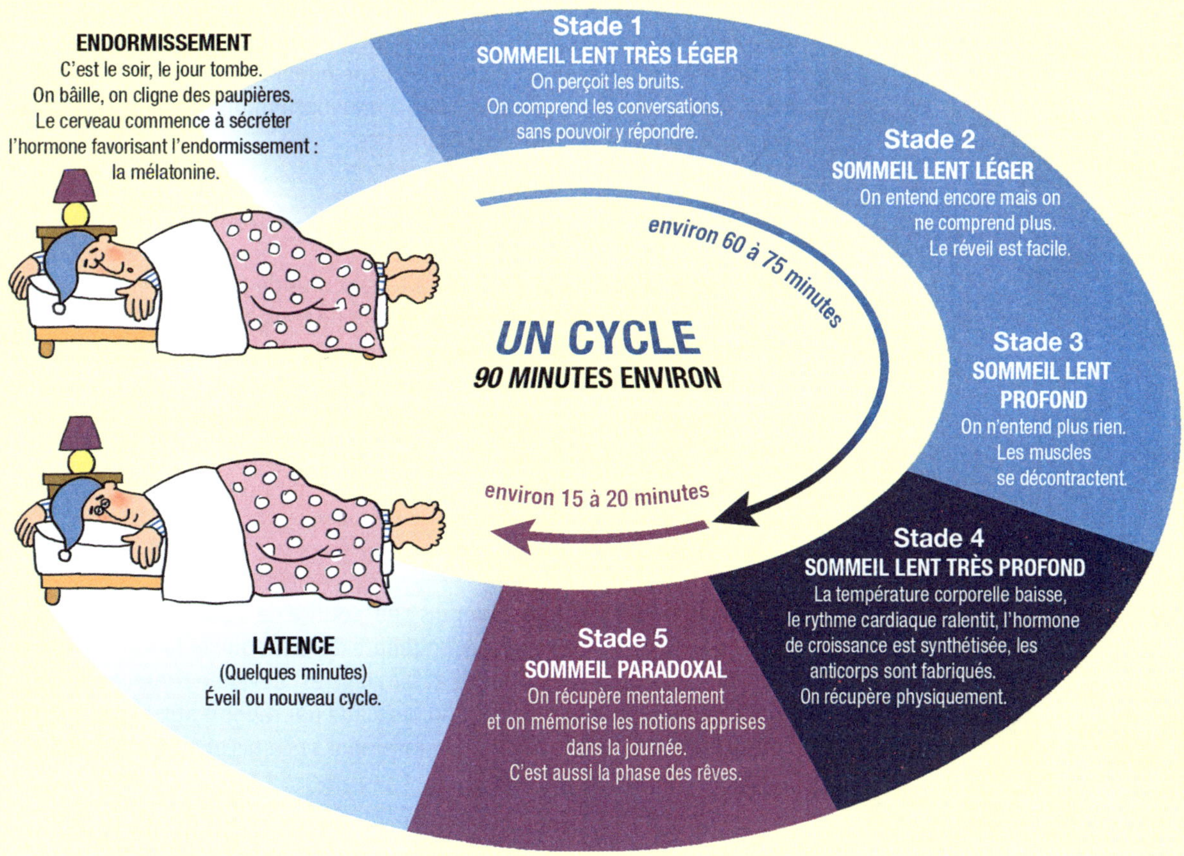

ACTIVITÉ 3 Les effets et les conséquences du manque de sommeil

9 À partir des trois situations professionnelles décrites dans le **document E**, **renseigner** le tableau.

Situation	Le manque de sommeil		
	Des effets	Des conséquences	
		professionnelles	sociales
1			
2			
3			

DOC E Des situations professionnelles

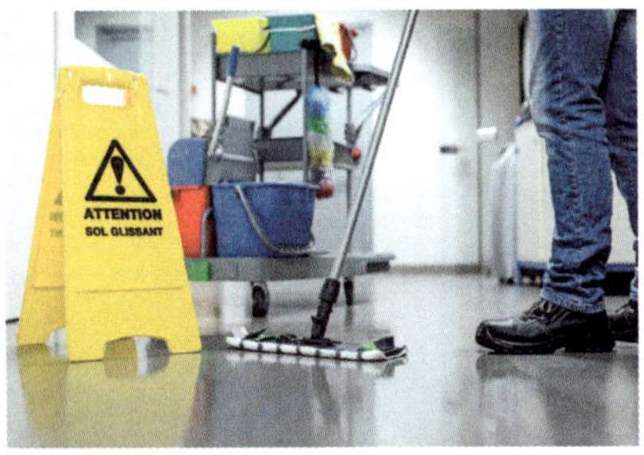

1 Jean, agent d'entretien, est affecté au nettoyage de bureaux depuis 10 mois. Ses horaires du lundi au vendredi sont de 4 h 30 à 10 h et le samedi de 8 h à midi. Il a des difficultés à s'adapter et se sent toujours fatigué. En fin de matinée, son travail est de moins bonne qualité. Il dit souffrir régulièrement de maux de tête. Il y a un mois, suite à une inattention, il a eu un accident du travail qui lui a valu 10 jours d'absence.

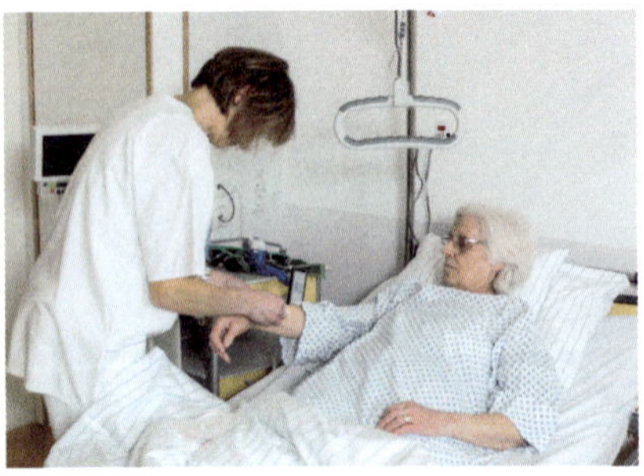

2 Isabelle, aide-soignante, a été pendant près de deux ans en poste de nuit. Elle a dû arrêter momentanément de travailler suite à des malaises, des troubles digestifs de plus en plus fréquents et une fatigue devenue chronique. Celle-ci avait une incidence néfaste sur son efficacité à prodiguer les soins aux malades. Isabelle s'est isolée et a perdu peu à peu le contact avec ses collègues de travail.

3 Johana, hôtesse de l'air depuis peu, souffre de troubles du sommeil dus au décalage horaire, ce qui engendre de la fatigue et la rend irritable. La gestion de sa vie personnelle et familiale est devenue compliquée car les horaires inhabituels entraînent un décalage par rapport aux autres membres de sa famille. Elle ne voit plus que rarement ses amis et a dû abandonner ses séances de sport.

ACTIVITÉ 4 Des mesures pour favoriser un sommeil récupérateur

10 **Indiquer**, sous chaque photo, les mesures pour favoriser un sommeil récupérateur.

1

2

3

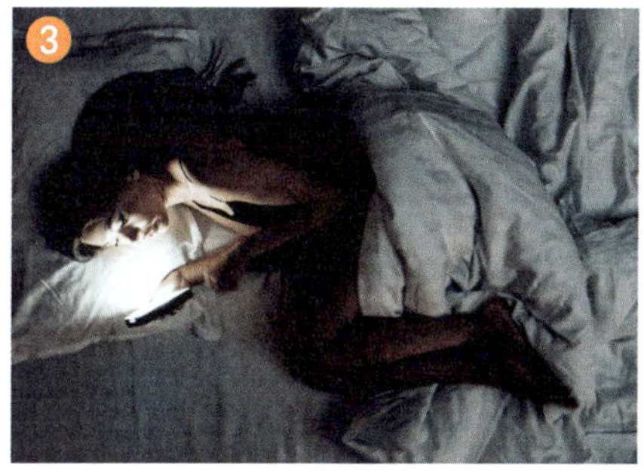

4

5

6

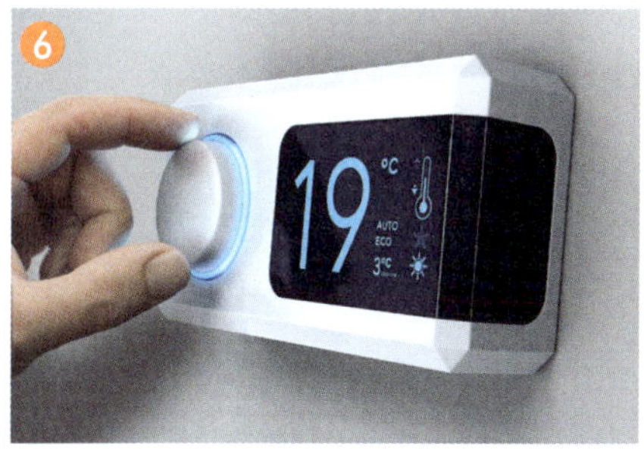

7

8

9

PROPOSER DES SOLUTIONS

11 **Indiquer** la mesure à mettre en place pour résoudre le problème posé dans la situation (page 15).

12 **Proposer** trois autres mesures pour favoriser un sommeil récupérateur.

–
–
–

MÉMO 2 Le sommeil, un rythme biologique

1. La notion de rythmes biologiques

Rythme biologique : phénomène biologique naturel qui se répète à **intervalles réguliers** dans le temps, influencé par des **facteurs extérieurs** (lumière, travail et activités, heures des repas) et contrôlé par une **horloge située dans le cerveau**.

2. Les rôles du sommeil

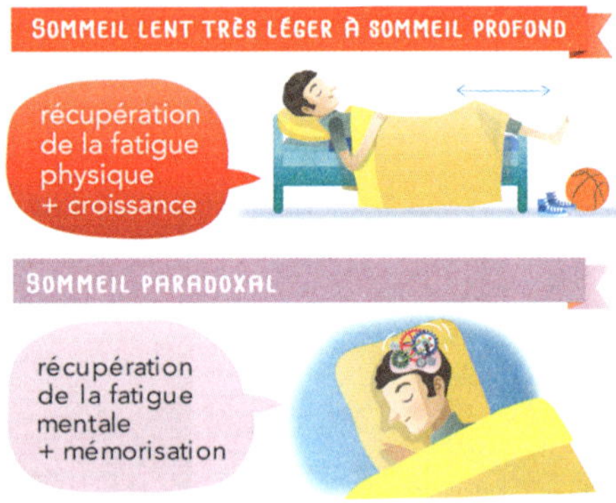

3. Les effets et les conséquences du manque de sommeil

Les effets sur l'individu

- Fatigue.
- Irritabilité.
- Manque de concentration.

Les conséquences professionnelles et sociales

- Absentéisme.
- Accidents du travail plus fréquents.
- Baisse de la productivité.

- Relations sociales inexistantes.
- Absence de vie de famille.

4. Des mesures pour favoriser un sommeil récupérateur

- Dormir dans une chambre à 19° dans l'obscurité
- Proscrire les écrans (téléphone, ordinateur)
- Choisir une bonne literie
- Se détendre avant de dormir
- Se coucher / se lever à heures régulières
- Être à l'écoute des signaux du sommeil (bâillements, clignements d'yeux)

LE MÉMO

Rédigé Audio

foucherconnect.fr/22pc11

#qcm

8 questions pour réviser

foucherconnect.fr/22pc12

L'activité physique

Objectif : justifier l'intérêt de pratiquer une activité physique régulière et raisonnée.

Peu de sport, trop d'écrans : deux ados sur trois en danger

Pour être en bonne santé, il est essentiel de pratiquer des activités physiques – sport, marche, jeux... – et de limiter les temps de sédentarité[1] devant les écrans. L'Anses publie une évaluation des risques sanitaires associés à la sédentarité et à l'inactivité physique[2] des enfants et adolescents en France en 2020. Cette expertise montre que les deux tiers des 11-17 ans se situent à un niveau de risque élevé, ce qui peut se traduire par du surpoids, de l'obésité, des troubles du comportement alimentaire ou encore une qualité du sommeil et de vie altérée.
Or, les habitudes prises à l'adolescence tendent à s'installer, avec un impact sur la santé et la qualité de vie à l'âge adulte. L'Anses alerte donc aujourd'hui les pouvoirs publics sur la nécessité de promouvoir et renforcer l'activité physique dès l'adolescence.

1. Sédentarité : temps passé assis ou allongé devant un écran de loisirs (télévision, jeux vidéo...) hors temps scolaire.
2. Inactivité physique : lorsque l'activité est inférieure à 60 minutes par jour, incluant le sport pratiqué pendant le temps scolaire.

Source : www.anses.fr, 23/11/2020.

ANALYSER LA SITUATION

1 **Formuler** le problème posé dans la situation.

....

2 **Identifier** les éléments de la situation en répondant aux questions.

Quoi ? *Quelle est l'origine du problème ?* ›› ....

....

Qui ? *Quelles personnes sont concernées par le problème ?* ›› ....

....

Où ? *Où se pose le problème ?* ›› ....

Quand ? *À quel moment le problème se pose-t-il ?* ›› ....

Comment ? *Quelles sont les conséquences pour ces personnes ?* ›› ....

....

....

Pourquoi ? *Pourquoi est-ce important de réagir face à ce problème ?* ›› ....

....

Autre situation BD

foucherconnect.fr/22pc13

MOBILISER SES CONNAISSANCES

ACTIVITÉ 1 La relation entre le travail musculaire et les différents systèmes du corps humain lors d'une activité physique

3 À partir du **document A**, **nommer** :

– l'organe à l'origine du message nerveux transmis aux muscles pour leur permettre de se contracter et de se relâcher :

....

– l'organe qui transmet le message nerveux jusqu'au muscle :

....

DOC A La commande nerveuse du muscle

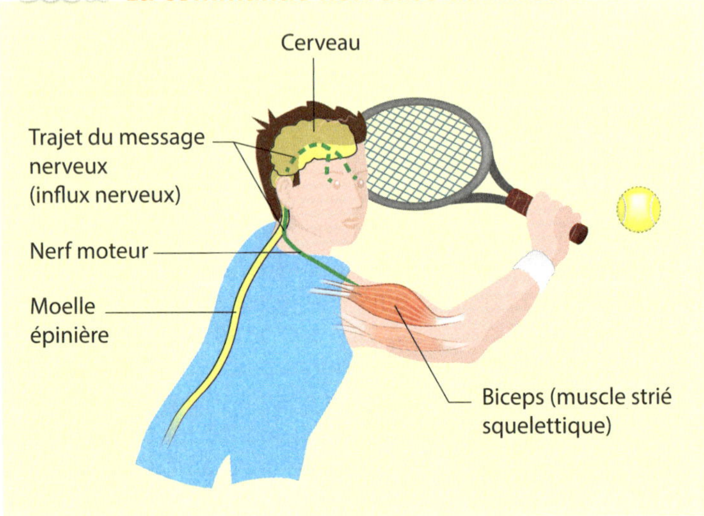

4 **Mesurer** vos paramètres physiologiques au repos, après 30 flexions de jambes et suite à un temps de récupération, puis **renseigner** le tableau.

Exercices / **Paramètres physiologiques**	 **Au repos** (rester assis environ 5 minutes au calme)	 **Après une série de 30 flexions** complètes sur les jambes bras tendus et pieds bien à plat sur le sol, en 45 secondes et à allure régulière	 **Après récupération** (s'asseoir et reprendre son pouls 1 minute après la fin de l'exercice)
Fréquence cardiaque : nombre de battements du cœur par minute 			
Fréquence respiratoire : nombre de cycles respiratoires par minute 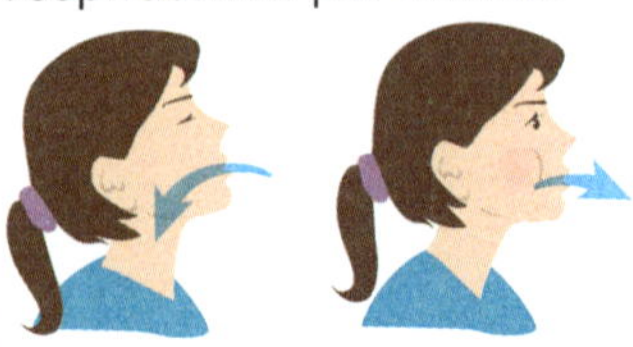 Inspiration + expiration = un cycle respiratoire			
Aspect du visage			

5 À partir des résultats du tableau précédent, **formuler** deux commentaires.

....

....

....

6 À l'aide du **document B**,

6.1 Nommer :

– les éléments consommés par le muscle : ....

– l'élément rejeté par le muscle : ....

6.2 Cocher l'affirmation exacte.

- ☐ Plus l'activité physique est intense, plus les besoins en glucose et en dioxygène augmentent.
- ☐ Plus l'activité physique est intense, moins les besoins en glucose et en dioxygène sont importants.
- ☐ Les besoins en glucose et en dioxygène sont identiques quelle que soit l'intensité de l'activité physique.

6.3 En **déduire** le rôle des modifications physiologiques constatées dans le tableau de la question 4.

....

DOC B Les échanges entre le muscle et le sang

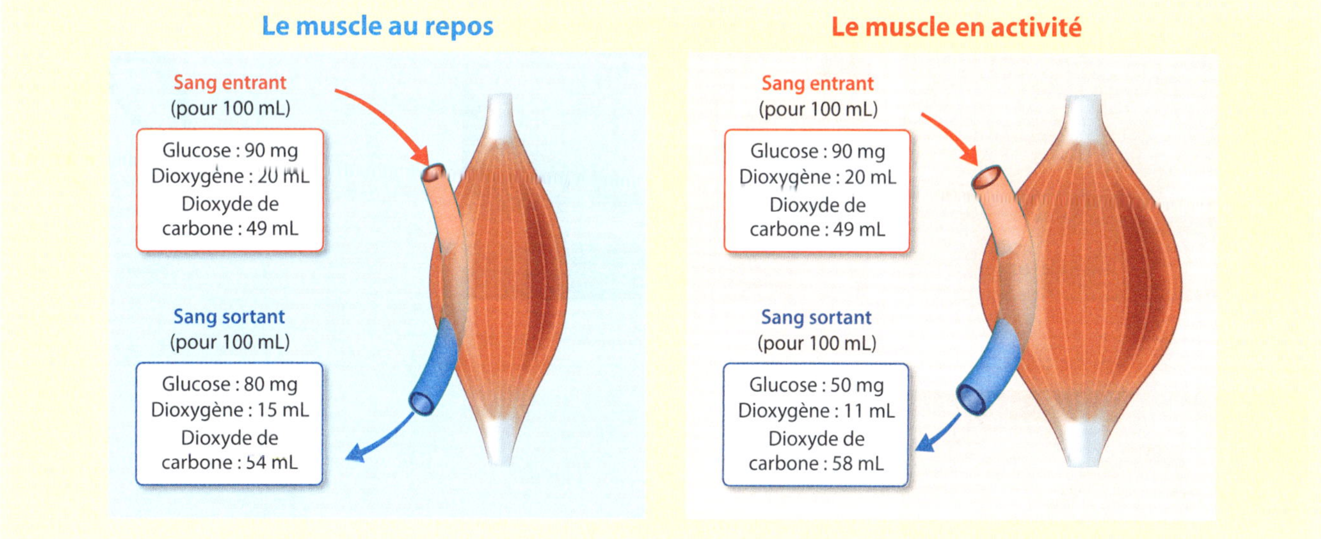

7 À partir du **document C**, **indiquer** le rôle du glucose et du dioxygène dans la contraction musculaire.

....

....

....

....

....

....

....

....

....

DOC C La production d'énergie par le muscle en activité

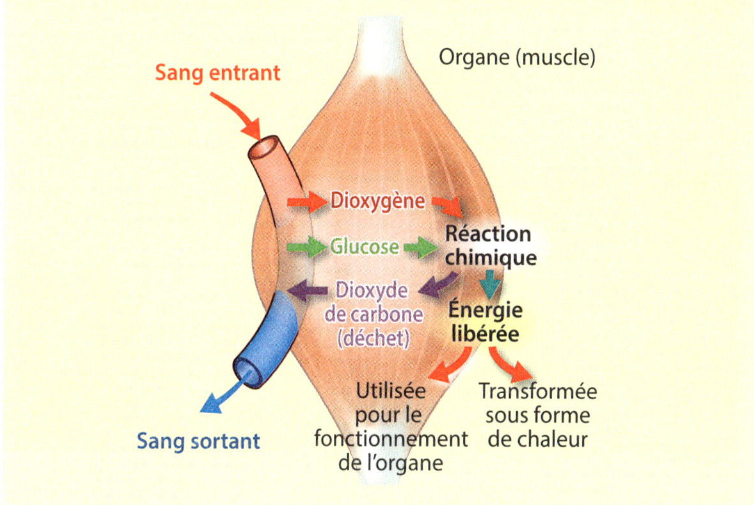

8 À partir du **document D**, **définir** la sédentarité.

....

DOC D Des exemples de dépenses énergétiques en kilojoules par heure (kJ/heure)

320 kJ/heure

350 kJ/heure

1 900 kJ/heure

1 672 kJ/heure

ACTIVITÉ 2 Les bienfaits de la pratique d'une activité physique régulière

9 **Indiquer**, sous chaque photo, les effets positifs de l'activité physique.

Bien-être physique

....

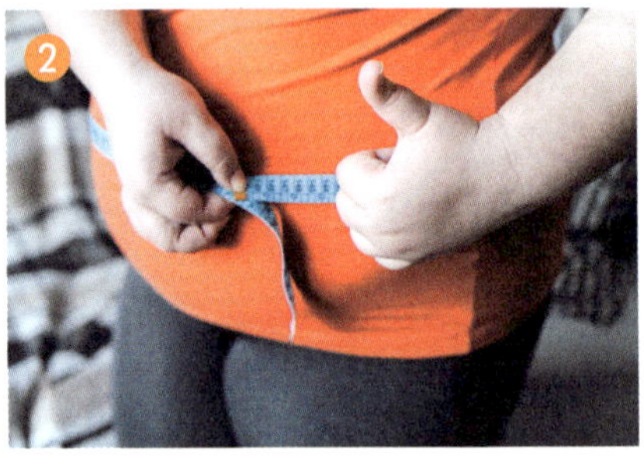

....

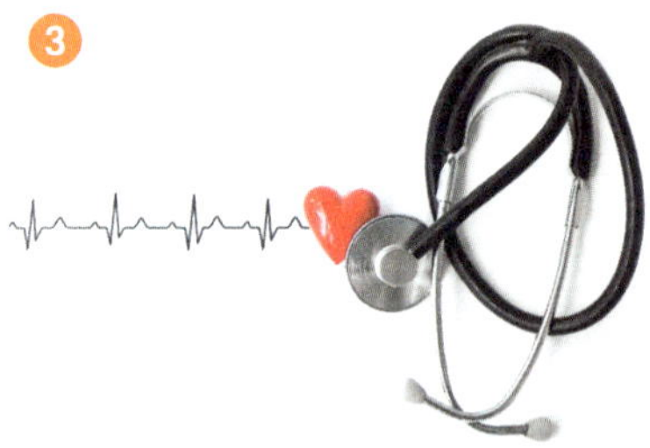

....

....

....

....

Bien-être social et mental

....

....

....

10 À partir du **document E**, **indiquer** la durée d'activité physique journalière favorable à la santé selon l'OMS :

– pour un adolescent : ....

– pour un adulte : ....

DOC E L'activité physique recommandée par jour par l'OMS

Pour un adolescent

Pour un adulte

PROPOSER DES SOLUTIONS

11 **Proposer** des activités physiques qui permettront à une personne de bouger sans pratiquer nécessairement un sport.

....

....

....

12 **Évaluer** votre niveau d'activité physique en vous connectant au **site internet** « Manger Bouger », puis **proposer** trois solutions personnelles pour améliorer votre niveau d'activité physique.

 # site internet
Test de niveau d'activité physique.
foucherconnect.fr/22pc14

Mon niveau d'activité physique	....
Trois solutions pour améliorer mon niveau d'activité physique	....

1. La relation entre le travail musculaire et les différents systèmes du corps humain lors d'une activité physique

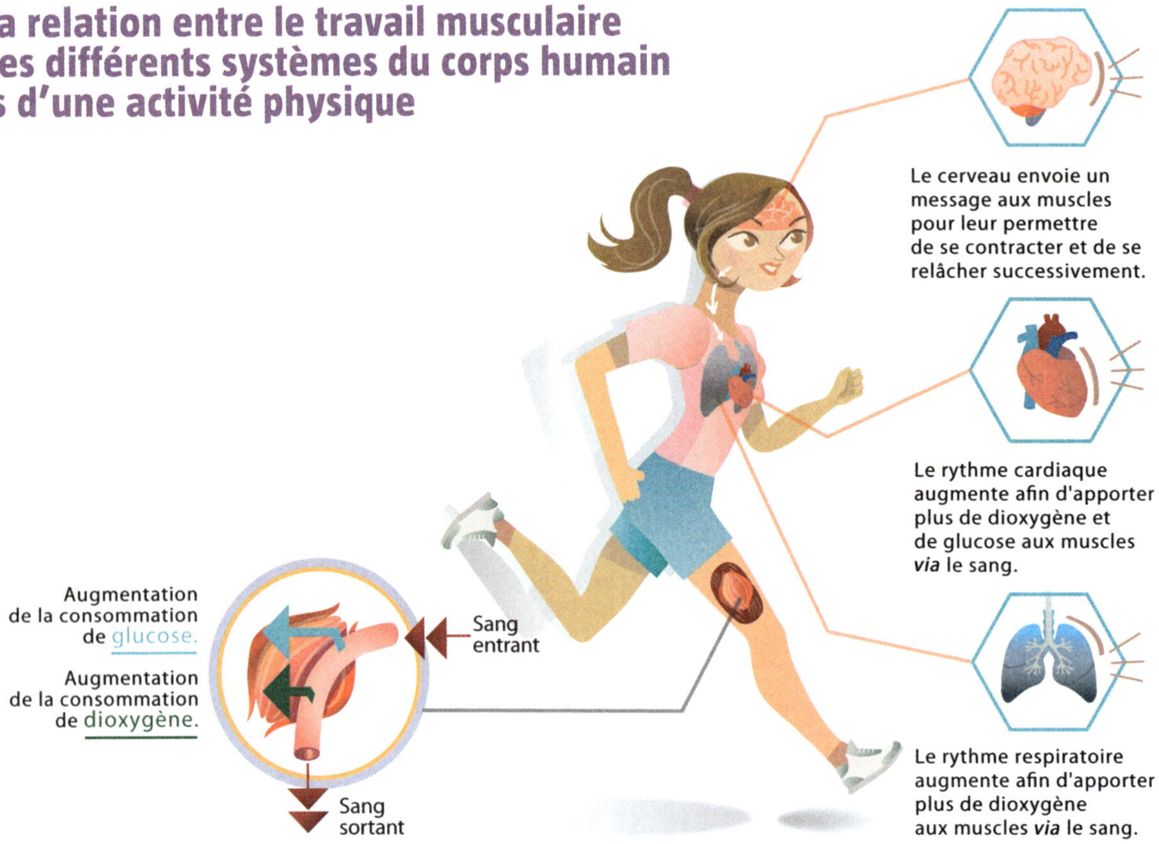

2. Les bienfaits de la pratique d'une activité physique régulière

Bien-être physique →	– Augmente la masse musculaire. – Augmente la résistance du cœur à l'effort.
Bien-être mental →	– Diminue l'anxiété et le stress. – Augmente la concentration.
Bien-être social →	– Lutte contre la solitude. – Crée des liens.

Recommandations de l'OMS

Pour un adolescent :

Pour un adulte :

LE MÉMO

Rédigé Audio

foucherconnect.fr/22pc15

 # qcm

8 questions pour réviser

foucherconnect.fr/22pc16

Les addictions

Objectif : prévenir les conduites addictives.

La consommation de substances psychoactives en France chez les jeunes

Les niveaux de consommation de substances psychoactives chez les jeunes de 17 ans restent très préoccupants. Le cerveau de l'adolescent, à cause de son processus de maturation inachevé, est plus particulièrement vulnérable aux substances psychoactives (dont l'alcool).

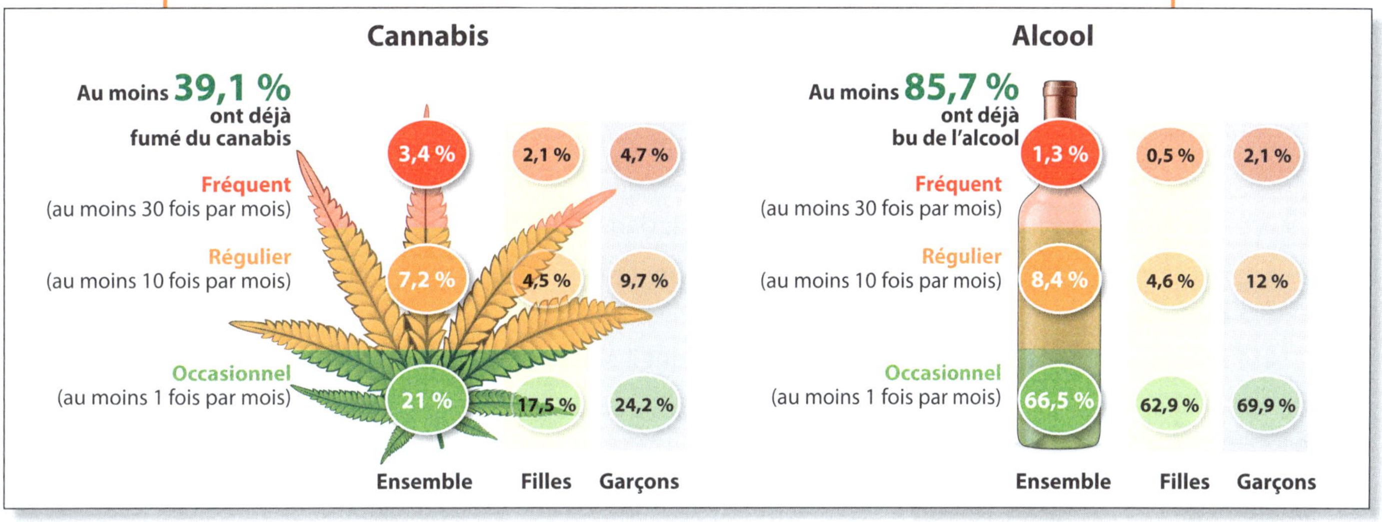

Source des chiffres : enquête ESCAPAD, 2017.

ANALYSER LA SITUATION

1 Formuler le problème posé dans la situation.

....

2 Identifier les éléments de la situation en répondant aux questions.

Quoi ? *Quelles sont les substances psychoactives en cause ?* ››› ....

Qui ? *Quelles sont les personnes concernées par le problème ?* ››› ....

Où ? *Où les substances psychoactives en cause sont-elles consommées ?* ››› ....

Quand ? *Quand le problème est-il constaté ?* ››› ....

Pourquoi ? *Pourquoi cela pose-t-il problème ?* ››› ....

Autre situation AFFICHE

foucherconnect.fr/22pc17

MOBILISER SES CONNAISSANCES

ACTIVITÉ 1 Les facteurs de risques pouvant conduire à une addiction

3 **Surligner**, dans le **document A**, la définition d'une addiction.

DOC A Les addictions

L'addiction se caractérise par l'impossibilité répétée de contrôler un comportement et la poursuite de ce comportement en dépit de la connaissance de ses conséquences négatives. La notion de conduite addictive comprend les addictions aux **substances psychoactives**[1] (alcool, tabac, drogues illicites), mais également les **addictions comportementales**, sans substances psychoactives (jeu, par exemple).

Les addictions posent, en France comme à l'échelle européenne et dans le reste du monde, un **problème de santé publique** majeur, dont les impacts sont à la fois sanitaires, médicaux et sociaux.

1. Substances qui agissent sur le cerveau. Elles modifient l'activité mentale, les sensations, le comportement. Leur usage expose à des risques, des dangers pour la santé et peut engendrer une dépendance.

Source : solidarites-sante.gouv.fr/prevention-en-sante/addictions/

4 À partir du **document A** et de vos connaissances, dans le tableau,

4.1 **Nommer**, pour chaque situation, le produit consommé ou l'activité pratiquée.

4.2 **Indiquer** s'il s'agit d'une addiction.

4.3 **Préciser**, si nécessaire, le type d'addiction dont il s'agit.

	1 Occasionnellement, lors de soirées entre amis, il arrive à Khaled de fumer un joint.	Khaled est consommateur de .... Il présente une addiction : ☐ Oui ☐ Non Type d'addiction : ....
	2 Léo fume depuis l'âge de 15 ans un paquet, voire un paquet et demi, tous les jours sans pouvoir diminuer sa dose. Il a grandi dans un environnement de fumeurs car ses parents consomment également du tabac.	Léo est consommateur de .... Il présente une addiction : ☐ Oui ☐ Non Type d'addiction : ....
	3 Depuis cinq ans, Lola a un besoin irrésistible et obsessionnel de jouer aux jeux vidéo en réseau, tous les jours, jusqu'à une heure tardive. Elle est timide, peu sociable et dit se sentir bien quand elle est en ligne.	Lola est consommatrice de .... Elle présente une addiction : ☐ Oui ☐ Non Type d'addiction : ....

5 À partir du **document B** et de la situation de Léo et Lola (*cf.* question 4), **renseigner** le tableau.

	Les facteurs à l'origine de l'addiction		
	Risques personnels	**Risques liés aux produits**	**Risques liés à l'environnement**
Léo 	....	....	....
Lola 	....	....	....

DOC B Les facteurs de risques des pratiques addictives

Les pratiques addictives résultent de l'interaction de **trois facteurs** : ceux liés au(x) produit(s) consommé(s) (substance psychoactive ou autre), ceux liés à la vie personnelle et ceux liés à l'environnement dans lequel évolue l'individu. Il est impossible pour une personne de connaître, avant de consommer une substance psychoactive, la façon dont elle va réagir, les risques qu'elle prend et la dépendance que cela peut entraîner.

Facteurs de risques personnels
- Les facteurs neurobiologiques et génétiques.
- Certains traits de personnalité.
- Les troubles du comportement, les maladies psychiatriques.
- Les événements de la vie : deuil, rupture, maltraitance, anxiété, maladie grave.

Facteurs de risques liés au produit
- Le type de substance.
- L'âge de début de consommation.
- La fréquence et la durée de consommation.
- La quantité absorbée.
- Le mode d'absorption.
- La polyconsommation.

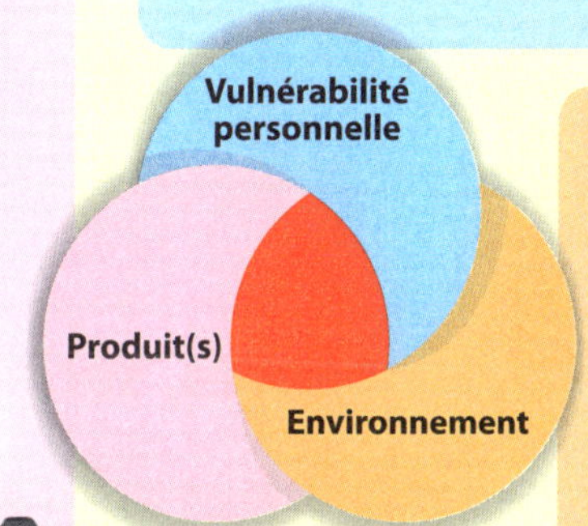

Facteurs de risques liés à l'environnement
- L'éducation familiale.
- Le cercle d'amis.

ACTIVITÉ 2 Les effets des substances psychoactives sur l'organisme

6 À partir du **document C** et de vos connaissances,

6.1 Indiquer pourquoi la consommation d'alcool et de cannabis est incompatible avec la conduite auto.

....

....

6.2 Identifier trois effets à long terme communs à la consommation d'alcool et de cannabis.

....

DOC C Des effets de la consommation d'alcool et de cannabis sur la santé de l'individu

Alcool 	• Baisse de la vigilance, mauvaise coordination des mouvements, ralentissement des réflexes, diminution de l'acuité visuelle, coma éthylique en cas d'absorption importante. • **À long terme** : développement de nombreuses pathologies, comme des cancers des voies digestives, des maladies du foie (cirrhose), des troubles cardiovasculaires (hypertension artérielle), des maladies du système nerveux (anxiété, dépression, troubles psychiques).
Cannabis 	• Mémoire immédiate perturbée, difficultés de concentration, perception visuelle altérée, réflexes ralentis, chez certains consommateurs réguliers ou occasionnels « *bad trip* » (tremblements, sueurs froides, nausées, angoisse...). • **À long terme** : cancers des voies aérodigestives supérieures et de l'appareil respiratoire, dépression, anxiété et, chez certains sujets prédisposés, possibilité de révéler ou d'aggraver les manifestations d'une maladie mentale grave.

7 À partir du **document D**, **cocher** la réponse exacte.

Les effets de la polyconsommation sur l'organisme sont :

- ☐ identiques aux effets liés à la consommation d'un produit unique.
- ☐ multipliés et modifiés par rapport aux effets liés à la consommation d'un produit unique.
- ☐ moins importants par rapport aux effets liés à la consommation d'un produit unique.

DOC D La polyconsommation : multiplication des produits et des dangers

La polyconsommation désigne le fait de consommer, avec une certaine fréquence, **au moins deux substances psychoactives**. Conjugués, les effets des produits sont modifiés, entraînant des risques plus graves pour la santé, ainsi qu'un risque accru de dépendance.

ACTIVITÉ 3 Les conséquences personnelles, sociales et professionnelles

8 **Indiquer**, sous chaque photo, les conséquences possibles des addictions.

Des conséquences professionnelles

....

....

Des conséquences personnelles et sociales

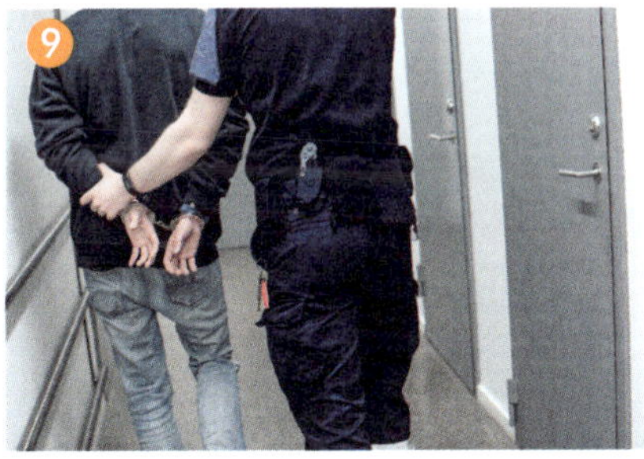

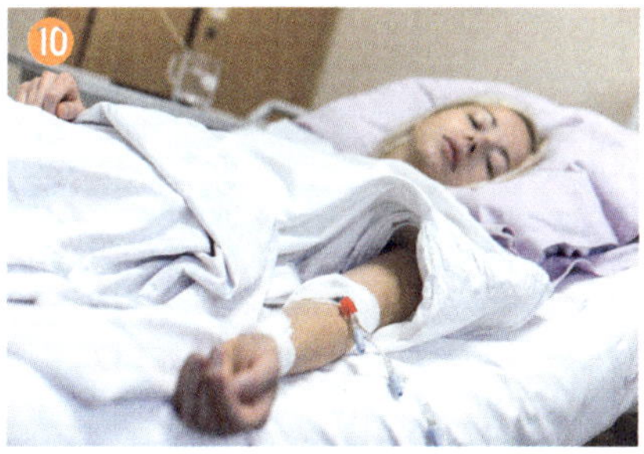

ACTIVITÉ 4 Des actions individuelles et collectives de prévention

9 À partir de vos connaissances,

9.1 Proposer quatre actions individuelles de prévention pour éviter qu'une personne sous l'emprise de produits addictifs lors d'une soirée ne prenne le volant.

9.2 Indiquer trois actions mises en place par l'État pour prévenir les addictions.

10 À partir du **document E**, **rechercher** le nom et l'adresse d'une structure d'accueil, d'aide et de soutien sur les addictions dans votre ville.

....

....

....

....

....

DOC E Des structures pour être aidé, pour en parler

 # site internet
Carto Santé Jeunes.
foucherconnect.fr/22pc18

Des numéros d'appel
- **Drogues info service**
0 800 23 13 13
- **Alcool info service**
0 980 980 930
- **Écoute cannabis**
0 980 980 940
- **Tabac info service**
39 89

Des lieux d'accueil
- **PAEJ** (Points Accueil Écoute Jeunes).
- **CAARUD** (Centres d'accueil et d'accompagnement à la réduction de risques pour usagers de drogues).
- **CJC** (Consultations jeunes consommateurs).

Des sites internet
- **Drogues info service**
www.drogues-info-service.fr
- **Mission interministérielle contre les drogues et les conduites addictives** (MILDECA)
www.drogues.gouv.fr

ACTIVITÉ 5 Le cadre réglementaire

11 À partir du **document F** et de vos connaissances, **cocher** les réponses exactes.

Affirmations	Vrai	Faux
Le cannabis est une substance illicite.		
La consommation de cannabis est permise, mais la vente est interdite.		
Un conducteur arrêté au volant sous l'emprise de cannabis risque une condamnation de prison.		
Les peines encourues par un vendeur de cannabis sont plus lourdes si l'acheteur est un mineur.		

DOC F La réglementation en France concernant le cannabis

La conduite sous l'emprise de cannabis

Un conducteur arrêté au volant sous l'emprise de cannabis risque une condamnation maximale de deux ans de prison et 4 500 € d'amende, qui peut être accompagnée d'un retrait de six points sur son permis de conduire. La peine est alourdie si le conducteur est aussi sous l'emprise de l'alcool.

Substances illicites

(non autorisées par la loi)

Cannabis

La détention et la vente de cannabis

L'exportation, l'importation, le transport, la détention, ou la vente de cannabis, même en très faible quantité, sont assimilés à du trafic, passible de 10 ans de prison et 75 000 € d'amende. Les peines sont plus lourdes si le cannabis est vendu à des mineurs.

12 À l'aide du **document G**, du **site internet** et des deux situations,

12.1 Nommer la substance consommée par Lucile et Ely.

....

 # site internet
Site de la sécurité routière : réglementation et sanctions.
foucherconnect.fr/22pc19

12.2 Indiquer s'il s'agit d'un produit licite ou illicite.

....

12.3 Renseigner le tableau.

Situation	Taux d'alcoolémie dépisté au volant	Taux d'alcoolémie légal au volant	Sanctions encourues
 À la sortie d'une boîte de nuit, Ely, titulaire du permis depuis 3 ans, est responsable d'un accident de voiture faisant deux blessés légers. L'éthylotest électronique révèle un taux d'alcoolémie de 0,7 g/L de sang.	....	....	....
 Lucile vient d'obtenir son permis de conduire. Elle arrose cet événement avec ses amis, mais est arrêtée par les gendarmes. L'éthylotest électronique révèle un taux d'alcoolémie de 0,3 g/L de sang.	....	....	....

DOC G Les sanctions en fonction du taux d'alcoolémie

• Alcoolémie comprise entre 0,5 g et 0,8 g par litre de sang

0,5 g/L ≤ alcool < 0,8 g/L de sang

soit 0,25 mg/L ≤ alcool < 0,4 mg/L d'air expiré

– 6 points

Suspension possible

Amende max : 750 €

• Alcoolémie supérieure à 0,8 g par litre de sang

Alcool ≥ 0,8 g/L de sang

soit alcool > 0,4 mg/L d'air expiré

– 6 points

Suspension du permis

ou pose EAD* obligatoire (depuis 2019)

Amende max : 4 500 €

* EAD : éthylotest anti-démarrage.

• Alcoolémie supérieure à 0,2 g par litre de sang pour un conducteur en permis probatoire

Un conducteur novice, en permis probatoire, voit son **permis annulé** lors de sa première année (avec un permis à 6 points) dès le premier contrôle d'alcoolémie positif, quel que soit le taux d'alcool mesuré (contravention ou délit).

Taux d'alcoolémie en permis probatoire

Limitation à 0,2 g/L de sang

1. Les facteurs de risques pouvant conduire à une addiction

Une conduite addictive est l'**impossibilité de stopper un comportement** et la poursuite de ce comportement en dépit de la connaissance de ses conséquences négatives.

Des produits addictifs

licites

Alcool

Tabac

Médicaments

illicites

Cannabis

Drogues dures

Des comportements addictifs

Jeux vidéo

Téléphone

Jeux d'argent

2. Les effets des substances psychoactives sur l'organisme

À court terme

– Modification de la vigilance, des réflexes et du comportement.
– Mort par abus…

À long terme

– Cancers.
– Maladies cardiovasculaires.
– Troubles neurologiques et psychiatriques…

Polyconsommation : fait de consommer au moins deux substances psychoactives (ex. : alcool + tabac).

3. Les conséquences personnelles, sociales et professionnelles

Accident

Isolement

Emprisonnement

Problème de santé

Accident du travail

4. Des actions individuelles et collectives de prévention

Actions individuelles

– Ne pas conduire.
– Renoncer à consommer alcool ou cannabis.

Actions collectives

– Campagnes publicitaires de lutte.
– Promulgation de lois.
– Création de structures d'aide et de soutien.

5. Le cadre légal

Substances licites **autorisées** mais réglementées.

Substances **illicites**, commerce et usage **interdits**, punis par la loi.

LE MÉMO

Rédigé Audio

foucherconnect.fr/22pc20

 # qcm

8 questions pour réviser

foucherconnect.fr/22pc21

Module A5

THÉMATIQUE A

CHAPITRE 5

La sexualité – La contraception

Objectif : avoir un comportement respectueux et responsable pour soi et pour les autres.

Julia et Léo, deux lycéens âgés de 18 ans, se sont rencontrés il y a quelques mois. Ils n'ont encore jamais eu de relation sexuelle et voudraient quelques conseils pour débuter leur sexualité sans risque de grossesse ni d'infection sexuellement transmissible. Ils décident alors de se rendre au centre de planification ou d'éducation familiale afin d'échanger sur le choix d'une méthode contraceptive adaptée.

ANALYSER LA SITUATION

1 **Formuler** le problème posé dans la situation.

....

....

2 **Identifier** les éléments de la situation en répondant aux questions.

Quoi ? *De quoi s'agit-il ?* ....

....

Qui ? *Qui sont les personnes concernées ?* ....

Où ? *Où se rendent les personnes concernées ?* ....

....

Quand ? *À quel moment le problème se pose-t-il ?* ....

Pourquoi ? *Pourquoi est-ce important de régler le problème ?* ....

....

Autre situation INFOGRAPHIE

foucherconnect.fr/22pc22

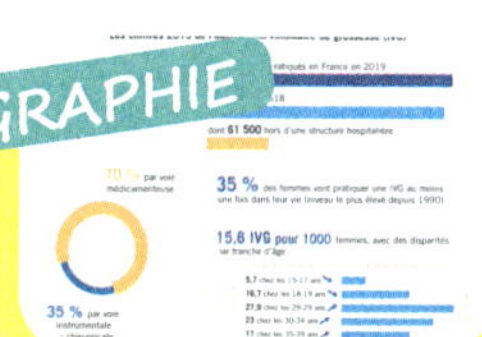

ACTIVITÉ 1 Les appareils génitaux masculin et féminin

3 Sur le **document A**,

3.1 Colorier le trajet des spermatozoïdes lors d'une éjaculation.

3.2 Souligner le nom de l'hormone qui permet la production des spermatozoïdes.

DOC A L'appareil génital masculin

Il est composé de plusieurs organes. Les testicules produisent les **spermatozoïdes** (gamètes), à partir de la puberté jusqu'à la mort. Cette production est rendue possible grâce à une hormone secrétée par les testicules, la **testostérone**. Lors de l'éjaculation, les spermatozoïdes passent dans les **canaux déférents**, où ils se mélangent aux sécrétions des vésicules séminales et de la prostate. Le **sperme** ainsi formé sort du pénis par l'urètre. Les spermatozoïdes ont une durée de vie de 3 à 5 jours après éjaculation.

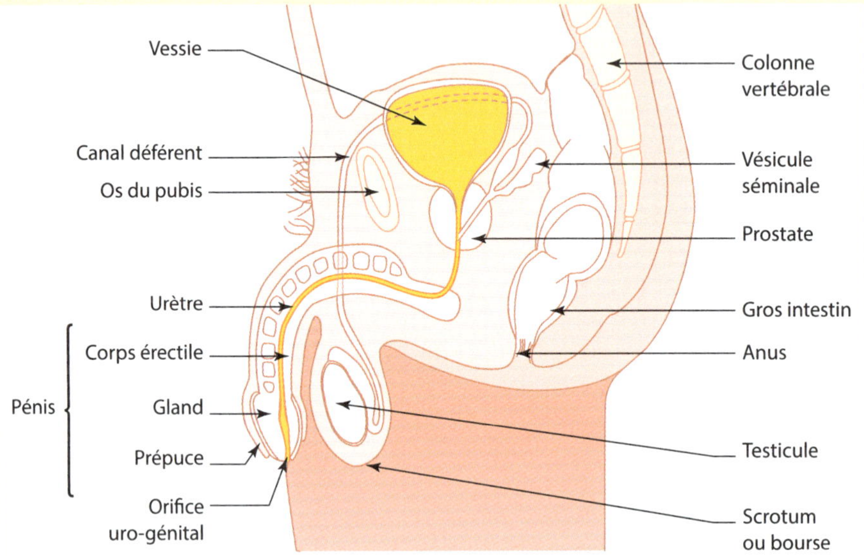

Vue de profil

4 À partir des **documents A** et **B**, **renseigner** le tableau.

	Cellule reproductrice (gamète) homme	Cellule reproductrice (gamète) femme
Nom		
Lieu de fabrication		
Période de production		
Durée de vie		

DOC B L'appareil génital féminin

Il est composé de plusieurs organes. À partir de la puberté et jusqu'à la ménopause, environ tous les 28 jours, un des deux **ovaires** expulse un **ovule** vers les trompes : c'est l'**ovulation**. L'ovule ne vit que 24 à 48 heures. Les ovaires secrètent deux hormones : les **œstrogènes** et la **progestérone**.

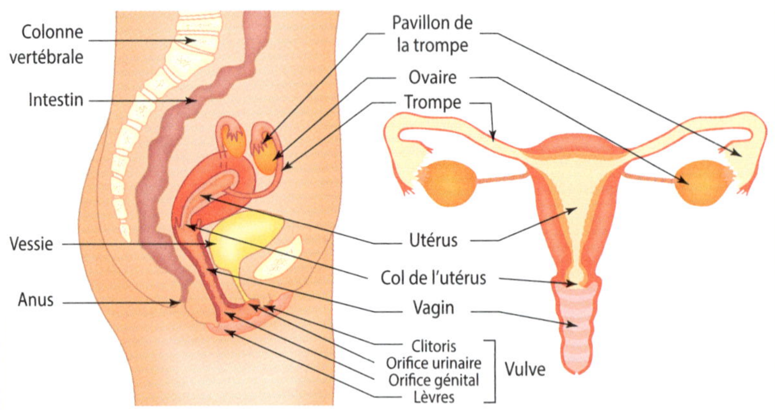

Vue de profil Vue de face

5 Sur le **document B**, **souligner** le nom des deux hormones produites par les ovaires.

6 À partir du **document C**, **identifier** l'organe sur lesquels les hormones ovariennes agissent.

....

DOC C Les principaux événements lors des cycles ovarien et utérin

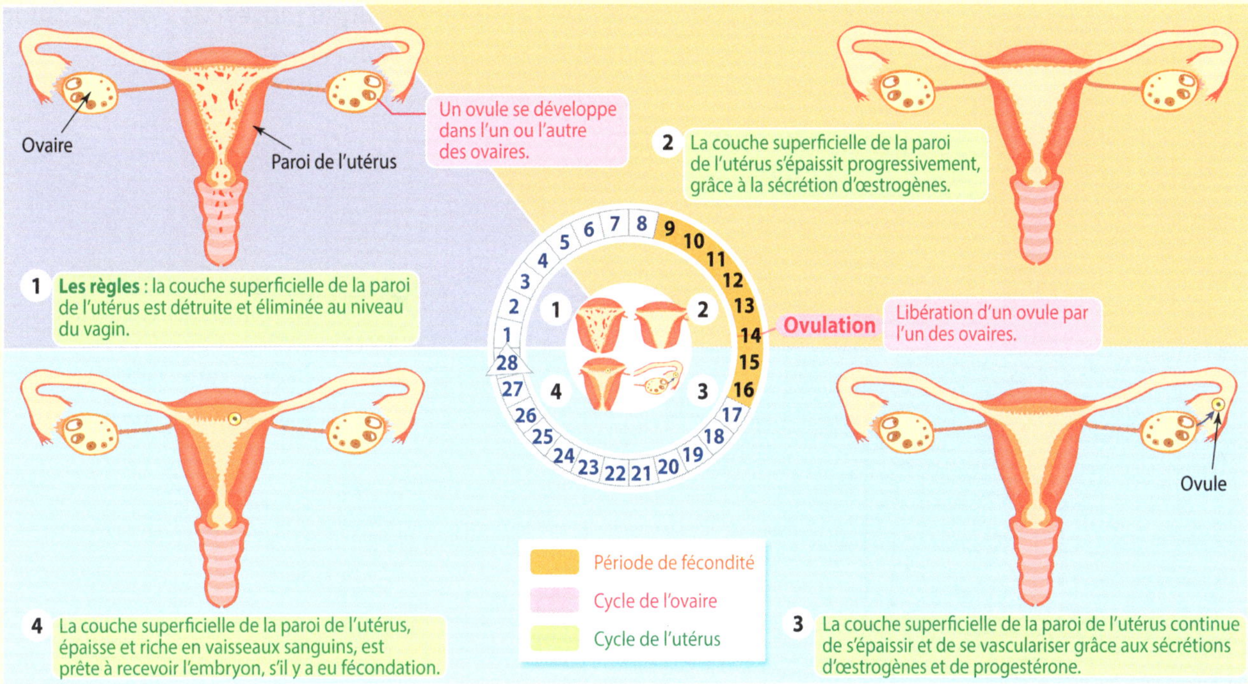

ACTIVITÉ 2 De la fécondation à la nidation

7 À partir des **documents C** et **D**,

7.1 **Définir** la fécondation.

....

....

....

7.2 **Nommer** l'organe où a lieu la fécondation.

....

....

7.3 **Définir** la nidation.

....

....

....

7.4 **Préciser** les caractéristiques de la paroi de l'utérus au moment de la nidation.

....

....

....

DOC D Du rapport sexuel à la nidation

Lors d'un rapport sexuel, au moment de l'éjaculation, des spermatozoïdes sont déposés dans le vagin. Seule une faible proportion d'entre eux pourra remonter jusqu'au col de l'utérus. Celui-ci est, la plupart du temps, obstrué par un bouchon muqueux qui subit des modifications au cours du cycle utérin. Son franchissement est plus facile en période d'ovulation. Une centaine de spermatozoïdes arrive dans l'utérus avant de se diriger dans les trompes. Un seul spermatozoïde pénètre dans l'ovule. C'est la **fécondation**. Une nouvelle cellule se forme : la cellule-œuf. Elle se divise pour former un embryon qui va s'implanter dans la paroi utérine 7 jours après la fécondation. Il s'agit de la **nidation**.

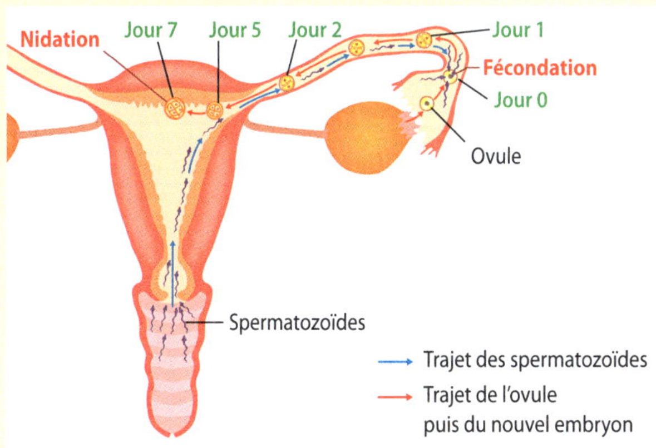

ACTIVITÉ 3 Les méthodes contraceptives préventives

8 **Définir** la contraception.

....

#vidéo
La contraception, comment ça marche ?
foucherconnect.fr/22pc23

9 À partir du **document E** et/ou de la **vidéo**,

9.1 Dessiner sur le schéma de la femme, à l'endroit correspondant, chaque moyen de contraception.

9.2 Indiquer, pour chacune des six actions, les méthodes contraceptives correspondantes.

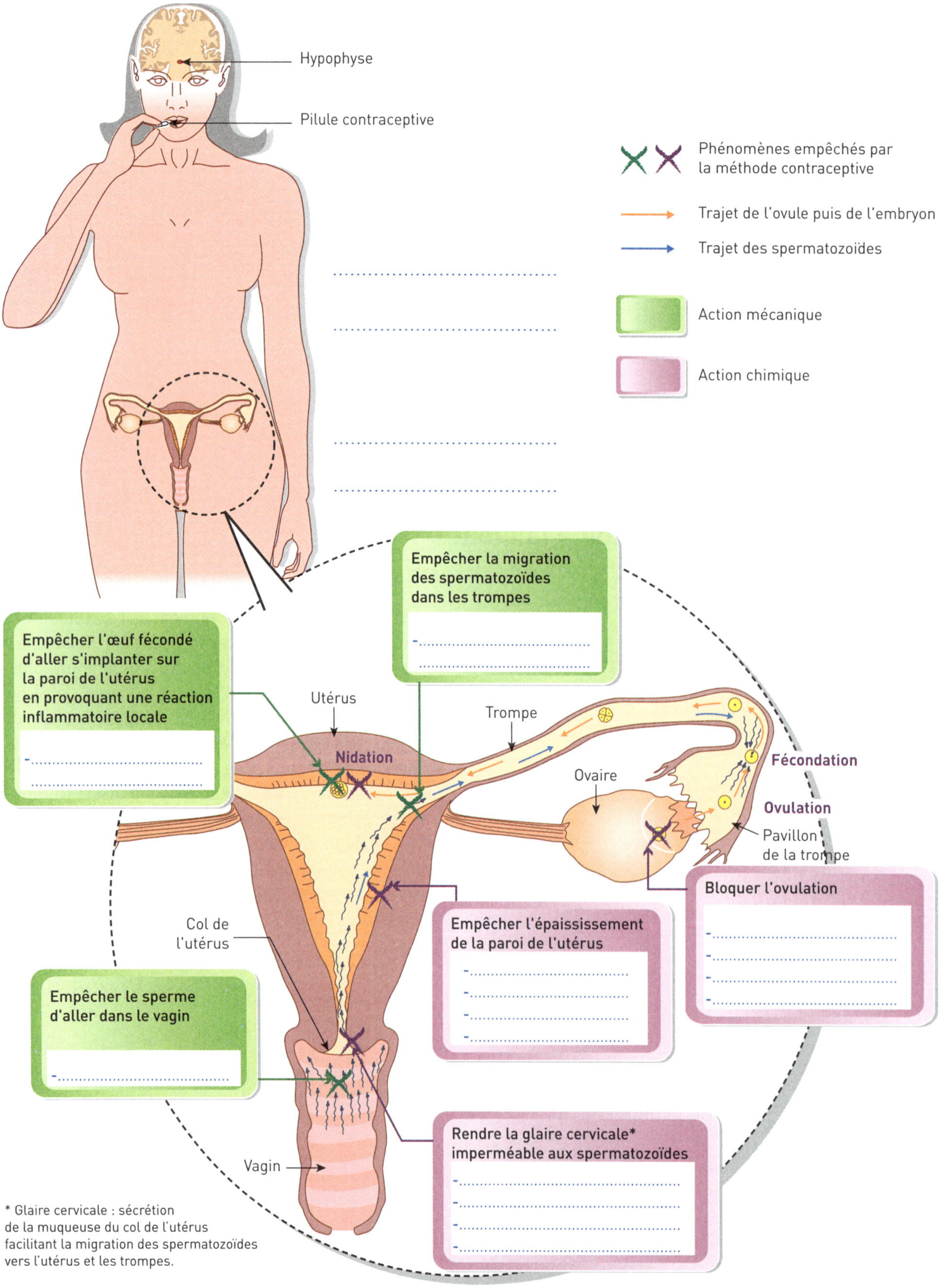

* Glaire cervicale : sécrétion de la muqueuse du col de l'utérus facilitant la migration des spermatozoïdes vers l'utérus et les trompes.

DOC E Les moyens pour contrôler les naissances

	Moyens de contraception	Descriptifs	Principes contraceptifs
Chimiques	**Pilule** 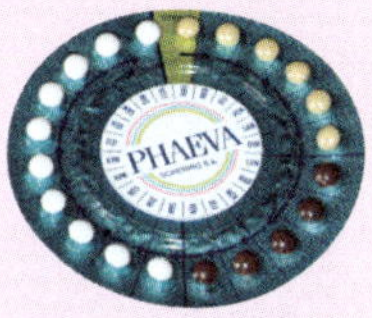	Comprimé composé d'hormones agissant sur l'hypophyse qui est alors mise au repos. Les secrétions d'hormones sexuelles vont ainsi être freinées. Pour être efficace, elle doit être prise régulièrement et à heure fixe.	– Bloquer l'ovulation. – Empêcher l'épaississement de la paroi de l'utérus. – Rendre la glaire cervicale imperméable aux spermatozoïdes.
	Patch 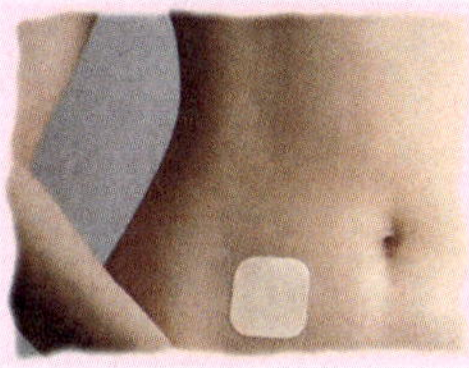	Timbre carré qui contient des hormones semblables à celles que la femme produit. Durant trois semaines consécutives, il faut coller un patch, chaque semaine, sur la peau et à un endroit différent (bras, fesses ou ventre, jamais sur les seins). Il peut être à l'origine d'irritations locales. Il peut se décoller et perdre ainsi son efficacité.	
	Implant 	Petit bâtonnet en matière synthétique très fin contenant une hormone qui se diffuse en quantité infime. Il est placé sous la peau, sur la face interne du bras, pour une durée de trois ans. Si un médecin vous prescrit des médicaments, il faut le prévenir de la présence de l'implant contraceptif car certains traitements peuvent diminuer son efficacité contraceptive.	
	Dispositif intra-utérin hormonal (stérilet) 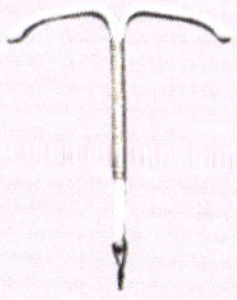	Petit dispositif en plastique souple en forme de « T » qui mesure environ trois centimètres et est entouré d'un cylindre contenant une hormone : la progestérone. Le DIU (dispositif intra-utérin) est placé dans l'utérus par un médecin.	
Mécaniques	**Dispositif intra-utérin au cuivre (stérilet)** 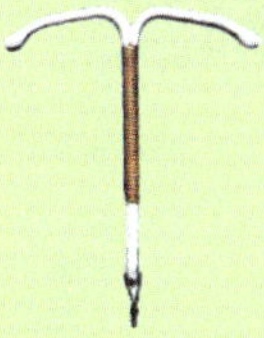	Petit dispositif en plastique souple, en forme de « T » qui mesure 3 cm et qui est entouré d'un fil de cuivre, mis en place dans l'utérus par un médecin pour cinq ans.	– Empêcher l'œuf fécondé d'aller s'implanter sur la paroi de l'utérus en provoquant une réaction inflammatoire locale. – Empêcher la migration des spermatozoïdes dans les trompes.
	Préservatif masculin 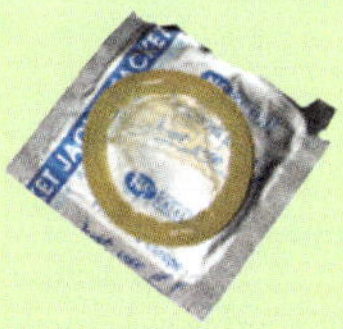	Étui en latex, généralement lubrifié. Les échecs sont essentiellement dus à une mauvaise utilisation pouvant entraîner sa déchirure.	– Empêcher le sperme d'aller dans le vagin.
	Préservatif féminin 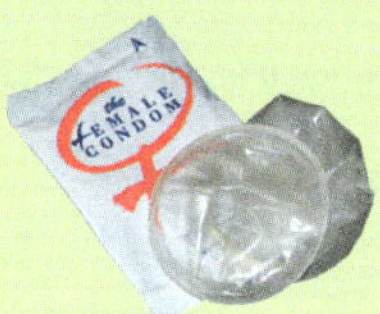	Fourreau prélubrifié en matière polyuréthane, avec deux anneaux flexibles à chaque extrémité.	

ACTIVITÉ 4 La contraception d'urgence et l'interruption volontaire de grossesse (IVG)

10 À partir du **document F**,

10.1 Préciser les situations qui nécessitent un recours à la contraception d'urgence.

....

....

10.2 Renseigner le tableau.

Contraception d'urgence		
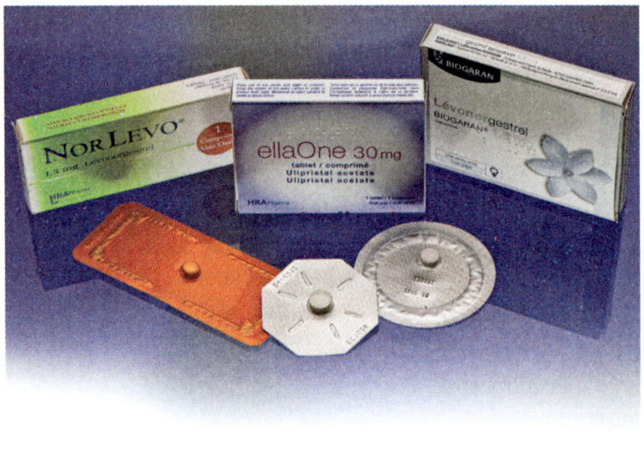	**Délai d'utilisation possible après le rapport sexuel à risque**	....
	Lieux où se procurer la contraception d'urgence	....

DOC F La contraception d'urgence

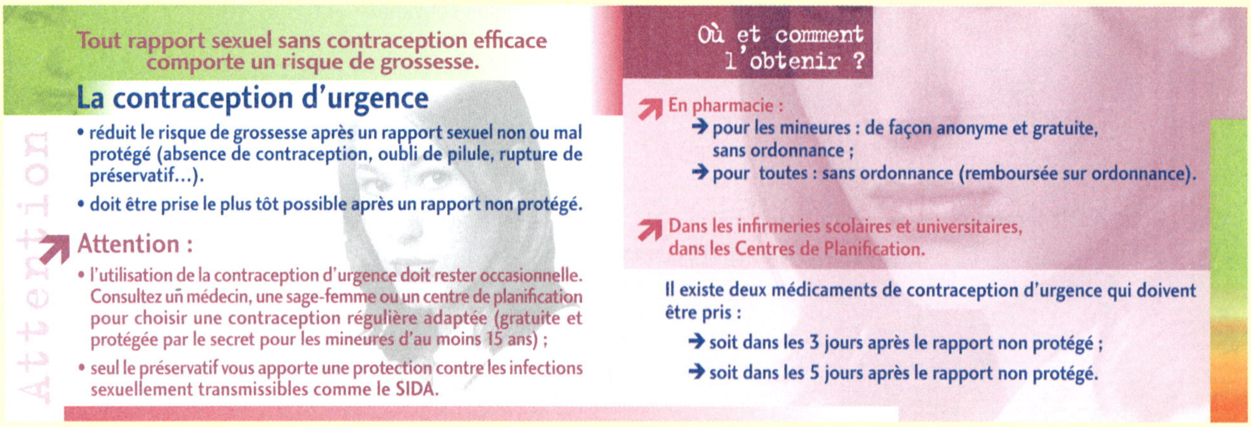

Source : Assurance maladie/Cespharm (Ordre national des pharmaciens)/ réalisation Parimage.

Remarque : depuis le 1er janvier 2022, toutes les femmes de moins de 25 ans bénéficient d'une prise en charge à 100 % et sans avance de frais.

11 À partir du **document G** et de la **vidéo**, **préciser** :

– le délai légal durant lequel une personne peut avoir recours à l'IVG :

• méthode instrumentale : ....

....

• méthode médicamenteuse : ....

....

– les personnes pouvant avoir recours à l'IVG :

....

....

 # vidéo
Je suis mineure, comment se passe l'IVG ?
foucherconnect.fr/22pc24

12 **Indiquer** ce qui différencie la contraception d'urgence de l'IVG.

....

....

DOC G L'interruption volontaire de grossesse (IVG)

En France, toute femme, majeure ou mineure, peut choisir d'interrompre sa grossesse.

Le **délai légal maximal** pour la réalisation de l'interruption volontaire de grossesse (IVG) dépend de la méthode utilisée : médicamenteuse ou instrumentale.

Méthode médicamenteuse

Jusqu'à la fin de la 7e **semaine** de grossesse, soit 9 semaines après le début des dernières règles.

Méthode instrumentale

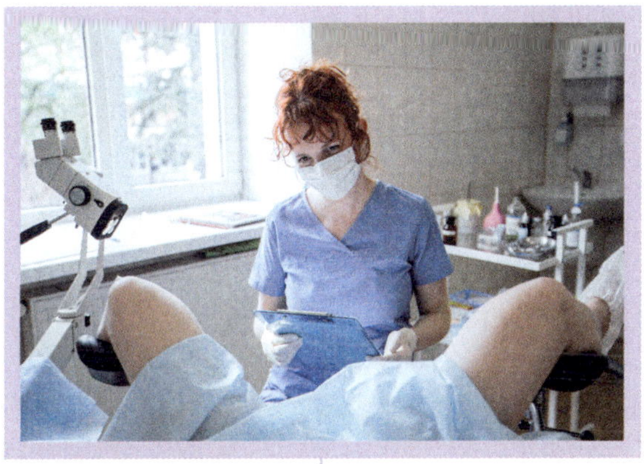

Jusqu'à la fin de la 14e **semaine** de grossesse, soit 16 semaines après le début des dernières règles.

La pratique de l'IVG est **réglementée** et plusieurs **étapes** doivent être respectées avant et après sa réalisation.

Une jeune fille mineure doit avoir le consentement de l'un de ses parents ou de son représentant légal, ou alors être accompagnée d'une personne majeure de son choix.

 # site internet
Le guide sur l'IVG édité par le ministère des Solidarités et de la Santé.
foucherconnect.fr/22pc25

ACTIVITÉ 5 Les structures d'accueil, d'aide et de soutien

 # site internet
Les coordonnées des centres de planification ou d'éducation familiale.
foucherconnect.fr/22pc26

13 Renseigner le tableau.

	Nom de la structure d'accueil d'aide ou de soutien	Adresse la plus proche de votre lycée ou de votre lieu d'habitation	Missions
1	**Centre de planification ou d'éducation familiale (CPEF)**		– Accueil, conseil et écoute individuelle sur les questions liées à la sexualité, accompagnement et suivi de la première contraception, de l'IVG, sensibilisation à la prévention des risques. – Consultation et prescription contraceptives, pose de dispositifs contraceptifs, test de grossesse, délivrance de la contraception d'urgence, dépistage et traitement des IST, réalisation d'IVG médicamenteuses.
2	**Planning familial**		– Promotion de l'éducation à la sexualité. – Accompagnement dans le choix d'une contraception. – Écoute et orientation pour une demande d'IVG. – Sensibilisation au risque du sida et des infections sexuellement transmissibles (IST).
3	**Centre gratuit d'information, de dépistage et de diagnostic (CeGIDD)**		– Information sur les moyens de contraception. – Prescription de moyens de contraception. – Délivrance de la contraception d'urgence. – Dépistage des IST.

Des aides à distance

14 Sur le plan de votre ville, **reporter** le numéro correspondant à chaque structure d'accueil, d'aide et de soutien nommée précédemment.

Collez le plan.

PROPOSER DES SOLUTIONS

15 **Indiquer** et **justifier**, pour Julia et Léo, la méthode contraceptive la plus adaptée.

....

....

....

....

....

....

MÉMO 5 La sexualité – La contraception

1. Les appareils génitaux

Chez l'homme

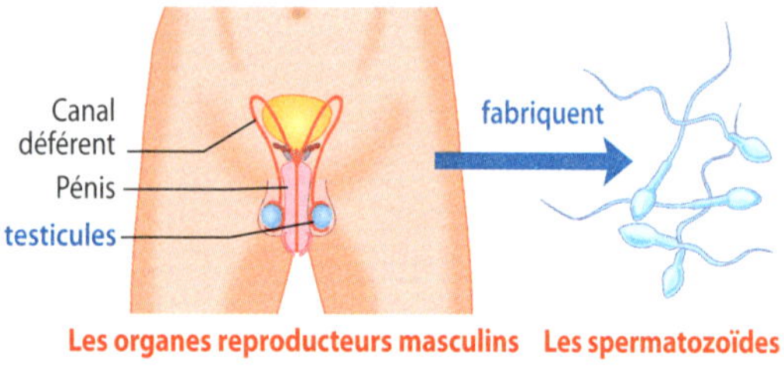

Chez la femme

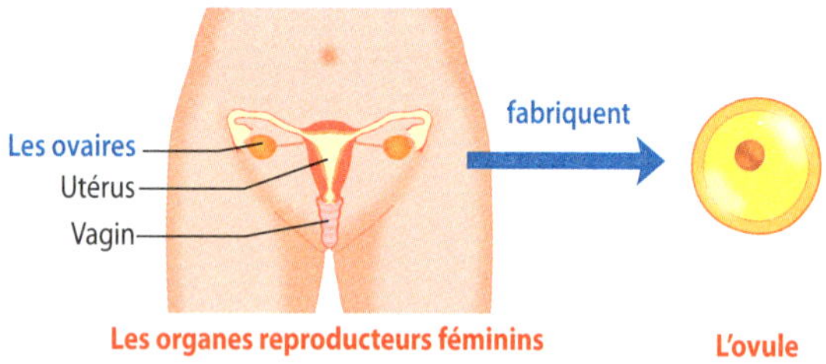

2. De la fécondation à la nidation

Fécondation : union d'un ovule et d'un spermatozoïde.

Nidation : implantation de l'embryon dans la paroi de l'utérus.

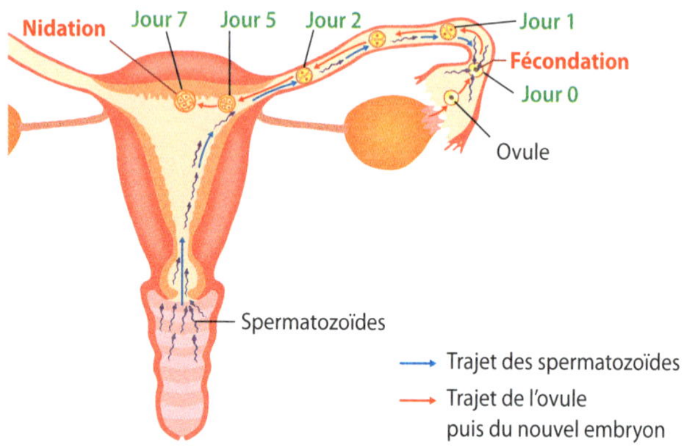

3. Les méthodes contraceptives préventives

Contraception : ensemble des moyens qui permettent d'avoir des relations sexuelles sans risque de grossesse.

Méthodes à action mécanique

Le préservatif masculin ou féminin

⊕ Empêche le sperme d'aller dans le vagin.

Le dispositif intra-utérin au cuivre (ou stérilet)

⊕ Empêche l'œuf fécondé d'aller s'implanter sur la paroi de l'utérus (nidation).

⊕ Empêche la migration des spermatozoïdes dans les trompes.

Méthodes à action chimique

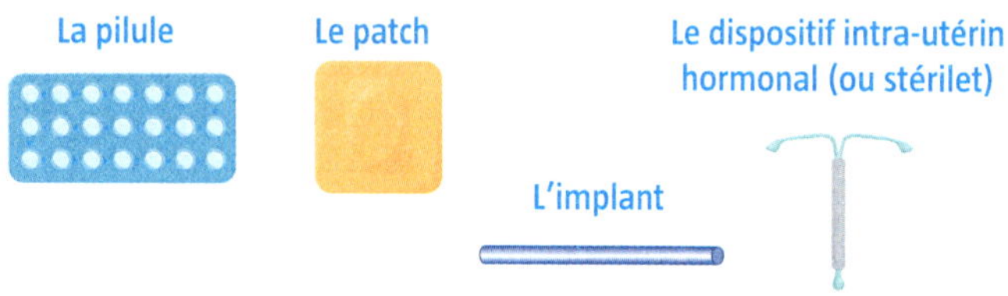

⊕ Bloque l'ovulation.

⊕ Empêche l'épaississement de la paroi de l'utérus.

⊕ Rend la glaire cervicale imperméable aux spermatozoïdes.

4. La contraception d'urgence et l'interruption volontaire de grossesse (IVG)

Contraception d'urgence : moyens qui permettent de limiter le risque de grossesse après un rapport sexuel. Sous forme de pilule, elle peut être prise dans un délai maximal de 3 à 5 jours après une prise de risque (rapport non protégé ou mal protégé).

Interruption volontaire de grossesse (IVG) : **ce n'est pas un moyen de contraception**, elle met fin à une grossesse.

5. Les structures d'accueil, d'aide et de soutien

- Le centre de planification ou d'éducation familiale (CPEF).
- Le planning familial.
- Le centre gratuit d'information, de dépistage et de diagnostic (CeGIDD).

LE MÉMO

Rédigé Audio

Foucherconnect.fr/22pc27

 # qcm

8 questions pour réviser

Foucherconnect.fr/22pc28

Module A6

THÉMATIQUE A

CHAPITRE 6

Les infections sexuellement transmissibles (IST)

Objectif : adopter un comportement responsable pour prévenir les IST.

Situation de Chloé

Situation de Lubin

ANALYSER LA SITUATION

1 **Identifier** le problème commun de Chloé et Lubin en cochant la proposition exacte.

- ☐ Chloé et Lubin craignent d'avoir contracté le sida.
- ☐ Chloé et Lubin n'utilisent jamais de préservatif.
- ☐ Chloé et Lubin ont contracté une IST.

2 **Renseigner** le tableau à partir de la situation.

	Chloé	Lubin
De quelle IST s'agit-il ?	....	....
Comment l'IST a-t-elle été contractée ?	....	....
Quels sont les symptômes de chaque IST ?	....	....

Autre situation VIDÉO

foucherconnect.fr/22pc29

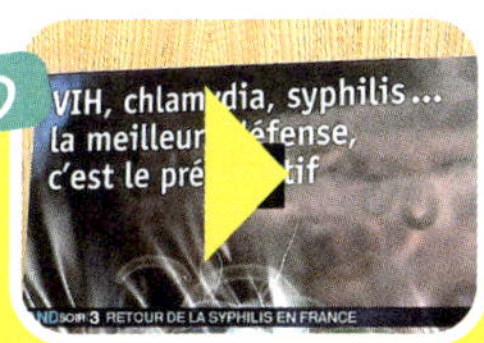

MOBILISER SES CONNAISSANCES

ACTIVITÉ 1 Les principales IST

3 À partir du **document A**,

3.1 Nommer le micro-organisme responsable :

– de la syphilis : ....

– du sida : ....

DOC A Les IST les plus courantes et leurs symptômes

	Nom de l'infection et du micro-organisme responsable		Symptômes		Conséquences possibles
			♀ Femme	♂ Homme	
IST d'origine bactérienne	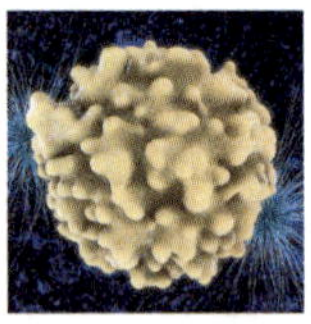	**Blennorragie ou gonococcie** le gonocoque	– En général, aucun symptôme.	– Écoulement purulent à l'extrémité de la verge. – Brûlures en urinant. – Parfois aucun symptôme.	– Risque de stérilité chez l'homme et la femme. – Atteinte du nouveau-né si mère infectée.
IST d'origine bactérienne	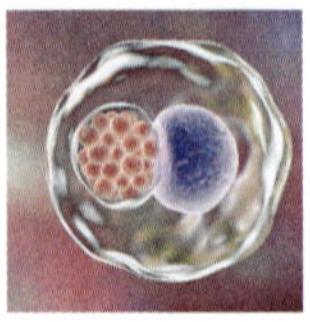	**Chlamydiose** le chlamydia	– Dans les trois quarts des cas, aucun symptôme. – Douleurs abdominales. – Fièvre, pertes banales.	– Brûlures en urinant.	– Risque de stérilité chez l'homme et la femme. – Atteinte du nouveau-né si mère infectée.
IST d'origine bactérienne	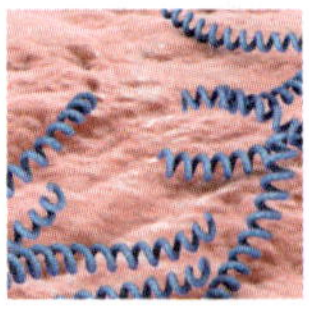	**Syphilis** le tréponème pâle	– Au début : chancre ou plaie indolore sur le sexe, gonflement des ganglions lymphatiques. – 2 mois plus tard : éruption de boutons sur tout le corps (roséole).		– Problèmes neurologiques, cardio-vasculaires... – Atteinte du nouveau-né si mère infectée.
IST d'origine virale	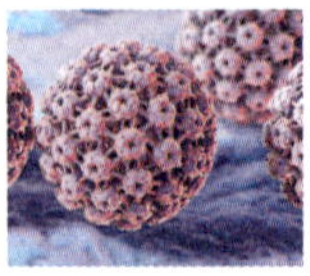	**Condylomes ou papillomavirus** le papillomavirus	– Petites verrues sur les organes génitaux, parfois invisibles à l'œil nu.		– Cancer du col de l'utérus. – Atteinte du nouveau-né si mère infectée.
IST d'origine virale	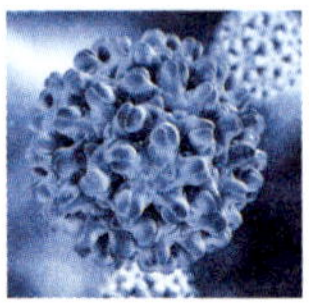	**Hépatite B** le virus de l'hépatite B	– Souvent aucun symptôme. – Jaunisse. – Grande fatigue. – Fièvre.		– À long terme, cirrhose (destruction des cellules du foie), cancer du foie. – Atteinte du nouveau-né si mère infectée.
IST d'origine virale	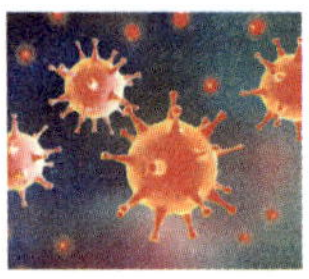	**Herpès génital** le virus de l'herpès	– Petits boutons douloureux en forme de bulles sur les organes génitaux.		– Atteinte du nouveau-né si mère infectée.
IST d'origine virale		**Sida** (syndrome d'immuno-déficience acquise) le virus d'immuno-déficience humaine (VIH)	– **Le stade séropositif VIH :** absence de signes particuliers. – **Le stade sida :** apparition de maladies graves suite à l'affaiblissement des défenses immunitaires car le corps ne peut plus faire face aux micro-organismes pathogènes présents dans son environnement.		– Atteinte du nouveau-né si mère infectée. – Infections dites « opportunistes » (bronchite, pneumonie, tuberculose...). – Cancer. – Mort. – Atteinte du nouveau-né si mère infectée.

3.2 Renseigner le tableau.

Symptômes			
d'une infection sexuellement transmissible d'origine bactérienne		d'une personne séropositive au VIH	d'une personne atteinte du sida
chez l'homme	chez la femme		
....	....	....	....
....	....	....	....
....	....	....	....
....	....	....	....
....	....	....	....
....	....	....	....

3.3 Citer la conséquence des IST commune à l'homme et à la femme.

....

ACTIVITÉ 2 Les modes de contamination

4 À partir des illustrations, **citer** les trois voies de transmission des IST.

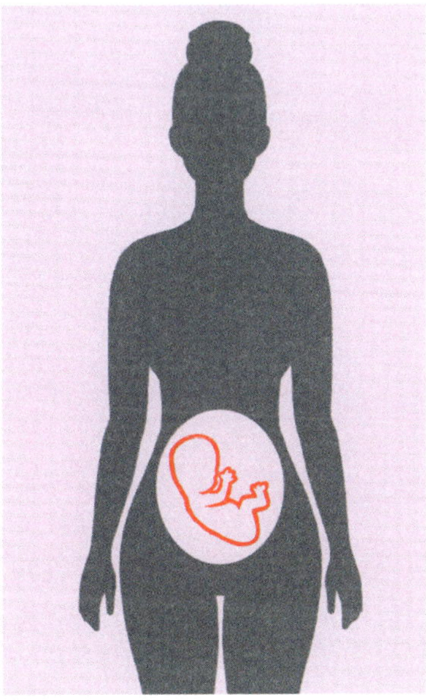

Voie ....

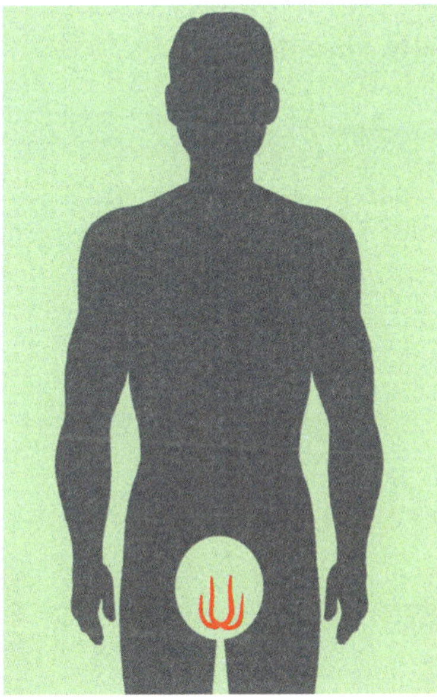

Voie ....

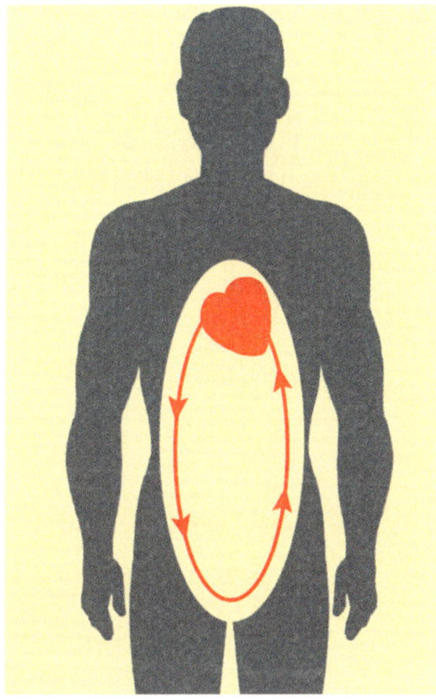

Remarque : mode de contamination très rare pour la syphilis

Voie ....

5 Cocher, parmi les affirmations, les pratiques qui risquent de transmettre le sida.

- ☐ Prêter ou échanger des vêtements.
- ☐ Avoir une relation sexuelle.
- ☐ Serrer la main d'une personne séropositive au VIH.
- ☐ Nager dans la piscine.
- ☐ S'asseoir sur une cuvette de WC.
- ☐ Se faire piquer par un moustique.
- ☐ Allaiter son bébé alors que l'on est séropositive.
- ☐ Embrasser sur la bouche.
- ☐ Partager des seringues usagées.
- ☐ Caresser un animal.
- ☐ Rendre visite à une personne malade du sida.

ACTIVITÉ 3 La conduite à tenir suite à une prise de risque ou à une contamination

6 À partir du **document B**, **indiquer** pour chaque situation la conduite à tenir.

Situation 1

....

....

....

....

....

....

....

....

....

....

....

....

Situation 2

Après cette prise de risque :
- Où se rendre ?
- Quel délai respecter ?

....

....

DOC B Que faire en cas de prise de risque face au sida ?

1 DÉFINIR UNE PRISE DE RISQUE :
> Rapport sexuel non protégé (ou en cas de rupture du préservatif) avec une personne de statut sérologique positif ou inconnu.
> Partage de matériel d'injection (par exemple lors de l'usage de drogues injectables) et/ou de pailles à sniff.

2 SI VOUS PENSEZ AVOIR PRIS UN RISQUE, réagissez IMMEDIATEMENT (et jusqu'à 48 heures maximum) en vous rendant aux urgences d'un hôpital. N'hésitez pas à joindre **Sida Info Service au 0800 840 800 (24h/24)** qui vous indiquera les hôpitaux de proximité prenant en charge les situations à risque VIH. Si possible, demandez à votre (vos) partenaire(s) de vous accompagner. Afin de faciliter l'évaluation du risque, il est toujours mieux de connaître le statut sérologique de son (ses) partenaire(s) et de pouvoir le (les) contacter au besoin.

3 UNE FOIS SUR PLACE, précisez que vous venez pour une prise de risque VIH. Demandez à voir le médecin rapidement. Il évaluera avec vous le risque de contamination et vous prescrira si besoin un traitement d'urgence appelé **TPE** (traitement post-exposition) : pris de manière optimale, il réduit fortement le risque de transmission du VIH. Attention, ce traitement est contraignant (effets indésirables) et doit être pris tous les jours pendant un mois.

Le Kiosque
36, rue Geoffroy L'Asnier
75004 Paris
Tél. : 01 44 78 00 00
www.lekiosque.org
Avec le soutien de l'INPES.

ACTIVITÉ 4 Les moyens de prévention

 # site internet
Calendrier vaccinal.
foucherconnect.fr/22pc30

 # vidéo
Le virus du sida : il faut s'en protéger avec un préservatif.
foucherconnect.fr/22pc31

7 À partir de vos connaissances, de la **vidéo** et du **site internet**, **renseigner** le tableau.

	Préservatif masculin 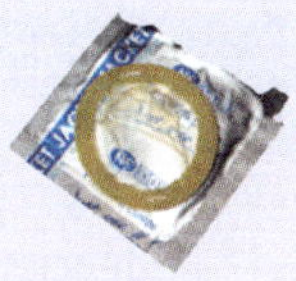	Préservatif féminin 	Vaccin 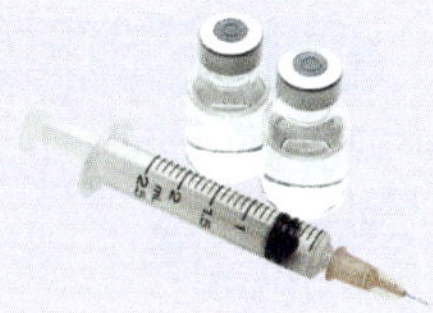
IST concernées	....	....	....

ACTIVITÉ 5 Les structures d'accueil, d'aide et de soutien

8 **Renseigner** le tableau.

Structure la plus proche de votre lycée ou de votre lieu d'habitation	Adresse
CeGIDD Centre gratuit d'information, de dépistage et de diagnostic (CeGIDD)	....

PROPOSER DES SOLUTIONS

9 **Indiquer** les mesures à prendre par Chloé et Lubin pour ne pas contaminer leurs partenaires.

....

MÉMO 6 Les infections sexuellement transmissibles (IST)

1. Des exemples d'IST

Origine bactérienne

Syphilis

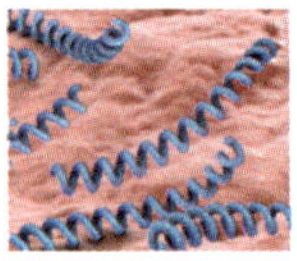

Chlamydiose

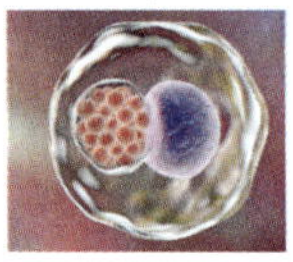

Symptômes principalement localisés au niveau des organes génitaux

♀
- Douleurs lors des relations sexuelles
- Démangeaisons
- Boutons sur le sexe

♂
- Démangeaisons
- Boutons sur le sexe
- Brûlures en urinant
- Écoulement anormal

Origine virale

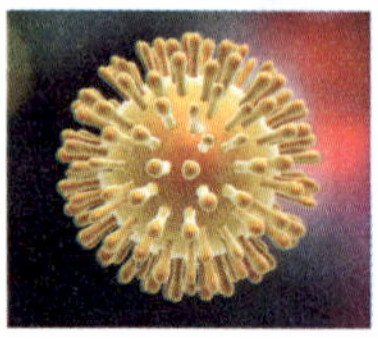

Sida (syndrome d'immuno-déficience acquise)

Stade séropositif → Aucun symptôme

Stade sida → Maladies graves suite à l'affaiblissement des défenses immunitaires

2. Les modes de contamination

Par le **sang**
Par les **relations sexuelles**
Par la **voie fœto-maternelle**

3. La conduite à tenir suite à une prise de risque ou à une contamination

En cas de prise de risque au VIH :
- Aller dans les 48 heures maximum à l'hôpital le plus proche.

En cas de contamination :
- Prendre le traitement prescrit par le médecin et le suivre jusqu'au bout.
- Prévenir son ou ses partenaires afin qu'il(s) puisse(nt) se faire dépister et traiter le cas échéant.
- Se protéger en utilisant un préservatif lors des relations sexuelles.

4. Les moyens de prévention

Pour toutes les IST

Le préservatif

Pour certaines IST

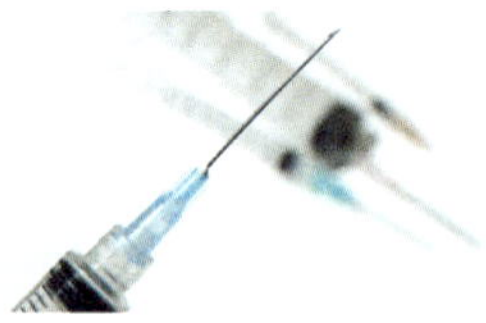

Le vaccin contre l'hépatite B et le papillomavirus

5. Les structures d'accueil, d'aide et de soutien

CeGIDD

Centre gratuit d'information de dépistage et de diagnostic

→ **Missions** : prévenir, dépister, diagnostiquer, informer.

LE MÉMO

Rédigé Audio

foucherconnect.fr/22pc32

 # qcm

8 questions pour réviser

foucherconnect.fr/22pc33

Module A7

L'alimentation adaptée à son activité

THÉMATIQUE A

CHAPITRE 7

Objectif : adapter son alimentation à ses besoins.

Embauchée depuis trois mois, Livia, 25 ans, travaille dans un salon de coiffure situé à 50 kilomètres de son domicile. Ce nouvel emploi a modifié ses habitudes alimentaires.

Désormais, le matin, faute de temps, elle ne prend qu'une tasse de thé. Les horaires de travail et de pause dans la journée sont variables car les clientes peuvent venir sans rendez-vous. Livia grignote donc des barres chocolatées, ce qui lui permet de patienter jusqu'à sa pause déjeuner. Au déjeuner, elle mange très souvent un sandwich accompagné d'un soda. Le soir, elle est trop fatiguée pour cuisiner et consomme régulièrement des produits ultratransformés. Elle constate que, depuis son embauche, elle a pris du poids.

ANALYSER LA SITUATION

1 Identifier le problème posé dans la situation en cochant la proposition exacte.

- ☐ Le choix d'un moyen de locomotion pour se rendre sur son lieu de travail.
- ☐ La modification des habitudes alimentaires de Livia.
- ☐ La consommation de produits ultratransformés.

2 Identifier les éléments de la situation en répondant aux questions.

Quoi ? *Quelle est l'origine du problème ?* ›› ....

....

Qui ? *Quelle est la personne concernée par le problème ?* ›› ....

Quand ? *Depuis quand le problème est-il apparu ?* ›› ....

....

Pourquoi ? *Pourquoi est-ce important de remédier au problème ?* ›› ....

....

Autre situation BD

foucherconnect.fr/22pc34

MOBILISER SES CONNAISSANCES

ACTIVITÉ 1 Les besoins nutritionnels de l'organisme

3 À partir du **document A**,

3.1 Repérer les trois besoins de l'organisme :

....

....

....

....

3.2 Nommer les trois constituants alimentaires qui permettent de satisfaire les besoins énergétiques :

....

....

....

....

DOC A Les besoins alimentaires de l'organisme

	Énergétiques			Constructeurs	Fonctionnels
Besoins de l'organisme	**Énergie musculaire** • Assurer le travail musculaire	**Énergie calorifique** • Maintenir la température du corps à 37 °C	**En cas de besoin**	• Assurer la croissance de l'individu • Renouveler les cellules de l'organisme	• Assurer le bon fonctionnement des organes • Transporter les nutriments[1]
Constituants alimentaires assurant les besoins de l'organisme	Glucides 17 kJ/g[2]	Lipides 38 kJ/g	Protides 17 kJ/g	Protides Calcium	Eau, minéraux, fibres, vitamines

1. Un nutriment est une substance alimentaire pouvant être directement assimilée par l'organisme.
2. L'apport en énergie d'un aliment se calcule en kilojoules (kJ) à partir de sa composition en constituants alimentaires.

4 À partir du **document B**,

4.1 Identifier pour chaque salarié le besoin énergétique journalier en renseignant le tableau.

Situation professionnelle		Besoins énergétiques	
	Depuis cinq ans, Irma et Jules sont employés par l'entreprise de nettoyage Clarity Propreté. Ils assurent en binôme l'entretien de tout type de locaux : bureaux, immeubles, résidences, entreprises.	 Irma	....
		 Jules	....

4.2 Indiquer le critère qui peut expliquer la variation des besoins énergétiques d'Irma et Jules.

....

4.3 Citer trois autres critères qui font varier les besoins énergétiques d'une personne.

....

....

....

DOC B Les besoins énergétiques (en kJ) par jour

Individus	Besoins énergétiques journaliers	
	Homme	Femme
Enfants de 1 à 3 ans	5 700 kJ	
Adolescents de 13 à 15 ans	12 100 kJ	10 400 kJ
Adultes – Activité faible – Activité moyenne – Activité intense – Grossesse	 8 800 kJ 11 300 kJ 12 500 kJ	 7 500 kJ 8 400 kJ 9 200 kJ 8 300 à 9 000 kJ

ACTIVITÉ 2 Les principes d'une alimentation équilibrée

5 À partir des **documents B** et **C**, dans le tableau,

5.1 Reporter,
– le besoin énergétique par jour pour un adolescent ;
– le pourcentage des apports énergétiques des constituants alimentaires sur une journée.

5.2 Calculer, pour l'adolescent, la quantité d'énergie apportée par les constituants alimentaires énergétiques sur une journée.

DOC C La répartition des apports énergétiques des constituants alimentaires sur une journée

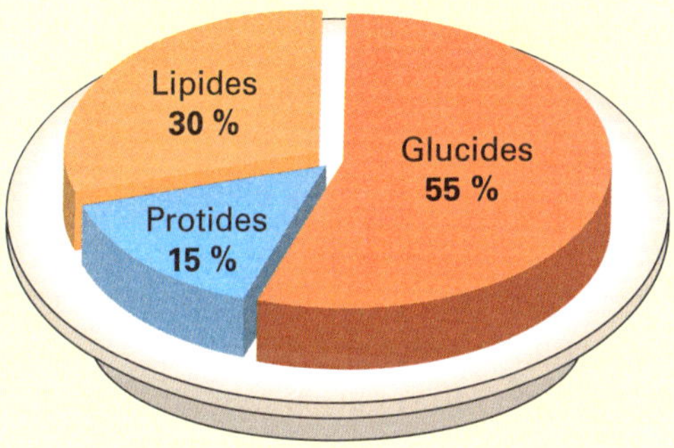

Besoin énergétique		Constituants alimentaires énergétiques	Apports énergétiques	Valeurs énergétiques
	.... kJ/jour	Glucides	.... %	.... kJ
		Lipides	.... %	.... kJ
		Protides	.... %	.... kJ

6 À partir du **document D**, **renseigner** le tableau.

Nom des différents repas	Apport énergétique de chaque repas (en %)	Valeur énergétique apportée par chaque repas (en kJ)
....	.... %	.... kJ
....	.... %	.... kJ
....	.... %	.... kJ
....	.... %	.... kJ
Total des apports énergétiques conseillés sur une journée pour un adolescent	**100 %**	**12 100 kJ**

DOC D La répartition des apports énergétiques sur une journée

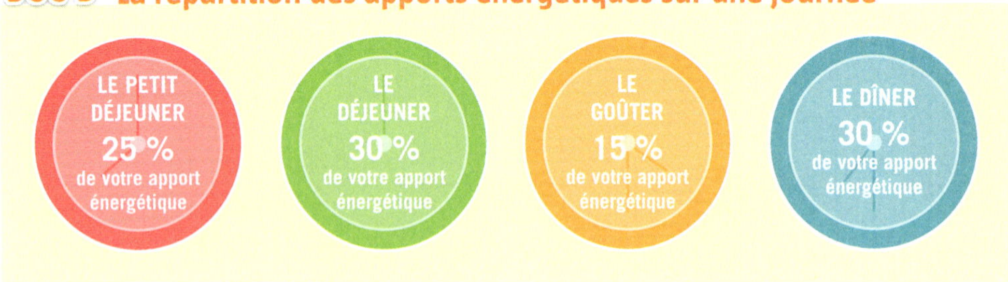

#vidéo
Ce qu'il faut retenir pour l'équilibre alimentaire d'une journée.
foucherconnect.fr/22pc35

7 À partir des **documents C**, **D** et **E** et de la **vidéo**, **cocher** les principes qui correspondent à une alimentation équilibrée et **justifier** les réponses si nécessaire.

Affirmations	Vrai	Faux	Justification si la réponse est « faux »
1. L'apport énergétique des aliments doit être égal aux dépenses énergétiques de l'individu.			....
2. L'alimentation équilibrée se vérifie sur un seul repas.			....
3. L'apport énergétique des aliments doit être réparti sur un seul repas.			....
4. Les féculents doivent systématiquement être supprimés des repas car ils font grossir.			....
5. Les sodas sont les seules boissons à consommer.			....
6. La consommation de poisson est conseillée deux fois par semaine.			....
7. L'apport énergétique glucidique doit représenter environ 55 % de l'apport énergétique journalier.			....
8. Les produits ultratransformés sont à privilégier.			....

DOC E Les recommandations alimentaires pour les adultes

Le PNNS est le Programme national nutrition santé. Son objectif est l'amélioration de l'état de santé de la population en agissant sur la nutrition.

AUGMENTER

- Les légumes secs : au moins 2 fois par semaine.
- Les fruits à coque : une petite poignée chaque jour.
- Le « fait maison ».
- Les fruits et légumes : au moins 3 portions de fruits et 2 portions de légumes par jour.
- L'activité physique : au moins 30 min par jour.

ALLER VERS

- Au moins un féculent complet par jour.
- Huile de colza, de noix et d'olive en petite quantité.
- Deux produits laitiers par jour.
- Du poisson 2 fois par semaine, dont 1 poisson gras (sardine, maquereau).

RÉDUIRE

- L'alcool : 2 verres maximum par jour et pas tous les jours.
- Les boissons sucrées, les aliments gras, sucrés, salés et ultratransformés.
- La consommation de viande (porc, bœuf, mouton…) : 500 g maximum par semaine et privilégier la volaille.
- La charcuterie : 150 g maximum par semaine.
- La consommation de sel.
- La sédentarité : marcher toutes les 2 heures.

8 À l'aide du **document E**, **compléter** le menu du dîner d'un adolescent et **justifier** la réponse.

Menu d'un adolescent			
Petit déjeuner 	– Yaourt avec des céréales. – Orange pressée. – Thé.	**Déjeuner** 	– Sandwich jambon-beurre-fromage. – Pomme. – Soda.
Dîner 	…………………………………… …………………………………… …………………………………… …………………………………… Justification : …………………………………… …………………………………… ……………………………………		

ACTIVITÉ 3 Les erreurs alimentaires et les conséquences possible sur la santé et sur l'activité professionnelle

9 **Identifier**, pour chaque situation professionnelle, les contraintes professionnelles, les erreurs commises et les conséquences possibles sur la santé du salarié.

	1	2
Situation professionnelle	 Gabin dispose de 20 minutes de pause-déjeuner par jour qu'il prend entre midi et 14 heures, suivant l'avancée de son travail. Son domicile étant trop éloigné, il prend ses repas dans le local affecté à la restauration dans l'entreprise. Il achète donc régulièrement des plats préparés industriels (ultra-transformés) qu'il réchauffe au micro-ondes. Il sait pourtant que ces plats sont riches en sel et en graisses et favorisent le surpoids et les maladies cardiovasculaires.	 Naïma a deux heures de route pour se rendre à son travail. Souvent, elle n'a pas le temps de prendre un petit déjeuner car elle se lève au dernier moment. Elle achète donc tous les matins deux pains au chocolat qu'elle mange dans la matinée. Au moment de prendre sa pause-déjeuner, elle n'a pas faim ; elle saute donc le déjeuner et grignote en fin d'après-midi pour patienter jusqu'au dîner. Celui-ci consiste à se nourrir essentiellement de pizzas, sandwichs et plats de pâtes. Naïma a bien conscience que le fait de ne pas consommer de fruits et légumes va entraîner des carences en sels minéraux et vitamines.
Contraintes professionnelles	....	....
Erreurs alimentaires	....	....
Conséquences possibles sur la santé	....	....

10 **Indiquer**, à partir du **document G**, les conséquences possibles des erreurs alimentaires sur l'activité professionnelle.

....

....

....

....

....

DOC G Des conséquences des erreurs alimentaires sur l'activité professionnelle

❶ Léa travaille sur une chaîne de production dans une entreprise de 50 salariés.
De peur de grossir, elle mange très peu. Mais, fatiguée en fin de journée, elle n'arrive plus à tenir les cadences. Cela exaspère ses collègues de travail car l'équipe perçoit une prime de rendement.

❷ Anna est fleuriste.
Du lundi au samedi, elle fait la journée continue. Elle a constaté que les jours de fortes commandes, quand elle n'a pas le temps de déjeuner, en fin d'après-midi, elle est moins attentive et se blesse beaucoup plus.

❸ Pedro est livreur.
Le samedi est une journée qui commence à 6 heures le matin au lieu de 8 heures. Pedro ne se lève pas plus tôt pour prendre un petit déjeuner. Il a un coup de barre vers 11 heures et commet des erreurs de livraison. Le client est mécontent.

11 **Entourer**, parmi les propositions de déjeuner, celle la plus adaptée à Farik et Simon, puis **justifier**.

Farik et Simon, ouvriers dans le BTP, travaillent toute la semaine sur les chantiers. Ils ne disposent pas de restauration ni de micro-ondes.

Déjeuner 1	– Sandwich jambon-beurre. – Canette de bière.
Déjeuner 2	– Pain et rillettes. – Salade : riz, tomates, thon, œuf dur. – Vin rouge.
Déjeuner 3	– Lentilles, vinaigrette. – Omelette froide. – Camembert. – Compote de pommes. – Tranche de cake fait maison. – Eau.

Justification : ....

PROPOSER DES SOLUTIONS

12 **Préciser** les besoins énergétiques de Livia en fonction de son activité professionnelle.

....

13 **Indiquer** quatre conseils à Livia pour avoir une alimentation équilibrée adaptée à sa situation.

– ....

– ....

– ....

– ....

MÉMO 7 L'alimentation adaptée à son activité

1. Les besoins nutritionnels de l'organisme

Trois **besoins** de l'organisme sont à satisfaire.

Besoins constructeurs

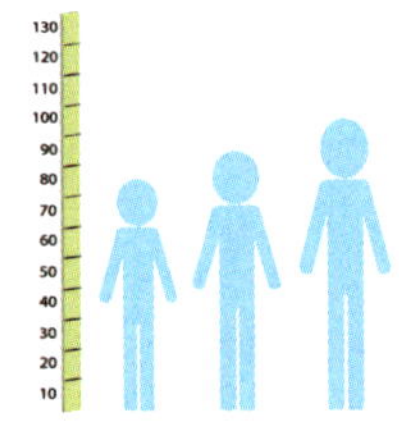

Besoins énergétiques

Besoins fonctionnels

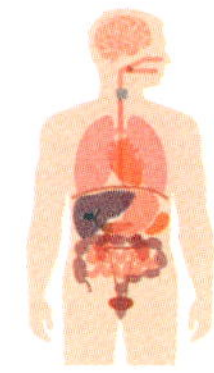

Les besoins **varient** en fonction de l'âge, du sexe, de l'activité physique et de l'état physiologique (femme enceinte, allaitante, personne fiévreuse).

2. Les principes d'une alimentation équilibrée

L'équilibre alimentaire

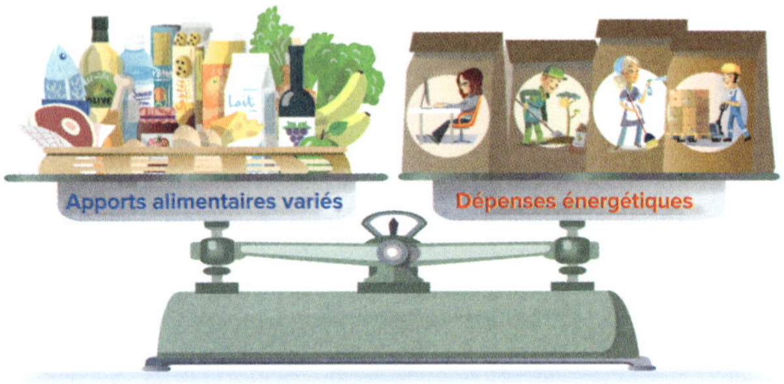

Répartition des apports énergétiques sur une journée

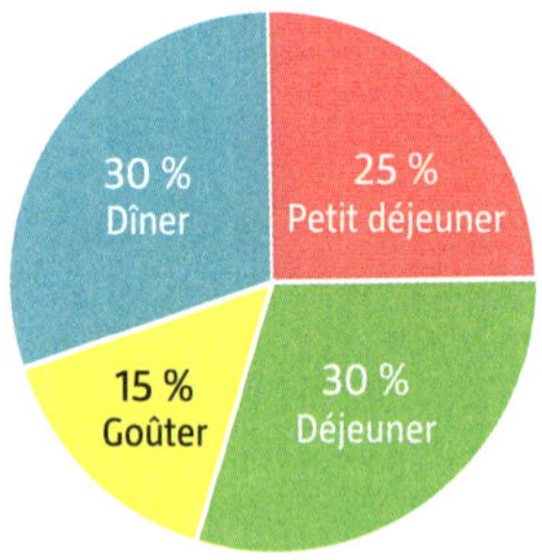

3. Les erreurs alimentaires et les conséquences possibles sur la santé et sur l'activité professionnelle

Les erreurs alimentaires fréquentes dans la structure et la répartition des repas →

- **Manque** de certains aliments (fruits et légumes).
- **Excès** de certains aliments (matières grasses, produits sucrés).
- **Absence** de petit déjeuner.
- **Grignotage** entre les repas.

Les conséquences des erreurs alimentaires

Sur la santé de l'individu

- Maladies cardiovasculaires.
- Surpoids ou obésité.
- Diabète.

Sur l'activité professionnelle

- Accidents du travail.
- Baisse de productivité.
- Erreur de fabrication.

LE MÉMO

Rédigé Audio

foucherconnect.fr/22pc37

 # qcm

8 questions pour réviser

foucherconnect.fr/22pc38

Module B1

Les ressources en eau

THÉMATIQUE B

CHAPITRE 8

Objectif : avoir un comportement éthique et responsable face à sa consommation d'eau.

La consommation d'eau chez la famille Gaspieau

ANALYSER LA SITUATION

1 **Identifier** le problème posé dans la situation.

....

2 À partir de la situation, **renseigner** le tableau.

Famille Gaspieau	Le fils 	Le père 	La fille 
Postes de consommation d'eau	....	....	....
Activités quotidiennes	....	....	....

Autre situation TEXTE

foucherconnect.fr/22pc39

ACTIVITÉ 1 Les ressources disponibles en eau et leurs limites

3 À partir du **document A** et de la **vidéo**,

3.1 Citer le plus grand réservoir d'eau de la planète.

....

3.2 Indiquer :

• le pourcentage d'eau douce utilisable par l'homme : ....

• la provenance de cette eau douce :

....

....

....

....

....

DOC A Les réserves en eau dans le monde

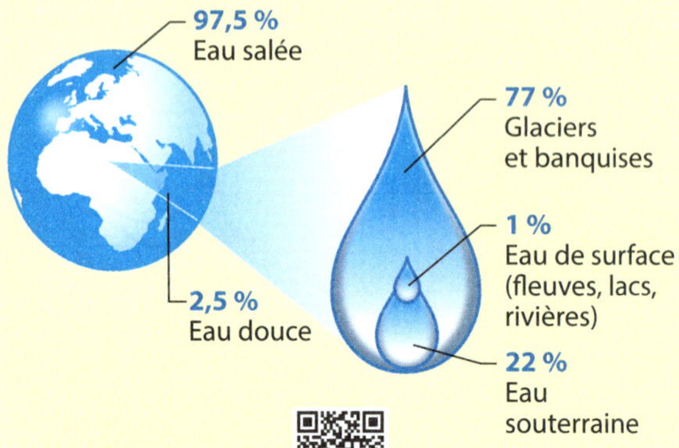

 # vidéo
La gestion de l'eau en France.
foucherconnect.fr/22pc40

4 À partir du **document B**, **renseigner** le tableau.

		Exemples de pays		
Ressources en eau	**Quantité suffisante**	....	....	....
	Pénurie	....	....	....

DOC B La répartition de l'eau dans le monde

Neuf pays « géants » de l'eau se partagent près de 60 % des ressources naturelles renouvelables d'eau douce du monde.

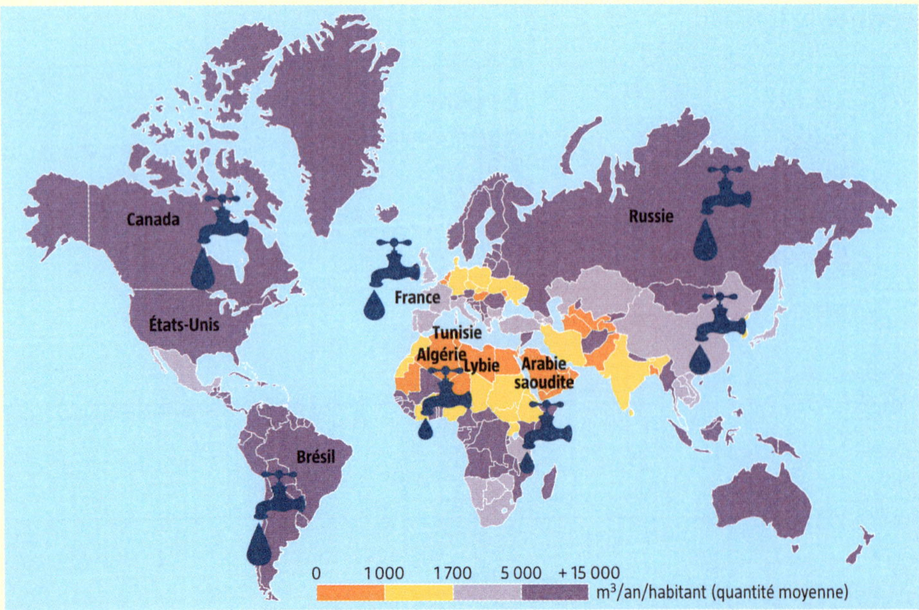

Rapport entre les besoins en eau et les ressources disponibles :

- **Au-dessus de 2 500 m³/pers./an** : aucun problème.

→ La France offre environ **3 000 m³/pers./an**.

- **Entre 2 500 et 1 700 m³/pers./an : vulnérabilité hydrique**.
- **Entre 1 700 et 1 000 m³/pers./an** : **stress hydrique**.
- **En-dessous de 1 000 m³/pers./an** : **pénurie** d'eau.

5 À partir du **document C**, de vos connaissances et de la **vidéo**, **caractériser** les ressources en eau disponibles en France et **justifier**.

 # vidéo
Sommes-nous en train d'épuiser nos ressources en eau ?
foucherconnect.fr/22pc41

DOC C Les ressources en eau en France

En moyenne, on recense 480 milliards de m³ de précipitations pour le territoire français chaque année. On comptabilise également 270 000 kilomètres de cours d'eau permanents et des nappes souterraines estimées à 2 000 milliards de m³. Sur la base de ces chiffres, on peut considérer que la France dispose de ressources en eau considérables. Cependant, il y a une inégale répartition à travers les régions. Certaines disposent d'eau en abondance alors que d'autres souffrent de sécheresse.

Que deviennent les précipitations ?

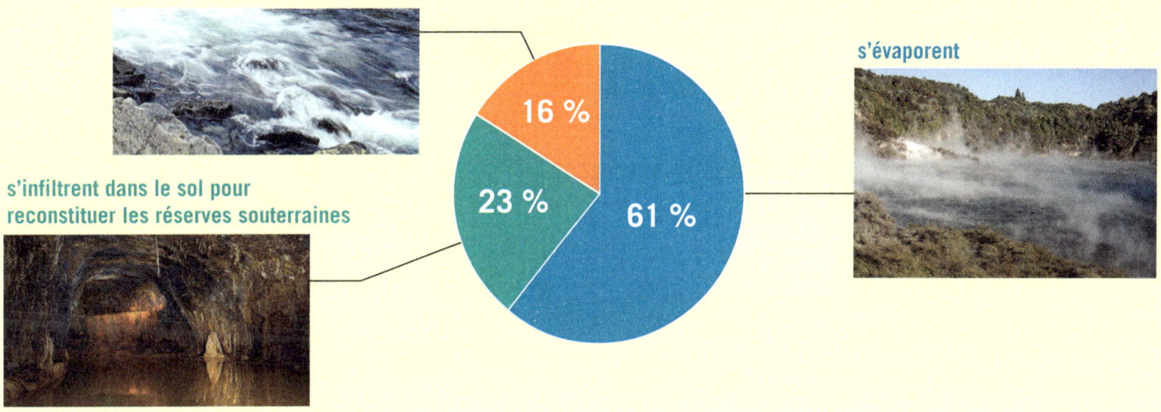

6 À partir du **document D** et de vos connaissances, **lister** deux raisons pour lesquelles les ressources en eau risquent d'être limitées dans les années à venir.

DOC D Une consommation d'eau toujours plus importante

La population mondiale

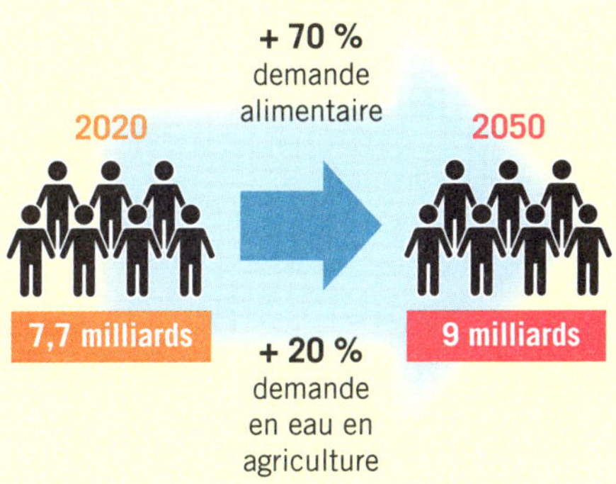

L'évolution de la consommation d'eau par secteur d'activité en km³

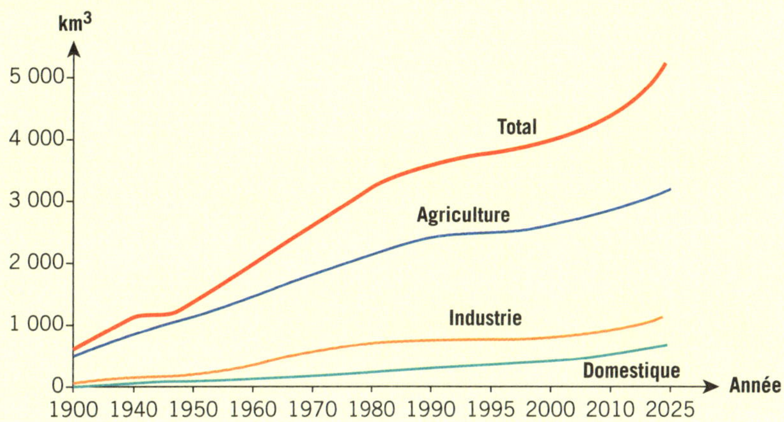

ACTIVITÉ 2 Le cycle domestique de l'eau

 # vidéo
Le petit cycle de l'eau.
foucherconnect.fr/22pc42

7 À partir de vos connaissances et/ou de la **vidéo**, sur le **document E**,

7.1 Compléter les cases à l'aide du vocabulaire suivant : *contrôle qualité, traitement de l'eau pour devenir potable (usine de potabilisation), retour de l'eau en milieu naturel, pompage, distribution, rejet des eaux usées dans le tout à l'égout, stockage, traitement des eaux usées (station d'épuration), contrôle qualité.*

7.2 Indiquer par des flèches :

– en vert, le circuit de l'approvisionnement en eau potable ;
– en bleu, le circuit des eaux usées.

DOC E Le circuit de l'eau du captage à son retour dans le milieu naturel

8 À partir du **document E**,

8.1 Définir l'expression « eaux usées ».

....

....

8.2 Justifier l'intérêt de traiter les eaux usées avant de les rejeter dans le milieu naturel.

....

....

9 À partir du **document F**, **définir** l'eau potable.

....

....

....

DOC F Les critères de qualité d'une eau potable

L'eau est le produit alimentaire le plus contrôlé en France.

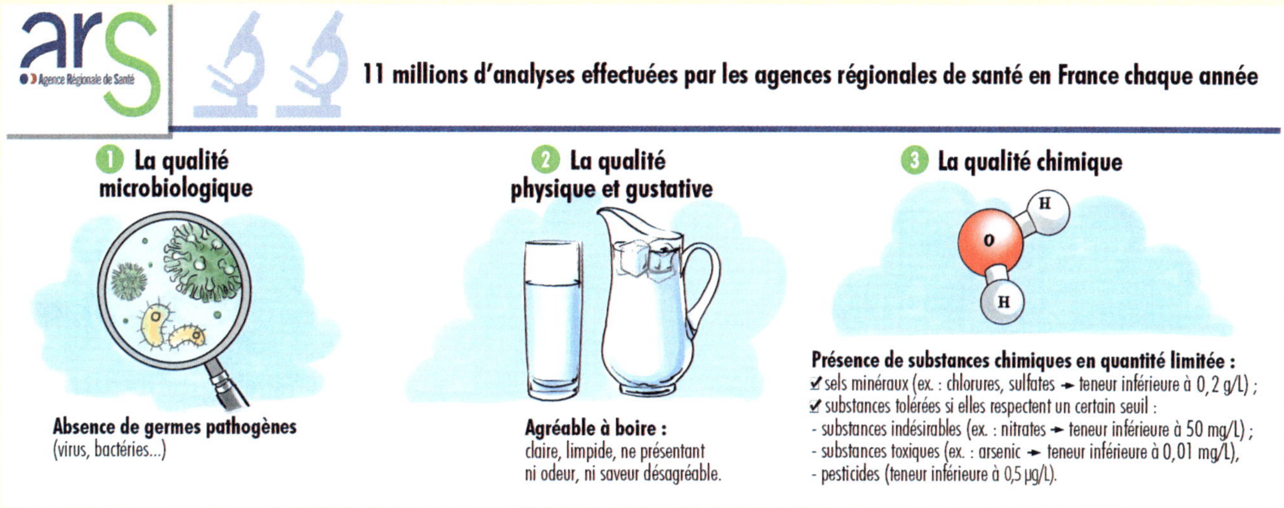

10 À partir du **document G**,

10.1 Indiquer la part du prix de l'eau qui sert à prendre en charge la pollution générée par les consommateurs d'eau du robinet.

....

....

10.2 Surligner, dans le **document G**, les étapes du circuit qui correspondent au coût :
– en rouge, du service de l'eau potable ;
– en vert, du service de l'assainissement.

DOC G Le coût du service de l'eau

Le prix de l'eau en France est fixé par les collectivités et varie suivant les régions.

22 %
Taxes et autres redevances
- Redevances pour la lutte contre la pollution, la préservation des ressources et la modernisation des réseaux au profit de l'État (Agence de l'eau)
- TVA

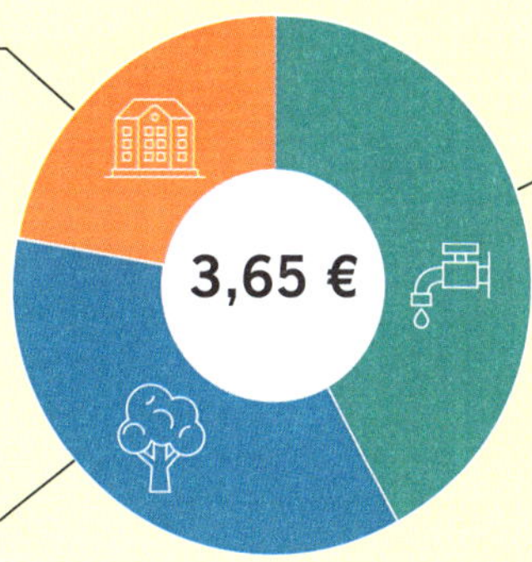

42 %
Service de l'eau potable
- Prélèvement, captage
- Traitement de l'eau
- Distribution de l'eau
- Contrôle de qualité

36 %
Service de l'assainissement
- Collecte des eaux usées
- Dépollution des eaux usées
- Contrôle des rejets dans le milieu naturel

Source : données établies selon le tarif de l'eau au 01/01/2018 sur la base d'un abonnement domestique et pour une consommation de 120 m³ par an pour un logement (référence INSEE).

ACTIVITÉ 3 La consommation en eau d'un ménage

11 À partir du **document H**, **indiquer** le poste de consommation en eau le plus important pour un Français.

....

12 À partir du **document I**,

12.1 **Indiquer** la quantité d'eau virtuelle utilisée pour produire 200 grammes de :

– poulet : ....

– bœuf : ....

12.2 **Formuler** un commentaire.

....

DOC H La répartition de la consommation d'eau au sein d'un foyer français

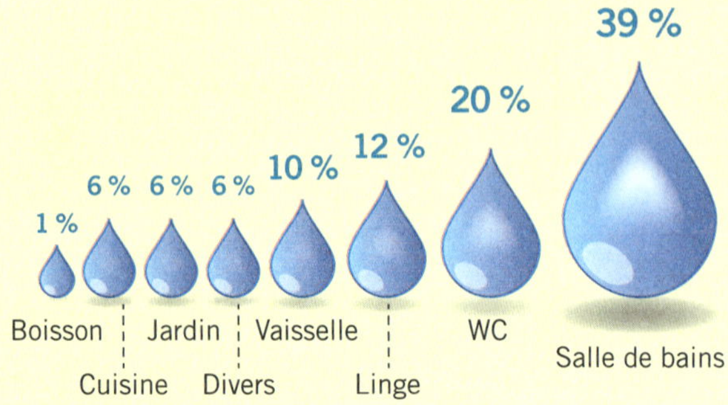

 # vidéo
Connaissez-vous votre emrpeinte eau ?
foucherconnect.fr/22pc43

DOC I L'eau virtuelle et l'empreinte eau

• Chaque produit consommé a nécessité des quantités non négligeables d'eau lors de chacune des étapes de sa production. Cette eau cachée est appelée « **eau virtuelle** ». Nous en consommons beaucoup plus que celle que nous utilisons chaque jour pour nous hydrater. Cette notion d'eau virtuelle est utilisée pour évaluer l'empreinte eau d'un produit.

• L'**empreinte eau** est l'estimation du volume d'eau utilisé durant le cycle de vie d'un produit, depuis l'extraction des matières qui le composent jusqu'à son élimination.

1 T-shirt en coton (250 g) | 1 feuille de papier A4 | 1 tranche de pain de mie (30 g) | 1 tranche de fromage | 1 hamburger | Viande de poulet (200 g) | Viande de bœuf (200 g) | Pommes de terre (200 g)

Source : http://les.cahiers-developpement-durable.be/outils/eau-virtuelle-et-empreinte-aquatique/

ACTIVITÉ 4 Les mesures de prévention pour préserver l'eau

 # vidéo
Mes conseils éco : économisons l'eau.
foucherconnect.fr/22pc44

13 À l'aide de vos connaissances et/ou de la **vidéo**, **renseigner** le tableau.

	Des actions écocitoyennes pour économiser l'eau
La salle de bains Les toilettes	....
La cuisine	....
Le jardin	....

14 **Entourer**, dans le **document J**, les mesures collectives visant à réduire la pollution de l'eau.

DOC J Des mesures collectives pour préserver l'eau

Les six agences de l'eau françaises sont des établissements publics du ministère chargé du développement durable. Leur mission est de réduire les pollutions de toutes origines et de protéger les ressources en eau et les milieux aquatiques.

❶ Recyclage de l'eau dans les industries.

❷ Mise en place par les industries d'une technologie moins gourmande en eau.

❸ Mise en place de taxes fondées sur le principe « pollueur-payeur ».

❹ Restauration des rivières et des zones humides.

❺ Entretien et réfection des réseaux de distribution d'eau pour éviter les fuites.

❻ Mise aux normes des stations d'épuration.

❼ Réduction des pollutions agricoles.

❽ Protection des captages d'eau potable.

15 À partir du **document K**,

15.1 **Indiquer** la raison pour laquelle la journée mondiale de l'eau constitue une mesure collective pour préserver l'eau sur la planète.

....

....

....

....

15.2 **Préciser** l'action mise en place par la Roannaise des eaux pour attirer l'attention du public sur l'importance de l'eau.

....

....

....

....

DOC K La journée mondiale de l'eau

PROPOSER DES SOLUTIONS

16 À partir de la situation, **proposer** pour chaque membre de la famille Gaspieau des mesures individuelles (gestes écocitoyens) pour limiter la consommation d'eau.

Famille Gaspieau	Activités quotidiennes	Gestes écocitoyens
Le fils	– Faire la vaisselle.	
Le père	– Laver la voiture. – Arroser la pelouse.	
La fille	– Se doucher.	

MÉMO 8 Les ressources en eau

1. Les ressources disponibles en eau et leurs limites

Quantité d'eau sur la Terre : **1,386 milliard de km³**

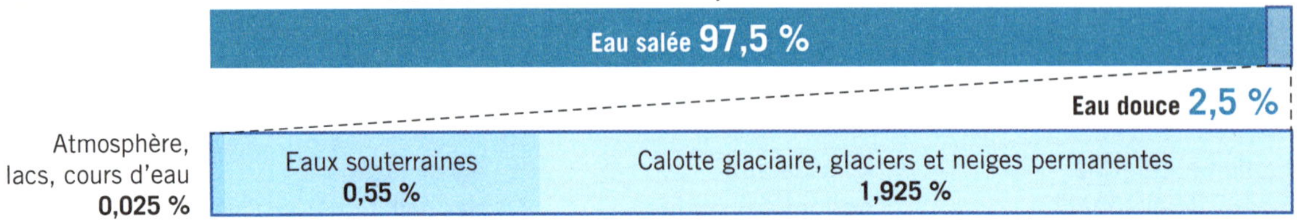

2. Le cycle domestique de l'eau

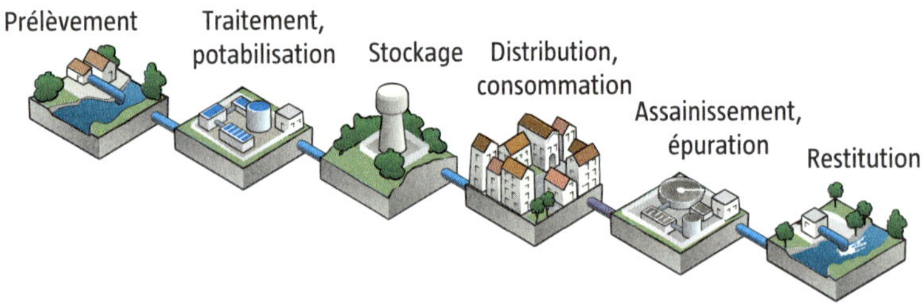

Le coût de l'eau potable

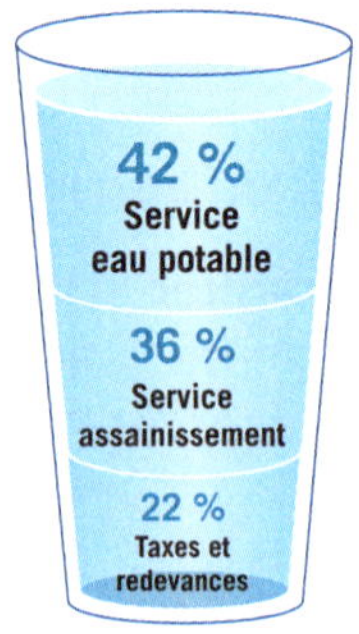

3. La consommation en eau d'un ménage

La **répartition de la consommation d'eau** au sein d'un foyer :

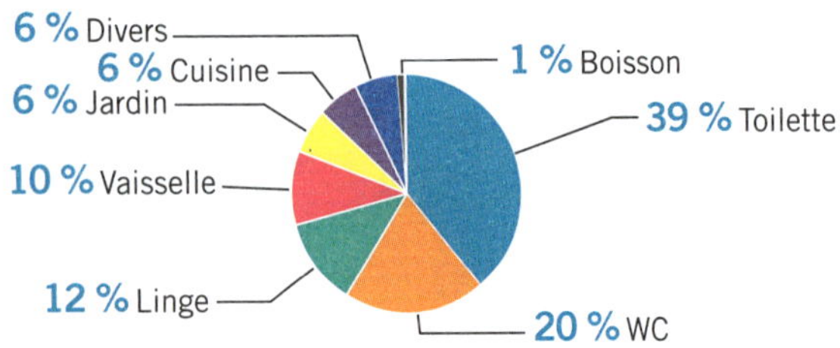

L'**eau virtuelle** : eau nécessaire à la production d'un bien de consommation.

L'**empreinte eau** : estimation du volume d'eau utilisé durant le cycle de vie d'un produit.

4. Les mesures de prévention pour préserver l'eau

Actions écocitoyennes

- Préférer les douches aux bains.
- Choisir des appareils économes.
- Utiliser des régulateurs de débit et des chasses d'eau à double flux.
- Réparer les fuites.
- Bien fermer les robinets.
- Acheter des appareils ménagers à basse consommation d'eau...

Mesures collectives

- Mettre aux normes les stations d'épuration.
- Améliorer le réseau d'assainissement et de distribution.
- Réduire les pollutions industrielles et agricoles.
- Protéger les captages d'eau potable...

LE MÉMO

Rédigé Audio

foucherconnect.fr/22pc45

#qcm

8 questions pour réviser

foucherconnect.fr/22pc46

Module B2

Les risques majeurs

THÉMATIQUE B

CHAPITRE 9

Objectif : avoir un comportement responsable face aux risques majeurs.

Dans l'Aude, de violents orages ont provoqué de graves inondations. Le bilan est très lourd. Il fait état de 11 morts, 2 disparus et 5 blessés graves. Les dégâts matériels sont très importants et plus de 1 500 foyers ont été privés d'électricité. Les établissements scolaires ont été fermés et les transports scolaires suspendus momentanément dans tout le département.

ANALYSER LA SITUATION

1 **Identifier** le problème posé dans la situation en cochant la proposition exacte.

- ☐ Le rôle du préfet en cas d'alerte aux populations.
- ☐ Une catastrophe à laquelle la population et l'environnement sont exposés.
- ☐ Les prévisions de catastrophes naturelles.

2 À partir de la situation, **renseigner** le tableau.

Type de catastrophe		....
Conséquences	**humaines**	....
	matérielles	....

Autre situation VIDÉO

foucherconnect.fr/22pc47

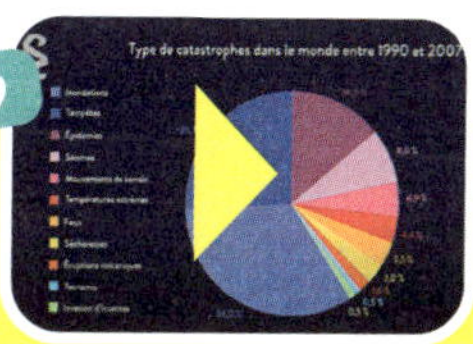

MOBILISER SES CONNAISSANCES

ACTIVITÉ 1 Le risque majeur

3 Dans le **document A**, **surligner** la définition d'un risque majeur.

DOC A Le risque majeur

Un risque majeur est la possibilité qu'un événement d'origine **naturelle** (par exemple un séisme) ou **technologique** (risque nucléaire) se produise, entraînant des conséquences graves humaines et matérielles qui dépassent les capacités de réaction de la société.

L'existence d'un risque majeur est liée :
• d'une part à la présence d'un événement potentiellement dangereux, l'**aléa**, qui est la manifestation d'un phénomène naturel ou anthropique (c'est-à-dire lié à l'homme) ;
• d'autre part à l'existence d'**enjeux**, qui représentent l'ensemble des personnes et des biens pouvant être affectés par un phénomène.

4 À partir du **document A**, **nommer**, sous chaque illustration, l'élément qui justifie l'existence d'un risque majeur.

.... + ... = Risque majeur

5 À partir du **document B**,

5.1 Indiquer les deux critères qui caractérisent le risque majeur.

– ....

– ....

5.2 Cocher la réponse exacte.

☐ Le risque majeur est généralement caractérisé par sa forte fréquence et par sa faible gravité.
☐ Le risque majeur est généralement caractérisé par sa faible fréquence et par sa forte gravité.

DOC B La courbe de Farmer

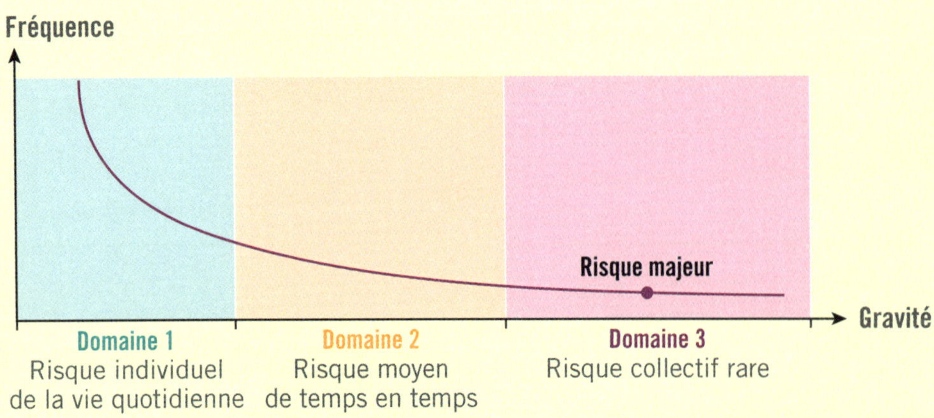

6 À partir du **document C**, **cocher** la famille de risques à laquelle appartient le risque majeur de chaque situation.

Situations		Familles de risques
	La tempête Xynthia a dévasté l'ouest de la France. De puissantes rafales de vent et des vagues hautes de plusieurs mètres ont provoqué, durant la nuit, une inondation des terres basses par l'océan. 27 personnes ont trouvé la mort.	☐ Risque majeur d'origine naturelle ☐ Risque majeur d'origine technologique
	L'usine AZF a été détruite le 21 septembre 2001 par l'explosion d'un stock de nitrate d'ammonium, entraînant la mort de 31 personnes, faisant 2 500 blessés et de lourds dégâts matériels.	☐ Risque majeur d'origine naturelle ☐ Risque majeur d'origine technologique

DOC C Des pictogrammes d'identification des risques majeurs

Les risques majeurs sont classés en deux familles de risques.

Les risques majeurs d'origine technologique	Les risques majeurs d'origine naturelle	
Liés à l'activité humaine : d'origine industrielle, nucléaire ou liés au transport de matières dangereuses, à la rupture de barrage.	**Liés à notre environnement naturel et au climat** (inondations, séismes, éruptions volcaniques, avalanches, tempêtes, mouvements de terrain...).	
 **Risque activités industrielles (incendie, explosion, gaz toxique)**	 **Risque tremblement de terre**	 **Risque raz de marée ou tsunami**
 **Risque nucléaire**	 **Risque inondation**	 **Risque glissement de terrain**
 **Risque TMD (transport de matières dangereuses)**	 **Risque avalanche**	 **Risque feu de forêt**
 **Risque rupture de barrage**	 **Risque cyclone**	 **Risque éruption volcanique**
 **Risque minier**	 **Risque tempête**	

Source : www.cypres.org/risques-majeurs/boite-a-outils/

ACTIVITÉ 2 Les risques majeurs au niveau local

7 À partir du **document D**,

7.1 Nommer le document qui permet d'identifier les risques majeurs au niveau de votre commune.

....

....

7.2 Préciser le lieu où chaque citoyen peut se procurer ce document.

....

....

7.3 Indiquer l'intérêt d'élaborer ce document pour les citoyens.

....

....

....

....

DOC D Les sources d'information sur les risques majeurs

Le **document d'information communal sur les risques majeurs (DICRIM)**, consultable en mairie, informe les habitants de la commune sur les risques d'origine naturelle ou technologique qui les concernent. Le DICRIM sensibilise aux mesures de prévention et de sauvegarde prises pour s'en protéger et informe sur les comportements à tenir en cas d'événement majeur. Il est important que chacun le lise et se prépare. Une personne informée est plus efficace en cas de crise et se protège donc mieux des risques encourus.

8 À partir du DICRIM de votre commune de résidence ou du **site internet**, **renseigner** le tableau en différenciant, si nécessaire, les risques majeurs d'origine naturelle des risques majeurs d'origine technologique.

 # site internet
Site Géorisques pour mieux connaître les risques sur le territoire.
www.georisques.gouv.fr

Nom de la commune de résidence	Risques majeurs d'origine naturelle	Risques majeurs d'origine technologique
....	....	....
....	....	....
....	....	....
....	....	....
....	....	....
....	....	....
....	....	....
....	....	....
....	....	....
....	....	....

ACTIVITÉ 3 La conduite à tenir face à un risque majeur

9 À partir du **document E**, **nommer** les moyens utilisés pour alerter la population.

DOC E L'alerte aux populations

Le **système d'alerte et d'information aux populations (SAIP)** est un ensemble d'outils qui permet d'avertir la population d'une zone donnée d'un danger imminent et de l'informer sur la nature du risque et le comportement à tenir.

10 À partir de l'écoute du signal national d'alerte, **entourer** l'illustration qui lui correspond.

#audio Le signal national d'alerte. foucherconnect.fr/22pc48

11 À partir du **document F**, **cocher** les bonnes attitudes à respecter face à un risque majeur quel qu'il soit.

Attitudes à respecter	Oui	Non
1 Je me tiens informé(e) si je n'ai pas reçu de consignes particulières des services de police ou de la mairie.		
2 Je cours chercher les enfants à l'école.		
3 Je préviens par téléphone tout mon entourage de la situation dangereuse.		
4 Je ne me déplace qu'en cas de nécessité ou sur ordre des autorités en cas d'évacuation.		
5 Je me confine dans un local en calfeutrant toutes les ouvertures et les aérations.		
6 Je me rapproche du lieu du sinistre pour aider les victimes et informer les secours.		
7 Je fume pour me calmer.		
8 Je laisse le réseau téléphonique libre.		
9 Je peux sortir quand j'entends le son continu du signal de fin d'alerte.		

DOC F Les consignes de bonne conduite face au risque inondation

- Un **signal au son modulé** alerte la population.

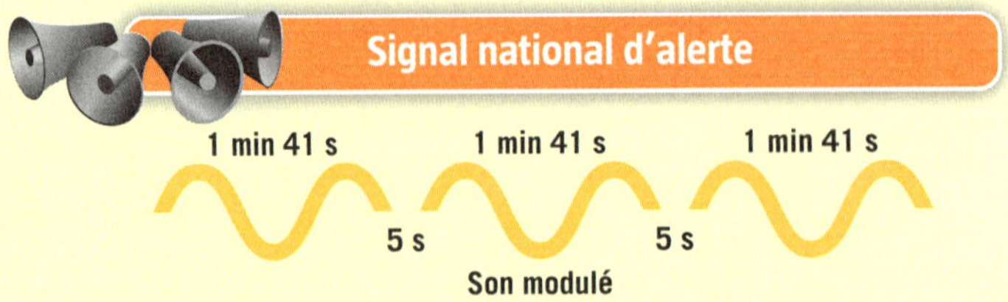

Écouter la radio

Suivre la situation sur internet

vigicrues.gouv.fr
Suivi des principaux cours d'eau

vigilance.meteofrance.com
Toutes situations météo

Fermez portes, fenêtres, soupiraux, aérations.

Coupez le gaz et l'électricité.

Ne descendez pas dans un parking souterrain ou un sous-sol.

Montez à pied dans les étages.

Écoutez la radio. Attendez les consignes des autorités.

Ne vous engagez pas sur une route inondée à pied ou en voiture.

N'allez pas chercher les enfants à l'école, ils sont en sécurité.

Ne téléphonez pas. Libérez les lignes pour les secours.

Ne buvez pas l'eau du robinet.

- Une fois le danger écarté, un **signal national de fin d'alerte** est émis.

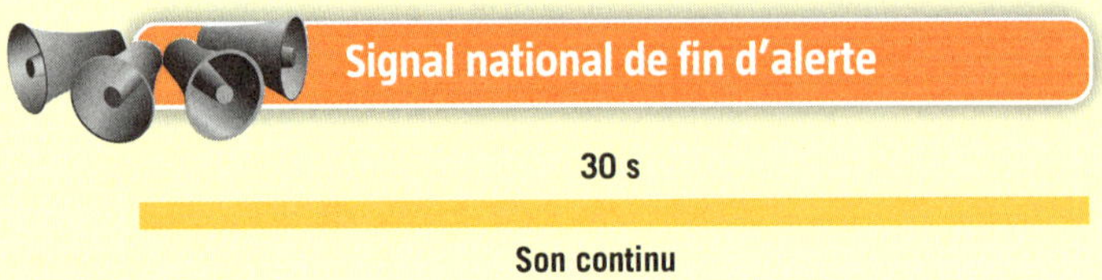

12 À partir du DICRIM de votre commune de résidence, et pour un risque majeur repéré dans la question 8, **renseigner** le tableau.

Un risque majeur dans ma commune de résidence	
La conduite à tenir	

13 À partir du **document G**,

13.1 Indiquer la signification du sigle « PPMS ». ....

13.2 Nommer la personne qui déclenche le PPMS. ....

13.3 Préciser la fréquence des exercices de simulation. ....

13.4 Indiquer l'objectif du PPMS.

....

DOC G Le PPMS : l'organisation de la communauté scolaire

- Le plan particulier de mise en sûreté (PPMS) est un plan d'organisation interne mis en place et déclenché par le chef d'établissement scolaire pour protéger le personnel et les élèves des effets d'un risque majeur.
- Établi à partir de l'analyse des risques majeurs identifiés sur le territoire de la commune, il prévoit des dispositions pour assurer la mise en sûreté des occupants et l'autonomie de l'établissement scolaire en attendant l'arrivée des secours.
- Il attribue à chaque personnel de l'établissement un rôle précis.
- L'exercice de simulation est renouvelé annuellement pour tester son caractère opérationnel.

PROPOSER DES SOLUTIONS

14 **Renseigner** le tableau.

Situation initiale (p. 67)	Nature du risque	Conduite à tenir
	....	....

MÉMO 9 Les risques majeurs

1. Le risque majeur

Définition : possibilité qu'un événement se produise (**aléa**) entraînant des conséquences graves humaines et matérielles (**enjeux**) qui dépassent les capacités de réaction de la société.

Caractéristiques :

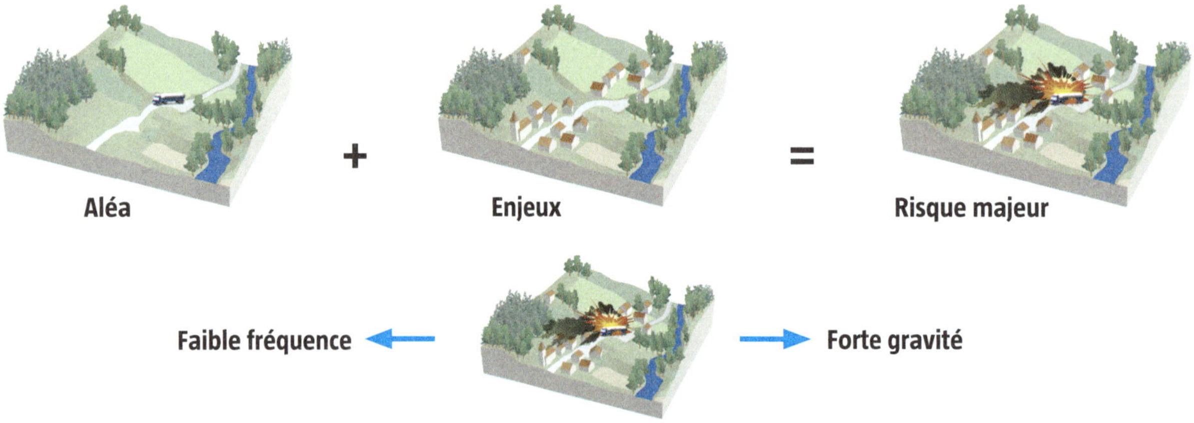

2. Les risques majeurs au niveau local

Le DICRIM
– informe les citoyens sur les risques dans leur commune ;
– indique les réflexes à adopter en cas de survenue d'un risque majeur.

Document
d'**I**nformation
Communal
sur les **Ri**sques
Majeurs

3. La conduite à tenir face à un risque majeur

L'alerte aux populations

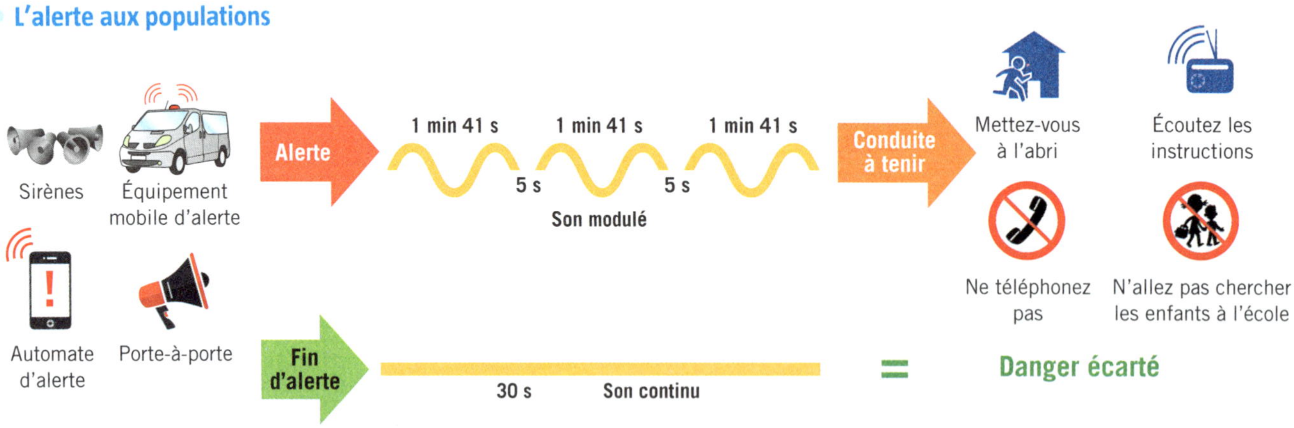

LE MÉMO
Rédigé Audio
foucherconnect.fr/22pc49

 # qcm
8 questions pour réviser
foucherconnect.fr/22pc50

Les ressources en énergie

Objectif : adopter un comportement écocitoyen afin de gérer les ressources en énergie.

L'énergie est partout dans nos vies

Prendre le bus, envoyer un SMS, surfer sur Internet : c'est notre quotidien. Et c'est possible parce que nous avons appris à maîtriser l'énergie. Mais d'où vient cette énergie et quels sont les impacts de notre consommation énergétique ?

Source : ADEME, Qu'est-ce qu'on fait ? www.qqf.fr

ANALYSER LA SITUATION

1 Formuler le problème posé dans la situation (infographie).

....

2 Identifier les éléments de la situation en répondant aux questions.

Quoi ? *De quoi s'agit-il ?* ....

Qui ? *Quelles sont les personnes concernées ?* ....

Où ? *Où le problème se pose-t-il ?* ....

Quand ? *À quel moment le problème se pose-t-il ?* ....

Pourquoi ? *Pourquoi cela pose-t-il problème ?* ....

Autre situation TEXTE

foucherconnect.fr/22pc51

MOBILISER SES CONNAISSANCES

ACTIVITÉ 1 Les énergies renouvelables et non renouvelables

 # vidéo
C'est quoi les énergies renouvelables ?
foucherconnect.fr/22pc52

3 À partir du **document A** et de la **vidéo**, **nommer**, sous chaque photo, la source d'énergie, puis **cocher** le type d'énergie dont il s'agit.

1

....

☐ Énergie renouvelable
☐ Énergie non renouvelable

2

....

☐ Énergie renouvelable
☐ Énergie non renouvelable

3

....

☐ Énergie renouvelable
☐ Énergie non renouvelable

4

....

☐ Énergie renouvelable
☐ Énergie non renouvelable

5

....

☐ Énergie renouvelable
☐ Énergie non renouvelable

6

....

☐ Énergie renouvelable
☐ Énergie non renouvelable

7

....

☐ Énergie renouvelable
☐ Énergie non renouvelable

8

....

☐ Énergie renouvelable
☐ Énergie non renouvelable

9

....

☐ Énergie renouvelable
☐ Énergie non renouvelable

DOC A La différence entre les énergies renouvelables et non renouvelables

Une **énergie non renouvelable** est une source d'énergie qui se renouvelle moins vite qu'on ne la consomme et de manière négligeable à l'échelle humaine, par opposition aux **énergies renouvelables** que la nature constitue ou reconstitue plus rapidement que l'homme ne les utilise. Celles-ci peuvent ainsi être considérées comme inépuisables à l'échelle du temps humain.

ACTIVITÉ 2 L'impact environnemental des différents modes de consommation énergétique

4 À partir du **document B**,

4.1 Indiquer :

– la part des énergies renouvelables dans la consommation énergétique en France :

....

....

....

– la source d'énergie renouvelable la plus consommée :

....

....

....

4.2 Calculer la part de consommation des énergies non renouvelables dans la consommation énergétique en France.

....

....

....

....

5 À partir du **document C**, **indiquer** la conséquence d'une consommation importante des énergies non renouvelables.

....

....

....

....

DOC B Les énergies renouvelables en France aujourd'hui

La part des énergies renouvelables dans la consommation finale brute d'énergie de la France a progressé sur les treize dernières années, passant de 9,3 % en 2006 à 17,2 % en 2019. Les énergies renouvelables constituent ainsi la quatrième source d'énergie primaire en 2019, derrière le nucléaire, les produits pétroliers et le gaz.

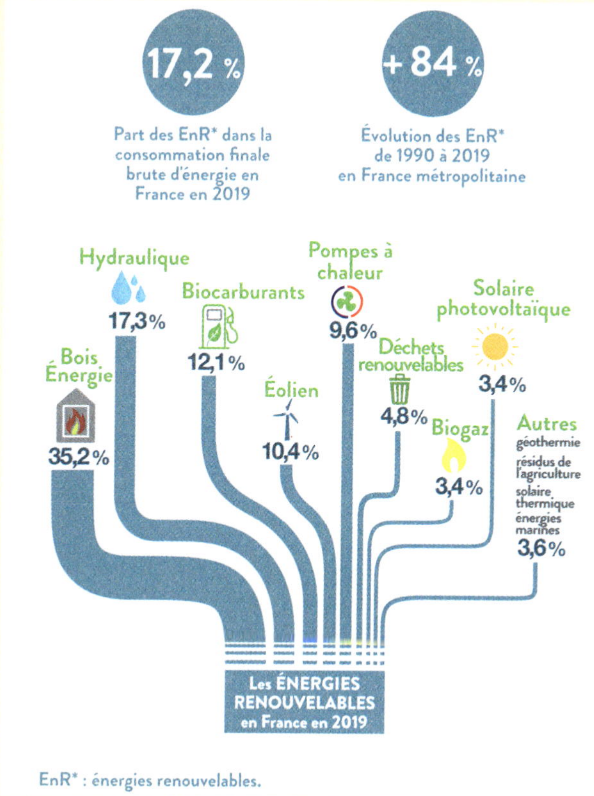

EnR* : énergies renouvelables.

Source : Ministère de la Transition écologique, Chiffres clés des énergies renouvelables, 2020.

DOC C Une surconsommation en énergie non renouvelable

L'Agence internationale de l'énergie a estimé que la demande mondiale d'énergie pourrait **augmenter de 45 % d'ici l'an 2030**, notamment en raison du développement démographique et de l'industrialisation de pays comme la Chine et l'Inde, qui comptent à eux seuls plus de 2 milliards d'habitants. [...] La production d'énergies fossiles (charbon, gaz, pétrole) représente encore aujourd'hui plus de 80 % de la production totale d'énergie non renouvelable dans le monde. Or, les réserves énergétiques de la planète ne sont pas inépuisables.

Source : www.edf.fr

Au rythme de la consommation actuelle et des ressources identifiées, l'épuisement serait le suivant :

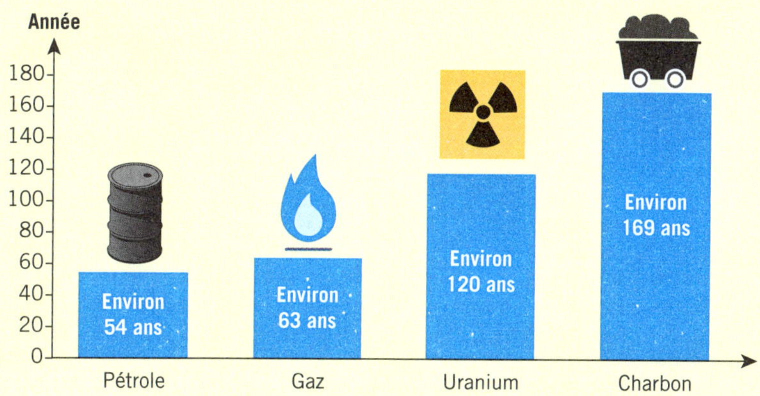

6 À partir du **document D**, **Justifier** la raison pour laquelle certaines énergies non renouvelables ont un impact sur l'environnement.

....

....

....

....

DOC D Une des conséquences de l'utilisation des énergies non renouvelables

Le charbon, le gaz et le pétrole se sont constitués il y a plusieurs centaines de millions d'années par l'accumulation et la décomposition de matières organiques d'origine végétale. Il s'agit donc de dérivés de carbone. C'est bien là le problème : en se consumant, ils dégagent du dioxyde de carbone (CO_2) qui est un gaz favorisant l'effet de serre.

7 À partir du **document E** et/ou de la **vidéo**, **expliquer** les conséquences de l'augmentation des émissions de gaz à effet de serre dans l'atmosphère.

 # vidéo
L'effet de serre, c'est quoi ?
foucherconnect.fr/ 22pc53

....

....

....

DOC E L'effet de serre

L'effet de serre est un phénomène naturel. Il permet de maintenir une température de 15 °C sur Terre. Sans l'effet de serre, la température serait de – 18 °C.

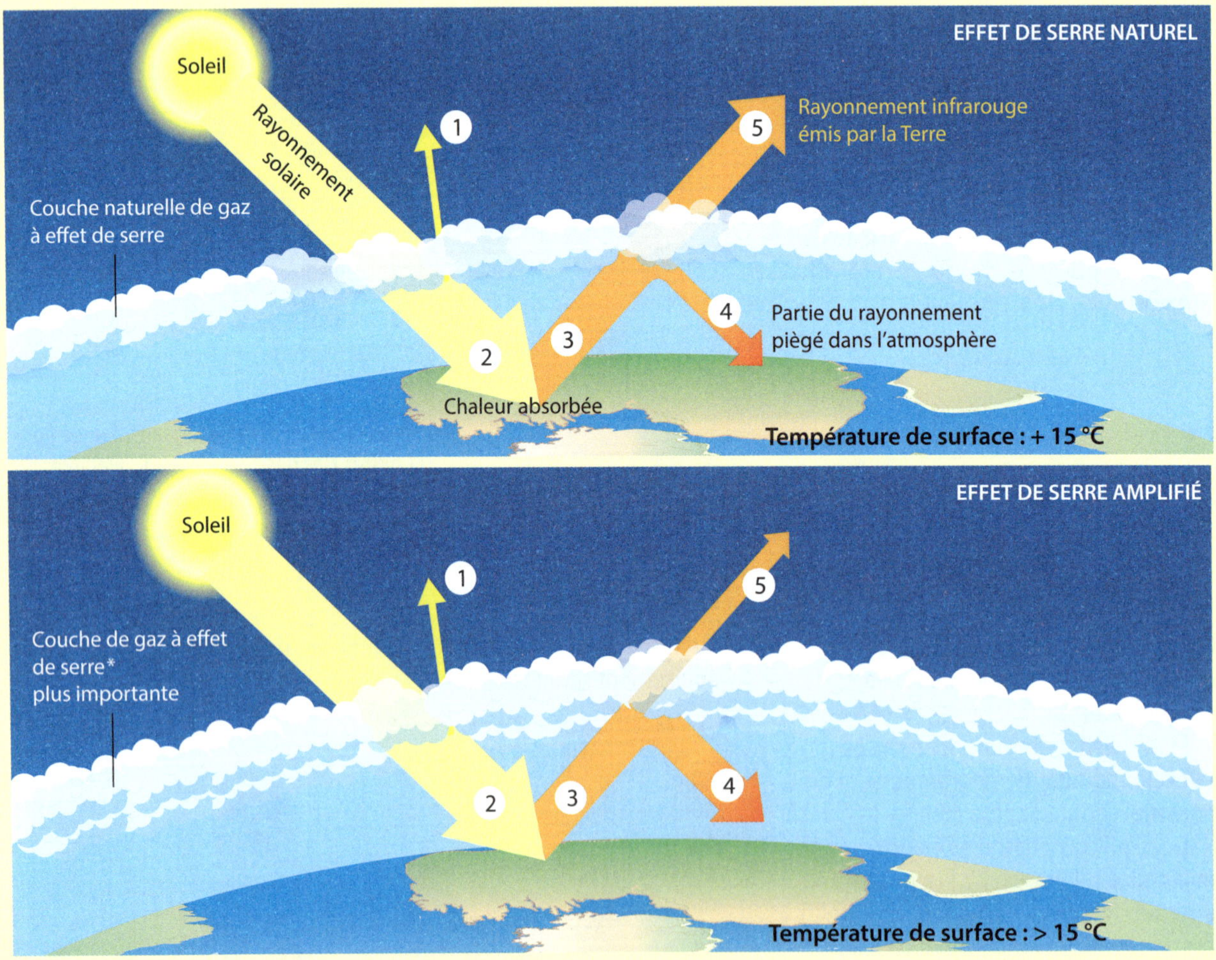

1. Une partie des rayons solaires est renvoyée vers l'espace.
2. Les rayons solaires traversent l'atmosphère et réchauffent la Terre.
3. La surface de la Terre, réchauffée par le Soleil, renvoie de la chaleur sous forme de rayonnement infrarouge.
4. Une partie de la chaleur renvoyée est retenue par les gaz à effet de serre (GES).
5. Une partie de la chaleur est renvoyée vers l'espace.

* Principaux gaz à effet de serre (GES) : dioxyde de carbone (CO_2) - méthane (CH_4) - protoxyde d'azote (N_2O).

8 À partir du **document F**,

8.1 Indiquer à quoi correspond l'empreinte carbone des Français.

....

....

8.2 Citer les deux postes de consommation qui produisent le plus de gaz à effet de serre.

....

8.3 Surligner l'empreinte carbone d'un Français.

DOC F L'empreinte carbone des Français par poste de consommation en 2019

L'empreinte carbone correspond à la moyenne des émissions de gaz à effet de serre émis par un individu. Ce chiffre regroupe tous les gaz à effet de serre, et on l'exprime en équivalent CO_2 (ou par facilité en CO_2). Il prend en compte les émissions directes (celles que nous produisons en prenant notre voiture par exemple), ainsi que les émissions indirectes (celles que nous ne produisons pas : par exemple les aliments consommés, les vêtements achetés, les mails envoyés).

L'empreinte carbone d'un Français est d'environ **9,8 tonnes de CO_2 par an.**

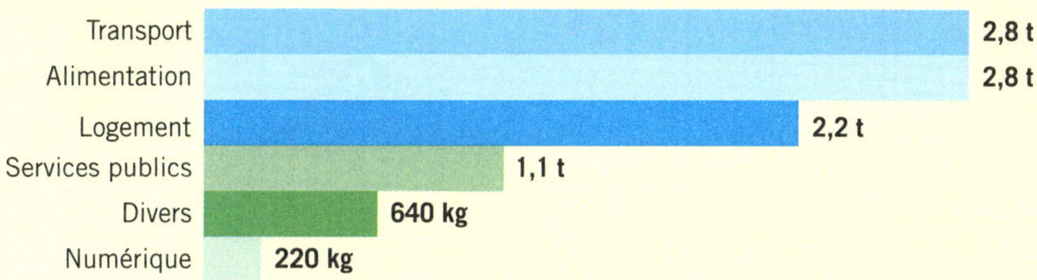

Comparaison de l'impact environnemental d'un déplacement selon les différents modes de transport possibles.

Bilan d'émission de CO_2 pour un trajet quotidien domicile-travail de 2 km par aller sur 215 jours :

Voiture	221,45 kg de CO_2	Marche	0 kg de CO_2
Bus	111,80 kg de CO_2	Tramway	3,26 kg de CO_2
Moto	110,68 kg de CO_2	Vélo	0 kg de CO_2

 # vidéo
Connaissez-vous votre empreinte sur le climat ?
foucherconnect.fr/22pc54

Source : ADEME.

9 **Nommer**, sous chaque illustration, l'impact du dérèglement (réchauffement) climatique sur la planète.

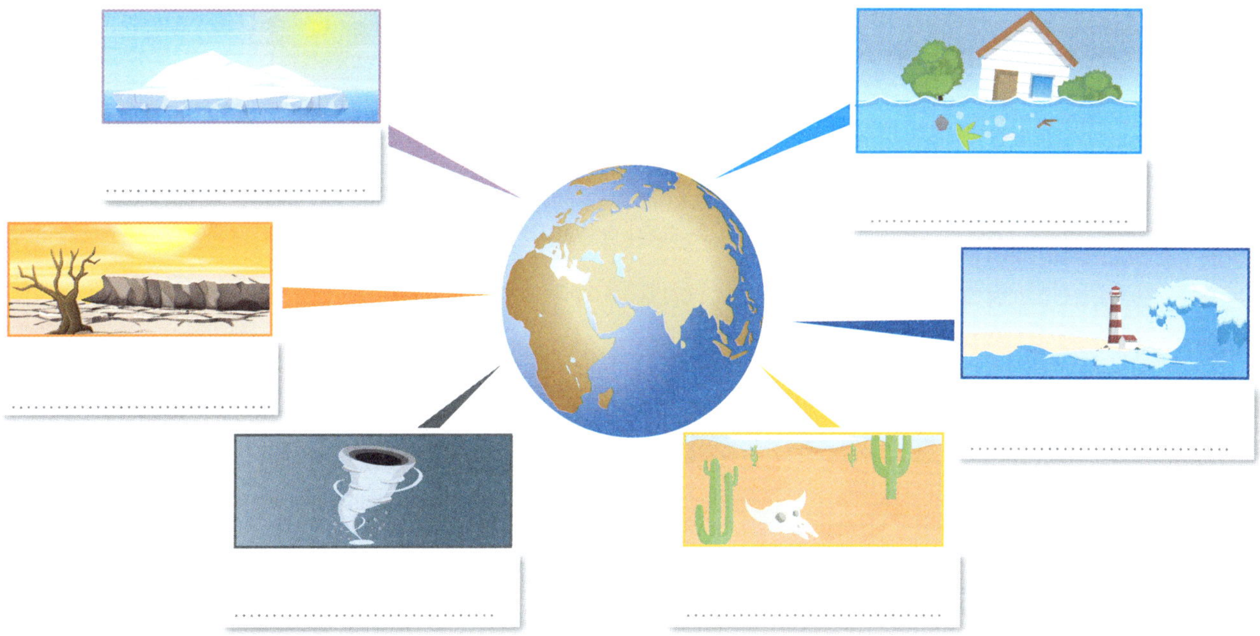

....

....

....

....

....

....

ACTIVITÉ 3 L'impact sanitaire des différents modes de consommation énergétique

10 À partir du **document G**, **nommer** l'appareil du corps humain le plus touché par la pollution.

....

DOC G L'impact sanitaire de la consommation d'énergie

La **pollution atmosphérique**, dont résulte la consommation énergétique actuelle, a des effets immédiats sur la santé. À court terme elle est responsable d'irritations des voies respiratoires, de toux, de crises d'asthme, de troubles cardiovasculaires, de maux de tête et vertiges, d'irritations oculaires. À long terme, ce sont des augmentations du risque de développer un cancer du poumon ou des maladies cardiovasculaires et respiratoires (ex. : asthme, infarctus du myocarde...).

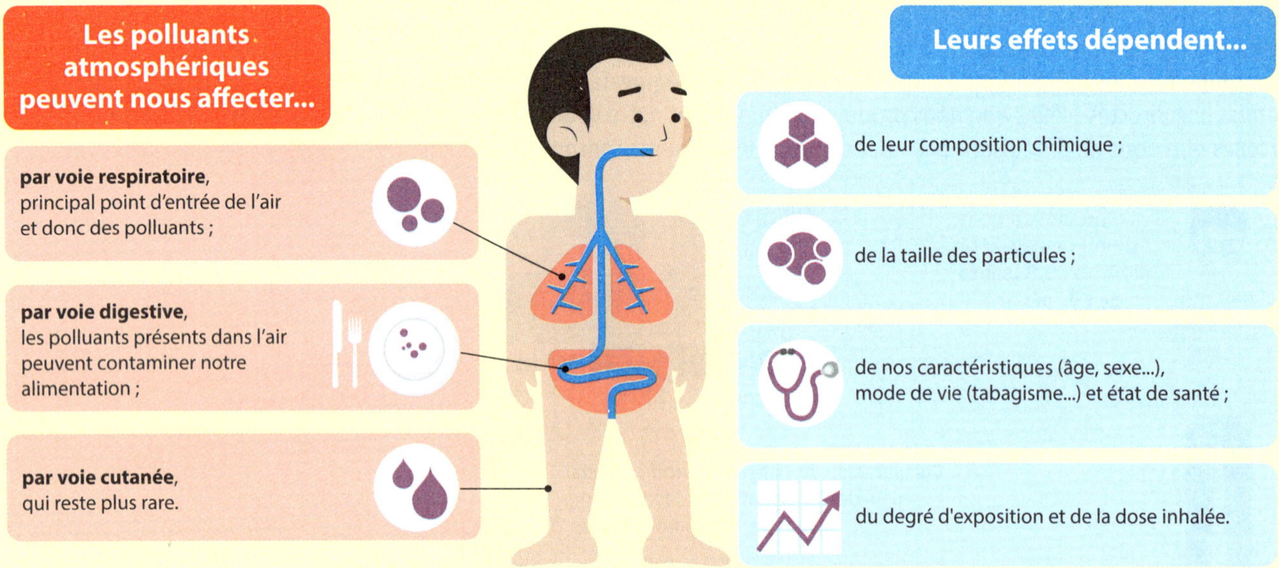

ACTIVITÉ 4 Les mesures collectives et individuelles pour maîtriser la consommation en énergie

11 À partir du **document H**, **indiquer** deux mesures permettant d'atteindre les principaux objectifs de la loi :

– au niveau des transports :

....

....

– au niveau de l'habitation :

....

....

DOC H Les principaux objectifs de la loi Énergie climat du 8 novembre 2019

2030	2030	2035	2050	2050
Prévoir que 33 % de **l'énergie consommée soit renouvelable**	Diminuer de 40 % la **consommation d'énergies fossiles** (par rapport à 2012)	Diminuer la **part du nucléaire** pour qu'elle ne représente plus que 50 % (au lieu de 75 % en 2014)	Atteindre la **neutralité carbone**	Diviser par 2 la **consommation d'énergie** (par rapport à 2012)

12 À partir du **document I** et du **site internet**, **indiquer** l'intérêt des étiquettes environnementales.

document
L'étiquette énergie pour l'équipement de la maison (ADEME).
foucherconnect.fr/22pc55

....

....

DOC I Un exemple d'étiquette environnementale réglementaire d'un véhicule

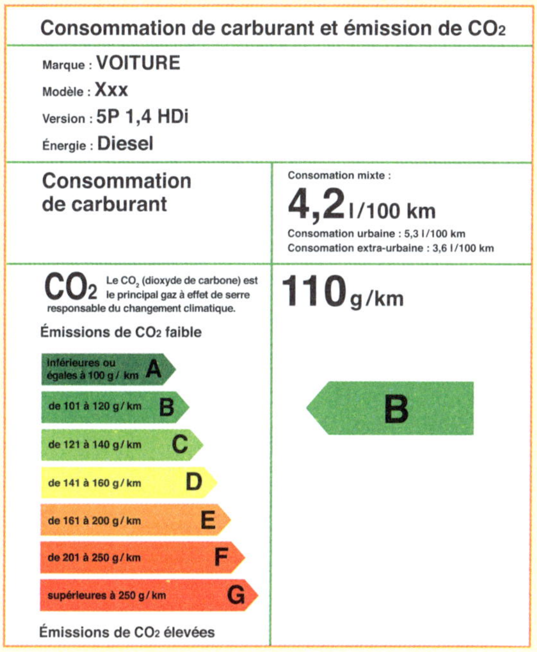

L'étiquette environnementale réglementaire obligatoire est affichée sur tous les véhicules particuliers neufs (berlines, breaks, voitures tout-terrain, coupés et cabriolets, monospaces et minibus) dans tous les lieux de vente en France.

L'échelle, de A à G, indique les émissions de CO_2 du véhicule. En effet, ces dernières sont liées à l'efficacité énergétique d'un véhicule, car moins on consomme de carburant, moins on émet de CO_2... et moins on contribue au changement climatique.

L'étiquette indique également :
- la marque, le modèle et la version de la voiture, le carburant utilisé (essence, Diesel, GPL[1], GNV[2]) ;
- la consommation mesurée sur cycle urbain, extra-urbain et mixte, exprimée en litres/100 km et en m^3/100 km pour le GNV.

1. GPL : gaz de pétrole liquéfié.
2. GNV : gaz naturel pour véhicules.

document
L'énergie est partout dans nos vies (site M ta Terre).
foucherconnect.fr/22pc56

13 **Proposer** des mesures individuelles qui permettent de limiter la consommation d'énergie à la maison en vous aidant du **site internet**.

Éclairage 	....	Électro-ménager 	....
Chauffage 	....	Appareil audiovisuel et informatique 	....

14 **Citer** deux mesures individuelles pour limiter la consommation d'énergie liée aux transports.

– ....

– ....

PROPOSER DES SOLUTIONS

15 **Réaliser** une affiche pour sensibiliser les élèves de votre établissement à la maîtrise de la consommation d'énergie.

MÉMO 10 — Les ressources en énergie

1. Les énergies renouvelables et non renouvelables

Énergies renouvelables →

Vent

Chaleur de la Terre

Soleil

Eau

Végétaux et déchets

Énergies non renouvelables →

Pétrole

Gaz naturel

Charbon

Uranium

2. L'impact environnemental des différents modes de consommation énergétique

Épuisement des ressources en énergies non renouvelables à plus ou moins long terme.

Augmentation de l'effet de serre

Cause → L'augmentation d'émission de **gaz à effet de serre** (GES).
→ L'empreinte carbone permet de mesurer le volume de GES émis par la combustion d'énergie de l'homme, une entreprise, un aliment...

Conséquences → **Réchauffement de la planète**
→ qui entraîne un **dérèglement climatique** : fonte de glaciers, ouragans et tempêtes, inondations, sécheresses.

Pollution

3. L'impact sanitaire des différents modes de consommation énergétique

La principale cible : l'appareil respiratoire.

4. Les mesures pour maîtriser la consommation en énergie

Mesures collectives		Mesures individuelles
– Imposer la construction de bâtiments basse consommation (BBC). – Encourager les travaux d'isolation en proposant des crédits d'impôts.		– Utiliser des ampoules basse consommation. – Éviter de surchauffer la maison. – Éviter de laisser les appareils en veille. – Acheter des appareils électroménagers peu énergivores (classe A).
– Développer les modes de transports collectifs et « propres ». – Aménager des voiries en faveur des vélos.		– Utiliser les transports en commun. – Privilégier le vélo ou la marche à pied pour les trajets courts.

LE MÉMO
Rédigé — Audio
foucherconnect.fr/22pc57

 # qcm
8 questions pour réviser
foucherconnect.fr/22pc58

Module B4

Le bruit au quotidien

THÉMATIQUE B

CHAPITRE 11

Objectif : avoir un comportement responsable face aux risques liés au bruit.

L'Organisation mondiale de la santé (OMS) estime qu'1,1 milliard d'adolescents et de jeunes adultes sont exposés au risque de déficience auditive à cause de l'utilisation dangereuse de dispositifs audio personnels et de l'exposition à des niveaux sonores nocifs dans certains lieux de loisirs (les boîtes de nuit, bars, festivals...). À l'échelle de l'Union européenne, le nombre de jeunes adultes exposés à des hauts niveaux sonores, dans le cadre d'activités extraprofessionnelles, a triplé depuis les années 1980.

Source : solidarites-sante.gouv.fr/, « Prévention des risques liés au bruit ».

ANALYSER LA SITUATION

1 **Formuler** le problème posé dans la situation.

....

....

2 **Identifier** les éléments de la situation en répondant aux questions suivantes.

Quoi ? *Quelle est l'origine du problème ?* ....

Qui ? *Quelles sont les personnes concernées ?* ....

Où ? *Où le problème se pose-t-il ?* ....

Quand ? *Quand le problème se pose-t-il ?* ....

Pourquoi ? *Pourquoi cela pose-t-il problème ?* ....

Autre situation VIDÉO

foucherconnect.fr/22pc59

ACTIVITÉ 1 Les caractéristiques du bruit

3 À partir du **document A**, **caractériser** le bruit en cochant les réponses exactes.

- Le bruit est :

☐ un ensemble de vibrations qui se déplacent sous forme d'ondes.
☐ un ensemble de sons qui engendrent une sensation auditive gênante.

- Le niveau sonore perçu par l'oreille humaine s'exprime en :

☐ hertz (Hz) ☐ décibel (A) (dB(A)) ☐ watt/m^2

- La fréquence d'un son indique s'il est :

☐ fort ou faible ☐ aigu ou grave

- L'unité de mesure de la fréquence d'un bruit s'exprime en :

☐ hertz (Hz) ☐ décibel (A) (dB(A)) ☐ watt/m^2

DOC A Les paramètres physiques du bruit

Le **son** est un ensemble de vibrations de l'air qui se propagent en ondes acoustiques.

Le **bruit** est un ensemble de sons perçus comme gênants. Il se caractérise par :

L'intensité

- L'intensité est la caractéristique qui permet de distinguer un son **fort** d'un son **faible**. Il s'agit de l'**amplitude de la vibration**.
- L'intensité sonore se mesure en **décibels (dB)** à l'aide d'un **sonomètre**. Pour prendre en compte la sensibilité de l'oreille humaine par rapport aux fréquences, le **dB(A)** est utilisé.

Son faible

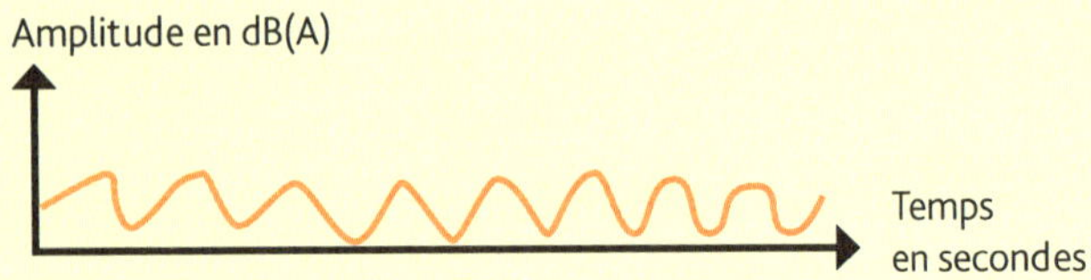

Son fort

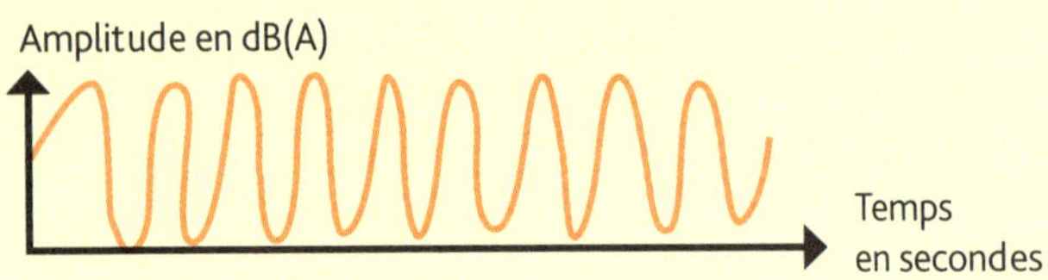

La fréquence

- La fréquence est la caractéristique qui permet de distinguer un son **aigu** d'un son **grave**. Il s'agit du nombre de vibrations périodiques par seconde de la source sonore. Elle se mesure en **hertz (Hz)**.

Échelle des fréquences (en hertz)

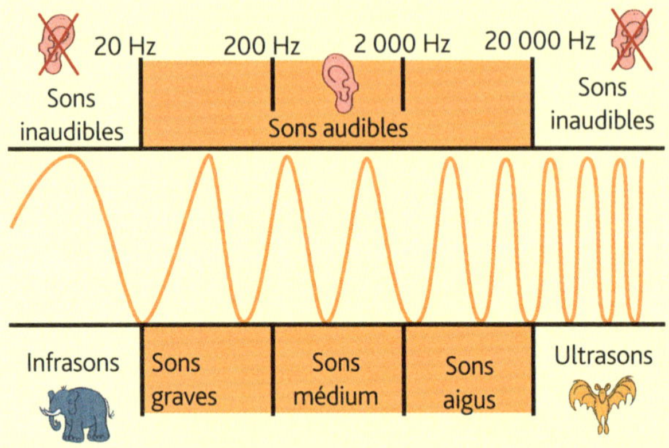

4 À partir du **document B**, **indiquer** pour chaque seuil le niveau sonore correspondant.

Seuil d'audibilité = ...

Seuil de nocivité = ...

Seuil de la douleur = ...

5 Après avoir téléchargé l'application du sonomètre *via* le **site internet**, **mesurer** le niveau sonore du lieu où vous vous trouvez, puis le **reporter** sur l'échelle du bruit dans le **document B**.

 # site internet
Appli sonomètre.
foucherconnect.fr/22pc60

DOC B L'échelle du bruit en décibels(A)*

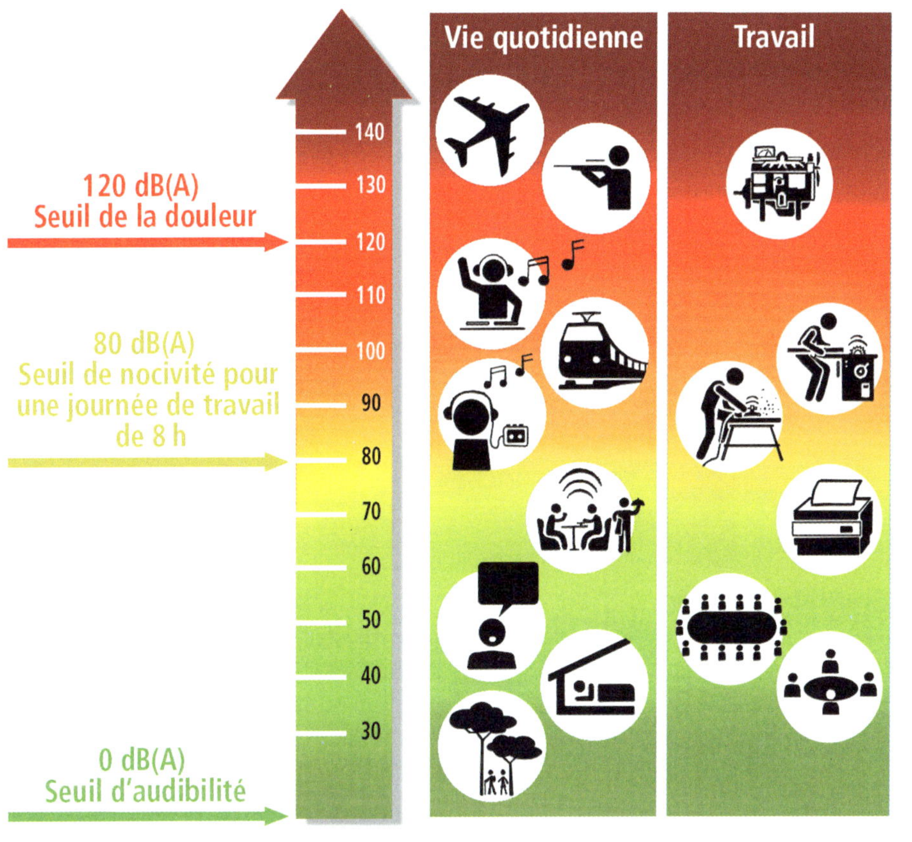

* Décibels(A) : le niveau de bruit réellement perçu par l'oreille.

6 À partir du **document C**,

6.1 Identifier les deux grandeurs à prendre en compte pour préserver votre audition.

– ....

– ....

6.2 Indiquer la durée d'exposition journalière tolérable pour un niveau sonore de 92 dB(A).

....

....

....

....

DOC C La relation entre le niveau sonore et la durée d'exposition

Durée limite d'exposition (sans protection) avant dommages

- **De 120 à 140 dB(A)** : quelques secondes suffisent à provoquer des dégâts irréversibles.
- **107 dB(A)** : une minute/jour.
- **101 dB(A)** : 4 min/jour.
- **95 dB(A)** : 15 min/jour.
- **92 dB(A)** : 30 min/jour.
- **89 dB(A)** : 1 h/jour.
- **86 dB(A)** : 2 h/jour.
- **83 dB(A)** : 4 h/jour.
- **80 dB(A)** : 8 h/jour.

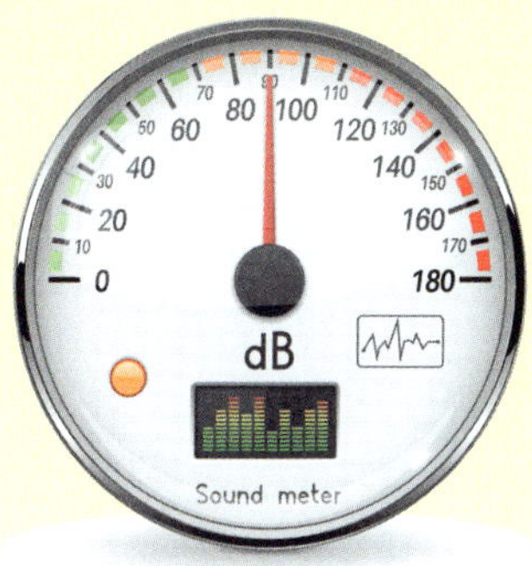

ACTIVITÉ 2 L'appareil auditif et son fonctionnement

7 À partir du **document D** ou de la **vidéo**,

7.1 Tracer, sur le schéma de l'oreille, le trajet du son.

7.2 Indiquer le nom et le rôle des trois parties de l'oreille.

 # vidéo
L'oreille.
foucherconnect.fr/22pc61

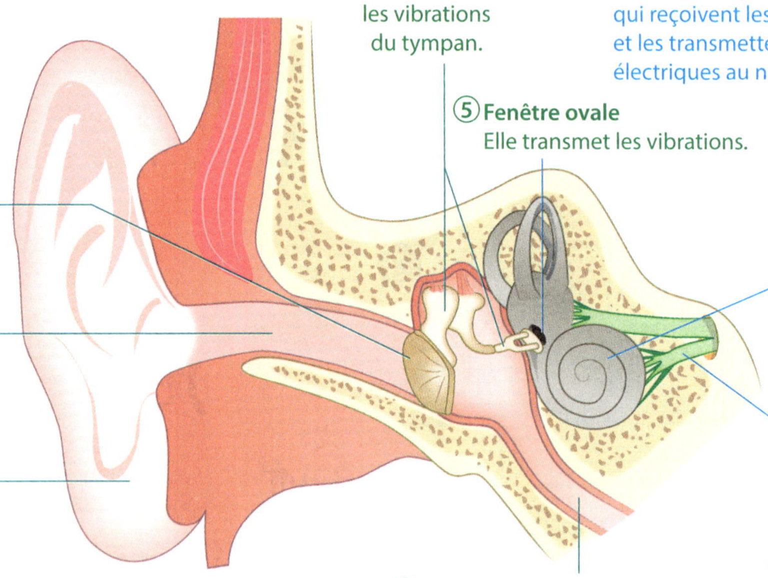

Oreille …………	Oreille …………	Oreille …………
Rôle : …………	Rôle : …………	Rôle : …………
…………	…………	…………
…………	…………	…………

DOC D Le fonctionnement de l'oreille humaine

• L'oreille est un **organe complexe** important du corps humain. En recevant des informations sonores et en les transmettant au cerveau pour les analyser, elle nous permet de communiquer avec l'environnement qui nous entoure.

L'oreille est également un **organe fragile** dont il faut prendre soin. Des dégradations sur celle-ci peuvent causer des pertes auditives qui peuvent aller jusqu'à la surdité, conséquence irréversible.

• L'oreille est composée de trois parties :

– L'**oreille externe** : elle correspond à la partie visible de l'oreille (le pavillon), mais aussi au conduit auditif et au tympan. Elle permet de capter les sons.

– L'**oreille moyenne** : elle est composée de trois osselets (marteau, étrier et enclume) qui transmettent les vibrations à l'oreille interne.

– L'**oreille interne** : elle transforme les vibrations en signaux électriques transmis par le nerf auditif au cerveau qui décode et interprète les messages reçus.

8 À partir du **site internet**, **tester** l'âge de vos oreilles.

 # site internet
Testez l'âge de vos oreilles.
foucherconnect.fr/22pc62

…………………………………………

…………………………………………

…………………………………………

…………………………………………

…………………………………………

ACTIVITÉ 3 Les effets du bruit sur l'organisme

9 À partir des illustrations et de la **vidéo**, **indiquer** les causes des deux types de surdité.

 # vidéo
Qu'est-ce qu'une surdité ?
foucherconnect.fr/22pc63

Les deux types de surdité	Les causes de la surdité	
Surdité de transmission Elle est due à une **lésion de l'oreille externe ou moyenne**. Le déficit porte sur les sons graves. 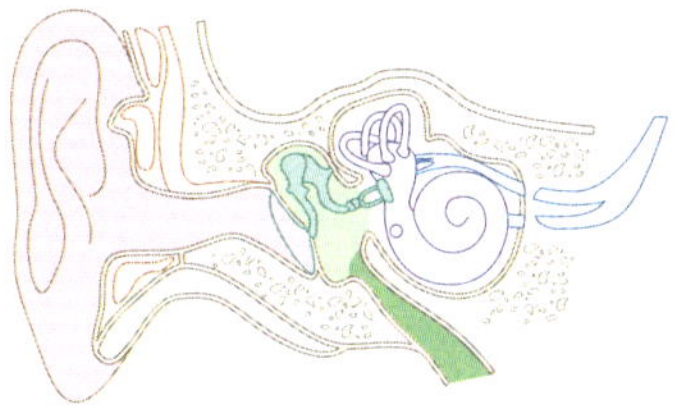	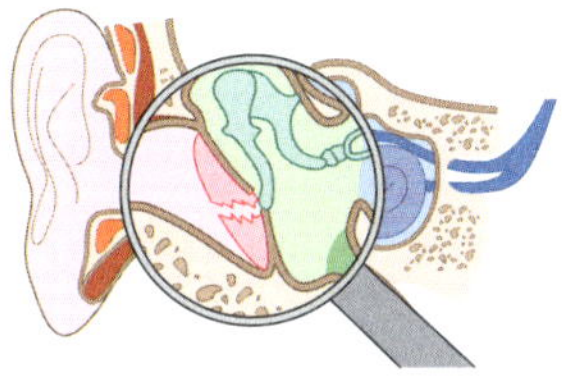	....
	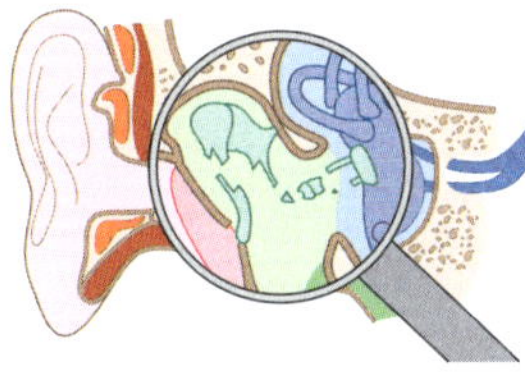	....
Surdité de perception Elle est due à une **lésion de l'oreille interne**. Le déficit porte sur les sons aigus. Cette surdité est irréversible. 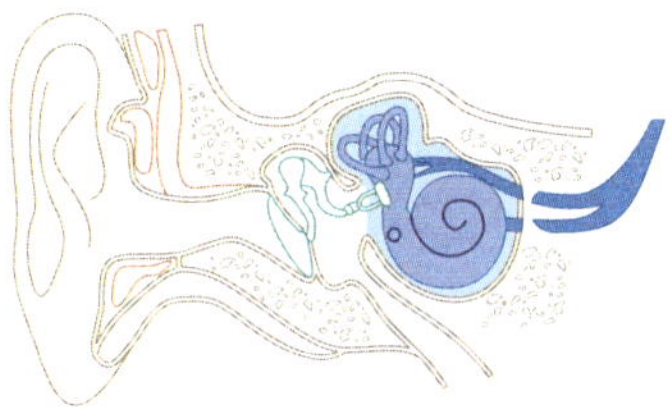	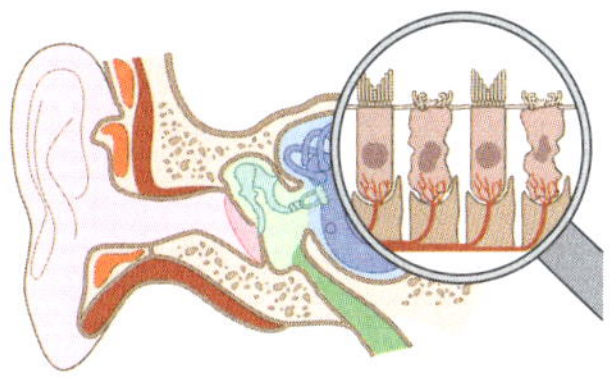	....
	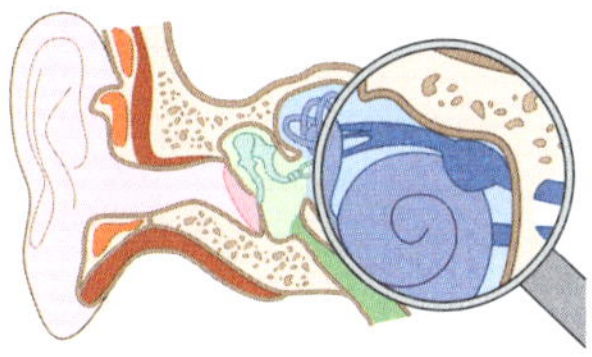	Tumeur du ....

10 À l'aide du glossaire, **définir** acouphène et hyperacousie, deux conséquences possibles d'une exposition à un niveau de bruit élevé.

Acouphène

....

Hyperacousie

....

11 **Nommer** les différents appareils, systèmes et organes concernés par les effets du bruit.

..

- Diminution de la vision nocturne.
- Défaut d'appréciation des distances.
- Retard dans les perceptions des couleurs.

..

- Stress.
- Dégradation de la qualité du sommeil.
- Baisse de vigilance, difficultés d'apprentissage.

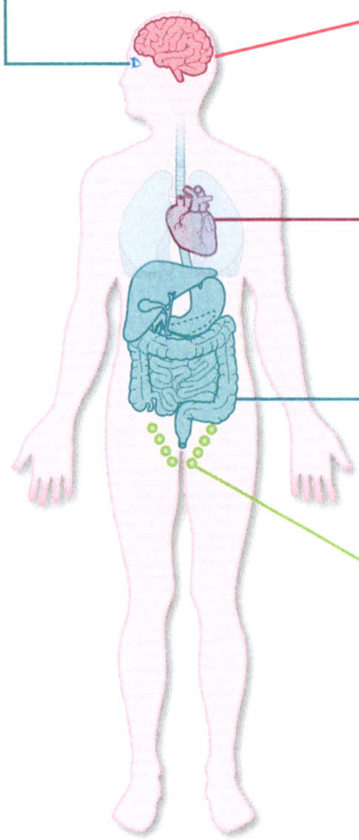

..

- Augmentation de la tension artérielle.
- Augmentation de la fréquence cardiaque.
- Augmentation du taux de cholestérol.
- Risque d'infarctus accru.

..

- Ulcères.
- Colopathies, gastrites…

..

- Diminution des défenses immunitaires.

ACTIVITÉ 4 Les conséquences du bruit sur la vie sociale et professionnelle

12 **Indiquer**, sous chaque photo, les conséquences du bruit sur la vie sociale et professionnelle.

Conséquences du bruit sur la vie sociale		Conséquences du bruit sur la vie professionnelle	
1 	2 	3 	4 
....	....	....	....
....	....	....	....
....	....	....	....

ACTIVITÉ 5 Des mesures de prévention contre le bruit dans la vie quotidienne

13 À partir du **document E**, **renseigner** le tableau concernant les mesures de prévention pour l'écoute de la musique amplifiée.

Mesures de prévention pour l'écoute de la musique amplifiée		
Collectives (environnement)	**Individuelles (comportement)**	
	Pour les utilisateurs de casques	En concerts, en discothèques
....		 ....
....		 ....
....		 ....

DOC E La réglementation applicable aux lieux musicaux et aux baladeurs MP3, tablettes, smartphones

- Depuis 2017, en discothèques, en concerts clos ou ouverts et festivals, la réglementation limite le niveau sonore continu équivalent à **102 dB(A) sur 15 minutes**. Afin de tenir compte de la fragilité de l'oreille des enfants âgés de six ans et moins, ces niveaux de pression acoustique ne doivent pas dépasser 94 dB(A).
- Les discothèques sont également tenues :

– d'**enregistrer en continu** les niveaux sonores auxquels le public est exposé et conserver ces enregistrements ;

– d'**afficher en continu** à proximité du système de contrôle de la sonorisation les niveaux sonores auxquels le public est exposé ;

– d'**informer le public** sur les risques auditifs ;

– de mettre à la disposition du public à titre gratuit des **protections auditives individuelles** adaptées au type de public accueilli dans les lieux ;

– de créer des **zones de repos auditif**.

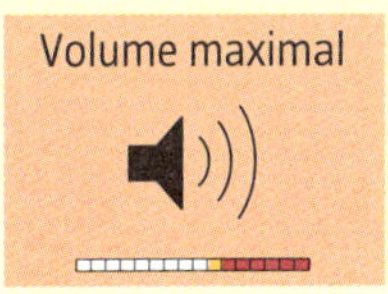

- Tous les appareils portables permettant l'écoute de sons *via* un dispositif d'écoute et les casques ou oreillettes doivent satisfaire aux exigences de sécurité suivante : la puissance sonore maximale de sortie ne peut excéder **100 dB(A)** et l'utilisateur doit être **informé** lorsque le niveau sonore dépasse 85 dB(A).

#vidéo
Comment lutter contre le bruit qui pollue le quotidien ?
foucherconnect.fr/22pc64

14 À partir de la **vidéo**, **renseigner** le tableau.

Des mesures pour réduire le bruit lié au transport	
à la source	**lors de sa propagation**
....	....

15 À partir des **documents F**, **G** et **H**, **indiquer** six mesures pour limiter les bruits de voisinage.

....

....

....

....

....

....

DOC F Les bruits de voisinage

Source : Conseil national du bruit.

DOC G L'étiquette d'un lave-linge

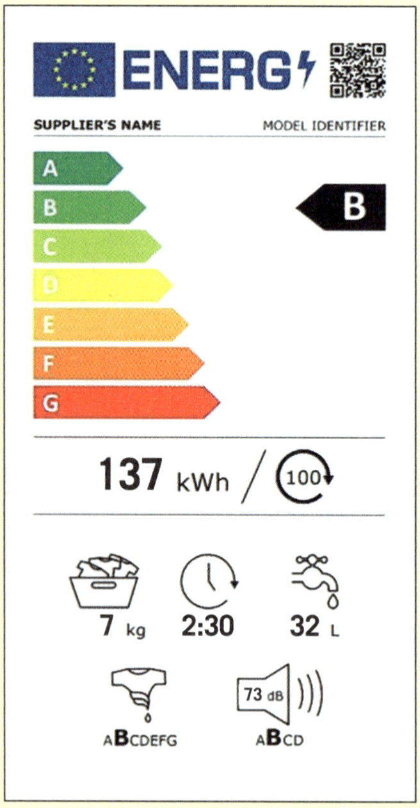

#document
L'étiquette énergie pour l'équipement de la maison.
foucherconnect.fr/22pc65

DOC H Un extrait d'un arrêté municipal réglementant les bruits de voisinage

Article 9 : les travaux de bricolage ou de jardinage réalisés par des particuliers à l'aide d'outils ou appareils susceptibles de causer une gêne pour le voisinage en raison de leur intensité sonore, telles que tondeuses à gazon à moteur thermique, tronçonneuses, perceuses, raboteuses ou scies mécaniques ne peuvent être effectués que :
– les jours ouvrables de 8 h 30 à 12 h et de 14 h à 19 h 30 ;
– les samedis de 9 h à 12 h et de 15 h à 19 h ;
– les dimanches et jours fériés de 10 h à 12 h.

16 À partir du **document I**,

16.1 Indiquer la personne responsable de la lutte contre le bruit au niveau de la commune.

16.2 Préciser à quoi s'exposent les personnes qui font du bruit.

DOC I La répression des bruits de voisinage

La lutte contre les bruits de voisinage, tant au niveau préventif que répressif, est placée **sous la responsabilité du maire**. Par arrêté municipal, il peut, par exemple, interdire des travaux de construction pour une période donnée, limiter l'utilisation des tondeuses à gazon, fixer les horaires d'ouverture de certaines activités bruyantes.

Comme les officiers de police et agents de police judiciaire, le maire et ses adjoints sont habilités à établir des **constats d'infraction**. Pour réprimer les bruits ou tapages injurieux ou nocturnes troublant la tranquillité publique, les forces de l'ordre (police, gendarmerie, police municipale) peuvent utiliser l'amende forfaitaire de 68 euros[1].

1. Au 1/11/2019.

17 À partir du **document J**, **indiquer** le niveau sonore à partir duquel l'employeur est tenu de mettre en œuvre des actions de prévention contre le bruit.

DOC J La réglementation contre le bruit en entreprise

La réglementation définit différents seuils d'exposition au bruit en bruit. Le dépassement de certains seuils nécessite la mise en place d'actions de prévention par le chef d'entreprise.

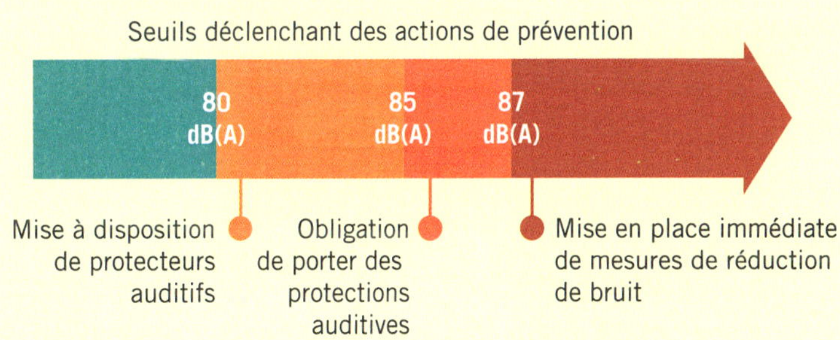

PROPOSER DES SOLUTIONS

18 **Indiquer** :

• à partir de quel niveau sonore le bruit est nocif pour l'audition :

• deux actions individuelles possibles pour préserver son audition lors d'un concert :

MÉMO 11 Le bruit au quotidien

1. Les caractéristiques du bruit

Son = onde sonore caractérisée par :
- **l'intensité** (son faible ou fort)
→ unité : le décibel, **dB(A)** ;
- **la fréquence** (son aigu ou grave)
→ unité de mesure : le hertz, **Hz**.

Grandeurs à prendre en compte pour préserver l'audition :

Intensité sonore + **Durée d'exposition**

- Seuil d'audibilité = 0 dB(A)
- Seuil de nocivité = 80 dB(A) pour une journée de 8 heures
- Seuil de la douleur = 120 dB(A)

2. L'appareil auditif et son fonctionnement

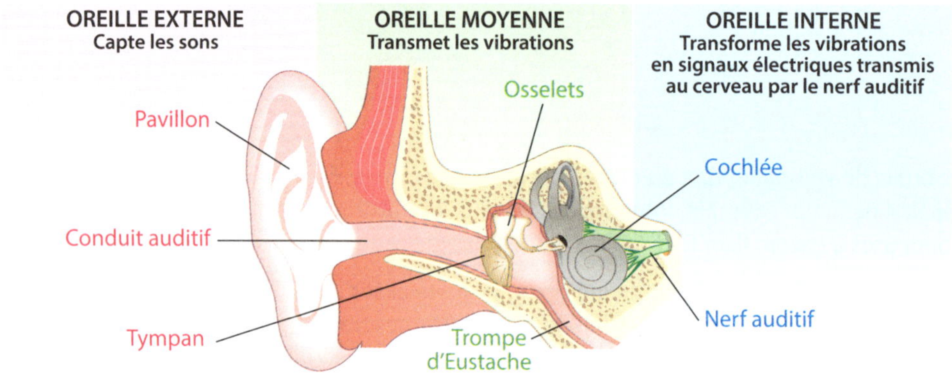

3. Les effets du bruit sur l'organisme

Sur l'appareil auditif
- Surdité.
- Acouphènes.
- Hyperacousie.

Sur les autres parties du corps
- Fatigue.
- Stress.
- Troubles du sommeil.
- Augmentation de la tension artérielle.

4. Les conséquences du bruit sur la vie sociale et professionnelle

Vie sociale
- Agressivité.
- Isolement.

Vie professionnelle
- Augmentation du risque d'AT.
- Diminution du rendement.

5. Des mesures de prévention contre le bruit dans la vie quotidienne

Source
- Réglementation imposant des normes.
- Réduction du bruit émis.
- Modification du comportement.

Transmission
- Murs, cloisons et planchers isolants.
- Feutres sous les pieds des chaises.

Réception
- Port de bouchons d'oreille.

LE MÉMO
Rédigé Audio
foucherconnect.fr/22pc66

 # qcm
8 questions pour réviser
foucherconnect.fr/22pc67

Module C1

THÉMATIQUE C

CHAPITRE 12

Les différents contrats de travail

Objectif : différencier les contrats de travail.

Deux copains, Max et Paolo, s'installent en colocation à 600 mètres de leur lieu de travail actuel. Ils travaillent dans la même entreprise de peinture, Décoplus. Max a signé un contrat à durée indéterminée (CDI) suite au départ en retraite d'un salarié. Paolo remplace un salarié en arrêt maladie. À défaut d'un contrat à durée indéterminée, il espère que son contrat à durée déterminée (CDD) sera renouvelé.

ANALYSER LA SITUATION

1 Identifier le problème posé dans la situation en cochant la proposition exacte.

- ☐ Les droits de l'employeur.
- ☐ Les spécificités des différents contrats de travail.
- ☐ Le contrat de location d'un appartement.

2 Identifier les éléments de la situation en renseignant le tableau.

Les personnes concernées	**Max** 	**Paulo** 
La nature du contrat de travail	....	....
Motif de la signature du contrat de travail	....	....

Autre situation TEXTE

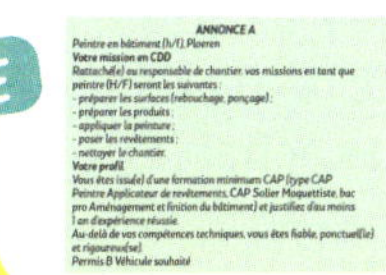

foucherconnect.fr/22pc68

MOBILISER SES CONNAISSANCES

ACTIVITÉ 1 Les spécificités des différents contrats de travail

3 À partir du **document A**, **énoncer** le rôle d'un contrat de travail.

....

....

....

DOC A Le contrat de travail

4 À partir du **document B**, **cocher** les spécificités de chaque contrat.

Spécificités du contrat	Nature du contrat	
	CDI	CDD
Obligatoirement écrit.		
Sans limitation de durée.		
Perception d'indemnités de fin de contrat.		
Signé pour une tâche précise et temporaire.		
Perception d'indemnités compensatrices de congés payés.		
Indication de la date d'embauche seulement.		

DOC B Les contrats de travail

Contrat signé **pour un emploi stable**.
Le CDI précise seulement la date du début de contrat. Il peut être rompu par l'employeur ou l'employé.
Seul le CDI à plein temps peut être oral.

Contrat écrit, signé **pour une tâche précise et temporaire**.
Le CDD intègre une date de fin, ou tout du moins un terme.
Le salarié perçoit, à l'issue du CDD, une indemnité de fin de contrat (6 à 10 % de la rémunération totale brute perçue) et une indemnité compensatrice de congés payés s'il ne les a pas pris pendant la durée du contrat (10 % de la rémunération totale brute).

5 À partir du **document C**,

5.1 Indiquer, dans le schéma, les types de contrat qui s'appliquent dans le cadre du travail intérimaire.

5.2 Préciser le point commun avec le contrat de travail à durée déterminée.

....

....

....

....

DOC C L'organisation du travail intérimaire

Un salarié sous contrat de travail temporaire est embauché et rémunéré par une **entreprise de travail temporaire ETT** (agence d'intérim) qui fait office d'intermédiaire et le met à la disposition d'une entreprise utilisatrice.
Lorsqu'une entreprise fait appel à un salarié intérimaire, deux contrats de travail sont signés :
– un **contrat de mise à disposition** signé par l'entreprise intérimaire et l'entreprise utilisatrice ;
– un **contrat de mission**, signé par le salarié intérimaire et la société d'intérim.

Le salarié bénéficie des mêmes indemnités que pour le CDD.

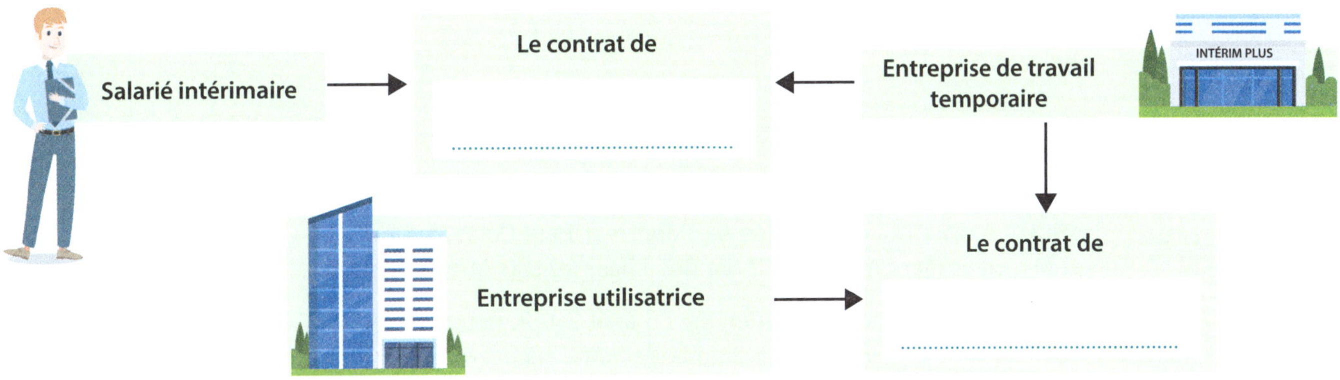

6 À partir du **document D**, **indiquer** les points communs entre le contrat d'apprentissage et le contrat de professionnalisation.

....

....

....

DOC D D'autres contrats de travail

Le contrat d'apprentissage

L'apprentissage repose sur le principe de l'alternance entre enseignement théorique en centre de formation d'apprentis (CFA) ou en établissement de formation et enseignement du métier chez l'employeur avec lequel l'apprenti, un jeune de 16 à 29 ans révolus, a signé son contrat. Il permet d'obtenir une qualification sanctionnée par un diplôme ou un titre à finalité professionnelle.

La durée du contrat d'apprentissage peut varier d'un à trois ans en fonction du type de profession et de la qualification préparée. Le salaire est calculé en fonction du SMIC* et varie selon l'âge de la personne et l'année de formation.

Le contrat de professionnalisation

Il s'adresse à tous les jeunes âgés de 16 à 25 ans révolus, les demandeurs d'emploi âgés de 26 ans et plus, les bénéficiaires de certaines allocations. Le jeune est formé en entreprise et dans un centre de formation. L'objectif du contrat est d'acquérir une qualification professionnelle et de favoriser l'insertion ou la réinsertion professionnelle. Le salaire est calculé en fonction du SMIC* et varie selon l'âge de la personne et le niveau de formation.

* SMIC : salaire minimum de croissance.

ACTIVITÉ 2 Les droits et les obligations dans un contrat de travail

7 **Identifier** les éléments figurant dans le contrat de travail du **document E** et **reporter** le numéro face à l'information correspondante.

- Durée de la période de préavis
- Montant de la rémunération
- Identité du chef d'entreprise
- Durée de la période d'essai
- Lieu de travail
- Nature du poste
- Adresse de l'entreprise
- Identité et adresse du salarié
- Durée hebdomadaire du travail
- Date de début du contrat
- Périodicité du versement du salaire
- Convention collective applicable

DOC E Un contrat de travail à durée indéterminée

Entre l'entreprise LE COUP DE PINCEAU ZA Chêne vert 49000 Angers **1**, représentée par Monsieur Paul Colas **2**, et Monsieur Marc Masson, 20 rue des Lilas, 49100 Angers **3**.

Pour faire suite à notre entretien du 15 avril 2022, nous avons l'honneur de vous préciser les conditions de votre engagement par notre entreprise, à compter du 2 mai 2022 **4**.

Il a été convenu ce qui suit :

1- L'entreprise LE COUP DE PINCEAU engage Monsieur Marc Masson pour une durée indéterminée.

2- Le présent engagement ne sera définitif qu'après une période d'essai de 2 semaines **5**, au cours de laquelle il sera possible tant pour Monsieur Masson que pour notre entreprise, de mettre fin au contrat, sans indemnité ni préavis, et pour tout motif.

3- Monsieur Masson occupera un poste de peintre décorateur **6** et sera amené à se déplacer sur tout le département du Maine-et-Loire **7**.

4- En contrepartie de l'accomplissement de ses fonctions, Monsieur Masson percevra une rémunération mensuelle **8** brute de 1 790 euros **9** pour un horaire hebdomadaire de 35 heures **10**,

5- Monsieur Masson s'engage à respecter le règlement intérieur de l'entreprise (remis ce jour), et plus précisément toutes les consignes et instructions relatives au travail.

6- Les relations entre les parties seront régies par les dispositions de la convention collective 1465. **11**

7- Le présent engagement pourra être résilié à tout moment sans indemnité, par les deux parties, moyennant un préavis de 1 mois **12**.

Fait en double exemplaire à Angers, le 2 mai 2022.

(Signature précédée de la mention « Lu et approuvé »)

L'intéressé	Le chef d'entreprise
Lu et approuvé *Masson*	*Lu et approuvé* *Colas*

8 À partir du **document E** et de la **vidéo**, **indiquer** les obligations et les droits du salarié et de l'employeur.

 # vidéo
Les principales caractéristiques du contrat de travail.
foucherconnect.fr/22pc69

Salarié

Obligations ....
....
....
....

Droits ....
....
....

Employeur

Obligations ....
....
....
....

Droits ....

PROPOSER DES SOLUTIONS

9 **Indiquer** la nature et les spécificités des contrats de travail de Max et Paulo en renseignant le tableau.

Nature du contrat	Spécificités
Max 	....
Paulo 	....

10 **Préciser** les limites du contrat à durée déterminée par rapport à la situation de Paulo.

....
....
....

MÉMO 12 Les différents contrats de travail

1. Les spécificités des différents contrats de travail

Les différents types de contrat

CDD – Contrat à Durée Déterminée
- Obligatoirement écrit.
- Indemnités de fin de contrat.
- Signé pour une tâche précise et temporaire.
- Indemnités compensatrices de congés payés.

CDI – Contrat à Durée Indéterminée
- Sans limitation de durée.
- Date d'embauche uniquement.

Autres contrats
- Contrat de **professionnalisation**.
- Contrat d'**apprentissage**.
- Contrat de travail **temporaire**.

Les principales mentions du contrat de travail

- Le nom et l'adresse de l'entreprise.
- Le nom et l'adresse du salarié.
- L'objet du contrat.
- La date d'embauche.
- La date éventuelle de fin de contrat.
- La désignation de l'emploi.
- La durée de la période d'essai.
- Le montant de la rémunération.
- La date de versement du salaire.
- Le lieu et les horaires de travail.

2. Les droits et les obligations dans un contrat de travail

Obligations
- Réaliser le travail demandé.
- Respecter le règlement intérieur.
- Observer les horaires de travail.

Obligations
- Verser le salaire correspondant au travail effectué.
- Respecter le Code du travail.
- Respecter les clauses du contrat.

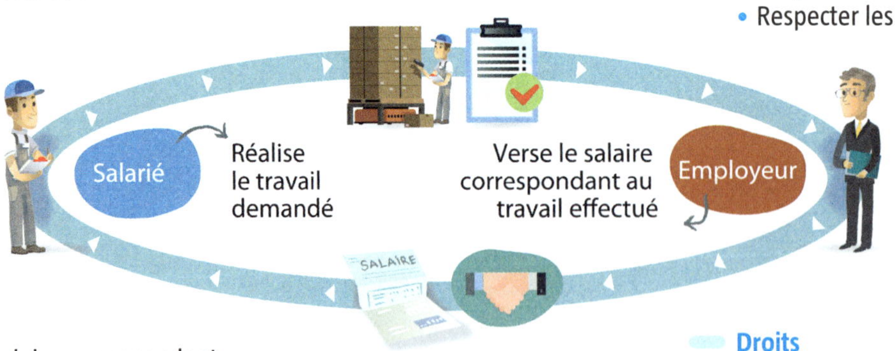

Droits
- Percevoir un salaire correspondant au travail effectué.

Droits
- Sanctionner le salarié.

LE MÉMO

Rédigé Audio

foucherconnect.fr/22pc70

 # qcm

8 questions pour réviser

foucherconnect.fr/22pc71

Les enjeux de la santé et sécurité au travail

Objectif : mesurer les enjeux de la santé et de la sécurité au travail.

Les sinistres professionnels concernant les 19 649 134 salariés du secteur privé en 2019

Accidents du travail proprement dit

655 715 sinistres
33 859 incapacités permanentes
733 décès
45 936 185 journées perdues

50 % dus aux manutentions manuelles

28 % dus aux chutes de plain-pied ou de hauteur

8 % dus à l'outillage à main

Accidents du trajet

99 000 sinistres
6 426 incapacités permanentes
283 décès
7 121 022 journées perdues

60 % dus à la perte de contrôle d'un moyen de transport

Maladies professionnelles

50 392 sinistres
25 121 incapacités permanentes
248 décès
12 942 026 journées perdues

88 % dus à des troubles musculo-squelettiques

Source des chiffres : Caisse nationale de l'Assurance maladie des travailleurs salariés (Direction des risques professionnels), septembre 2019.

ANALYSER LA SITUATION

1 **Formuler** le problème posé dans la situation (infographie).

....

2 **Identifier** les éléments de la situation en répondant aux questions.

Quoi ? *De quoi s'agit-il ?* ....

Qui ? *Qui sont les victimes ?* ....

Où ? *Où a lieu le problème ?* ....

Quand ? *En quelle année le problème se pose-t-il ?* ....

Comment ? *Quelles sont les principales causes de ce problème ?*
- Accidents du travail (AT) : ....
- Accidents du trajet : ....
- Maladies professionnelles (MP) : ....

Pourquoi ? *Pourquoi est-il important de régler le problème ?*
- Pour le salarié : ....
- Pour l'entreprise : ....

Autre situation VIDÉO

foucherconnect.fr/22pc72

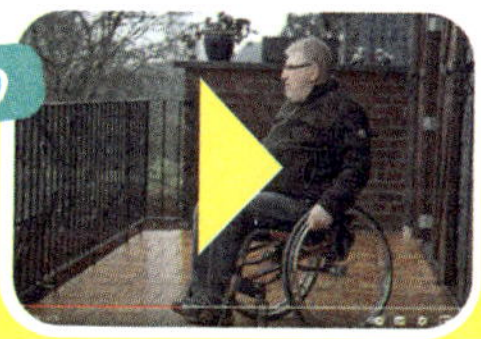

MOBILISER SES CONNAISSANCES

ACTIVITÉ 1 Les enjeux de la santé et de la sécurité au travail pour les salariés

3 À partir des illustrations, **indiquer** pour le salarié les enjeux socio-économiques et humains de la santé et de la sécurité au travail.

Enjeux de la santé et de la sécurité au travail pour le salarié

Enjeux humains

Source : INRS, A 730.

Source : INRS, A 729.

Enjeux socio-économiques

Un accident du travail ou une maladie professionnelle donne droit à des prestations en espèces qui remplacent le salaire :

J1	J+1	J+29 Guérison
Versement du salaire	Indemnité journalière égale à 60 % du salaire brut	Indemnité journalière égale à 80 % du salaire brut

Versée par la CPAM (de J+1 à la guérison)

Avant d'engager la procédure de licenciement pour inaptitude suite à un AT ou une MP, l'employeur doit consulter le comité social et économique quand cette instance existe dans l'entreprise. Puis il doit faire connaître au salarié par écrit les motifs qui s'opposent à son reclassement dans un autre poste.

Source : www.capital.fr/votre-carriere/licenciement-pour-inaptitude-les-droits-du-salarie-1115300

ACTIVITÉ 2 Les obligations et droits de l'employeur et du salarié en matière de santé et sécurité au travail

4 À partir des **documents A** et **B**, **indiquer** les obligations de l'employeur et du salarié.

Employeur

Obligations

....

....

....

....

....

....

....

....

....

Salarié

Obligations

....

....

....

....

....

....

DOC A Des extraits de la partie « Santé et sécurité au travail » du Code du travail

Article L. 4 121-1

L'employeur prend les mesures nécessaires pour assurer la sécurité et protéger la santé physique et mentale des travailleurs.

Ces mesures comprennent :

1° Des actions de prévention des risques professionnels [...].

2° Des actions d'information et de formation.

3° La mise en place d'une organisation et de moyens adaptés.

L'employeur veille à l'adaptation de ces mesures pour tenir compte du changement des circonstances et tendre à l'amélioration des situations existantes [...].

Article L. 4 622-1

Les employeurs relevant du présent titre organisent des services de santé au travail.

Article L. 4 644-1

L'employeur désigne un ou plusieurs salariés compétents pour s'occuper des activités de protection et de prévention des risques professionnels de l'entreprise.

Article R. 4 121-1

L'employeur transcrit et met à jour dans un document unique les résultats de l'évaluation des risques pour la santé et la sécurité des travailleurs.

Article L. 4 122-1

Conformément aux instructions qui lui sont données par l'employeur, dans les conditions prévues au règlement intérieur pour les entreprises tenues d'en élaborer un, il incombe à chaque travailleur de prendre soin, en fonction de sa formation et selon ses possibilités, de sa santé et de sa sécurité ainsi que de celles des autres personnes concernées par ses actes ou ses omissions au travail.

Les instructions de l'employeur précisent, en particulier lorsque la nature des risques le justifie, les conditions d'utilisation des équipements de travail, des moyens de protection, des substances et préparations dangereuses. Elles sont adaptées à la nature des tâches à accomplir.

Source : Code du travail.

DOC B Le droit d'alerte et le droit de retrait

Droit d'alerte et droit de retrait

Un salarié **doit alerter** immédiatement l'employeur de toute situation de travail dont il a un motif raisonnable de penser qu'elle présente un **danger grave et imminent** pour sa vie ou sa santé.

→

Retrait !

Le salarié peut **quitter** son poste de travail pour échapper à une situation qu'il juge immédiatement dangereuse.

→ ***Une condition*** : le retrait du salarié ne doit pas créer de situation de danger (grave et imminent) pour autrui.

↓

Aucune sanction possible à l'encontre du salarié qui exerce valablement son droit de retrait.

5 À partir des **documents B** et **C**, **repérer** les droits de l'employeur et du salarié.

Employeur

Droits →

....

....

....

....

Salarié

Droits →

....

....

....

....

DOC C Les risques pour un salarié qui ne respecte pas les consignes de sécurité

Le salarié doit **respecter les instructions** qui lui sont données par son employeur en matière de sécurité. Pour les entreprises dont l'effectif est supérieur ou égal à 50 salariés, ces consignes se trouvent dans le règlement intérieur. [...]

Le salarié ne respectant pas les consignes de sécurité de son employeur commet une **faute** passible de sanctions disciplinaires. Ce manquement peut éventuellement conduire à un **licenciement pour faute grave**.

Source : www.service-public.fr/particuliers/vosdroits/F2342.

ACTIVITÉ 3 Les dispositions réglementaires spécifiques aux jeunes travailleurs et aux nouveaux embauchés

6 À partir du **document D**,

6.1 Indiquer les dispositions réglementaires qui s'appliquent à tous les nouveaux embauchés.

....

....

6.2. Justifier l'intérêt de ces dispositions réglementaires.

....

....

DOC D Les nouveaux embauchés et le Code du travail

• **Article L. 4141-2** L'employeur informe les travailleurs sur les risques pour leur santé et leur sécurité d'une manière compréhensible pour chacun. Cette information, ainsi que la formation à la sécurité, sont dispensées lors de l'embauche et chaque fois que nécessaire.

• **Article L. 4141-3** L'employeur informe les travailleurs sur les risques pour leur santé et leur sécurité. Cette information porte sur :
1° les modalités d'accès au document unique d'évaluation des risques [...] ;
2° les mesures de prévention des risques identifiés dans le document unique d'évaluation des risques ;
3° le rôle du service de santé au travail et, le cas échéant, des représentants du personnel en matière de prévention des risques professionnels ;
4° le cas échéant, les dispositions contenues dans le règlement intérieur [...] ;
5° le cas échéant, les consignes de sécurité et de premiers secours en cas d'incendie [...].

• **Article R. 4624-10** Tout travailleur bénéficie d'une visite d'information et de prévention, réalisée par l'un des professionnels de santé mentionnés [...], dans un délai qui n'excède pas trois mois à compter de la prise effective du poste de travail.

7 Sur le **document E**, **surligner** :
– en jaune, l'âge correspondant aux jeunes travailleurs.
– en bleu, trois dispositions réglementaires spécifiques aux jeunes travailleurs.

DOC E Les jeunes travailleurs et le Code du travail

Afin de protéger les jeunes travailleurs de moins de 18 ans, qu'ils soient salariés ou stagiaires, **le Code du travail interdit de les affecter à certains travaux les exposant à des risques pour leur santé et leur sécurité**. Par exemple le travail de nuit est interdit, sauf dans certains cas : boulangerie, restauration... Certains travaux leurs sont strictement interdits comme les travaux exposant à des vibrations et à certains agents chimiques, les travaux en hauteur... Des **dérogations** peuvent être accordées aux jeunes en formation professionnelle, aux jeunes qualifiés ou habilités afin qu'ils puissent exécuter certains travaux, en principe interdits. Dans ce cas, on parle de « travaux réglementés ».

Tout travailleur âgé de moins de 18 ans bénéficie d'une **visite d'information et de prévention** réalisée par un professionnel de santé préalablement à son affectation sur le poste.

PROPOSER DES SOLUTIONS

8 **Relever** ce qui contribue à votre formation en santé et sécurité au travail.

....

....

....

....

....

MÉMO 13 Les enjeux de la santé et sécurité au travail

1. Les enjeux de la santé et de la sécurité au travail pour les salariés

Enjeux humains

- Préserver son intégrité physique et mentale.
- Éviter les éventuels handicaps et la souffrance.

Enjeux socio-économiques

- Conserver son emploi.
- Conserver l'intégralité de son salaire.

2. Les obligations et droits de l'employeur et du salarié en matière de santé et sécurité au travail

Employeur

Obligations :

– **Informer** les salariés sur les risques et les mesures de prévention.
– **Former** à la sécurité les salariés.
– Mettre en œuvre des **actions de prévention** adaptées.
– Désigner un ou plusieurs **salariés compétents** pour les activités de protection et prévention des risques professionnels (PPRP).
– **Évaluer** les risques et consigner les résultats dans le **document unique**.
– Organiser ou adhérer à un **service de santé au travail**.

Droits :

– **Sanctionner** les salariés ne respectant pas les consignes de sécurité.

Salarié

Obligations :

– **Prendre soin** de sa santé et de sa sécurité ainsi que de celles de ses collègues.
– **Respecter les consignes** de sécurité.
– **Signaler** un danger grave et imminent à son employeur : **droit d'alerte**.

Droits :

– Quitter son poste en cas de danger grave et imminent : **droit de retrait**.

3. Les dispositions réglementaires spécifiques aux jeunes et aux nouveaux embauchés

Nouveaux embauchés

– Information et formation à la sécurité.
– Visite d'information et de prévention dans les 3 mois à compter de la prise de poste pour les travailleurs de plus de 18 ans.

Jeunes travailleurs (moins de 18 ans)

– Interdiction de travailler la nuit.
– Interdiction d'être affecté sur des travaux exposant à des risques pour la santé et la sécurité.
– Visite d'information et de prévention avant la prise de poste.

LE MÉMO

Rédigé Audio

foucherconnect.fr/22pc73

 # qcm

8 questions pour réviser

foucherconnect.fr/22pc74

Les accidents du travail et les maladies professionnelles

Objectifs : différencier les AT et les MP et indiquer les démarches à conduire lors d'un accident du travail.

Constant est salarié depuis trois ans dans l'entreprise Batiplus. Actuellement, il travaille sur un chantier où dix maisons individuelles sont en cours de construction. Après la pause de 10 heures, en manutentionnant des parpaings pour approvisionner le poste de travail d'un collègue, il glisse et se coupe profondément à la cuisse. Le médecin consulté lui prescrit un arrêt de travail de 22 jours et des soins infirmiers. Constant se demande qui va prendre en charge les frais occasionnés par cet accident.

ANALYSER LA SITUATION

1 **Formuler** le problème posé dans la situation.

....

2 **Identifier** les éléments de la situation en répondant aux questions.

Quoi ? *Que s'est-il passé ?* ....

Qui ? *Quelle est la personne concernée ?* ....

Où ? *Où cet accident s'est-il produit ?* ....

Quand ? *Quand cet accident s'est-il produit ?* ....

Comment ? *Comment cet accident s'est-il produit ?* ....
....

Pourquoi ? *Pourquoi cet accident pose-t-il problème ?* ....
....

Autre situation TEXTE

foucherconnect.fr/22pc75

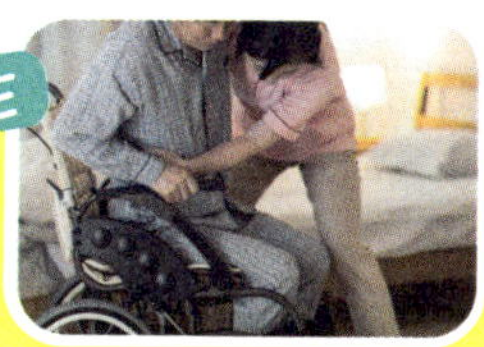

MOBILISER SES CONNAISSANCES

ACTIVITÉ 1 La reconnaissance d'un accident du travail (AT) et d'une maladie professionnelle (MP)

3 À partir du **document A**,

3.1 Cocher les critères qui permettent à un accident d'être reconnu comme accident du travail.

☐ Action soudaine et violente ayant entraîné une blessure.

☐ Maladie due à la réalisation de travaux professionnels.

☐ Accident survenu sur le lieu et le temps de travail.

☐ Accident survenu par le fait ou à l'occasion du travail.

☐ Accident survenu sur le trajet « domicile-entreprise ».

☐ Accident survenu en dehors des heures de travail.

☐ Salarié déclaré.

☐ Retraité.

DOC A L'accident du travail

Accident du travail « proprement dit »

Accident survenu par le fait ou à l'occasion du travail, et quelle qu'en soit la cause à tout salarié travaillant à quelque titre ou en quelque lieu que ce soit pour un ou plusieurs employeurs. Il est dû à une action soudaine et violente provoquant une lésion.

Accident du trajet

Accident se produisant sur un parcours « domicile-entreprise » qui n'a pas été interrompu ou détourné pour un motif dicté par l'intérêt personnel ou étranger aux nécessités de la vie courante ou indépendant de l'emploi.

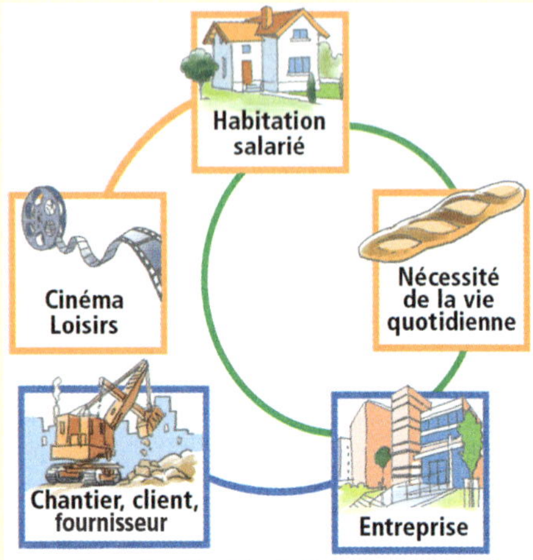

Zone d'accident de droit commun
Zone d'accident du trajet* } AT
Zone d'accident du travail proprement dit } AT

*Sur le trajet le plus court domicile/entreprise sans détour, sauf pour les nécessités de la vie courante (enfants, boulangerie...).

3.2 Cocher, pour chaque situation, l'accident dont il s'agit.

Situations		Accident du travail		Accident de droit commun
		« proprement dit »	du trajet	
	**1** Après avoir déposé ses enfants à la crèche, un salarié est victime d'un accident de la route quelques minutes avant d'arriver sur son lieu de travail. Il présente une fracture du poignet.			
	**2** Après avoir quitté son travail, un salarié qui rejoint un ami au cinéma est percuté par un automobiliste. Blessé, il est conduit aux urgences.			
	**3** À la pause de 10 heures, en quittant son poste de travail pour se rendre à la cafétéria, une salariée heurte un serre-joint. Elle présente une coupure profonde à la cuisse.			
	**4** À la légumerie de la cuisine centrale, une salariée se fait une entorse du genou en glissant sur le sol humide.			

4 Dans le cas de la situation professionnelle de Pascal, à l'aide du **document B**, **cocher** si chaque critère nécessaire à la reconnaissance d'une maladie professionnelle est respecté et **justifier** la réponse.

Situation professionnelle : Pascal est déménageur depuis 1 an dans l'entreprise Portetout. Depuis 15 jours, il est en arrêt de travail. Les examens médicaux révèlent une sciatique par hernie discale.

Les 4 critères nécessaires pour qu'une maladie soit reconnue comme maladie professionnelle :	
• La personne est salariée ou a été salariée. →	☐ Oui ☐ Non Justification : ....
• Les symptômes ou la maladie sont identifiés dans un des 101 tableaux de la Sécurité sociale. →	☐ Oui ☐ Non Justification : ....
• La maladie est due à la réalisation de travaux professionnels listés dans le tableau. →	☐ Oui ☐ Non Justification : ....
• Le délai de prise en charge et le temps d'exposition sont respectés. →	☐ Oui ☐ Non Justification : ....

DOC B Un exemple de tableau de maladie professionnelle

Tableau n° 98 Affections chroniques du rachis lombaire provoquées par la manutention manuelle de charges lourdes

Date de création : décret du 15 février 1999 — *Dernière mise à jour : –*

Désignation de la maladie	Délai de prise en charge	Liste limitative des travaux susceptibles de provoquer ces maladies
Sciatique par hernie discale L4-L5 ou L5-S1 avec atteinte radiculaire de topographie concordante. Radiculalgie crurale par hernie discale L2-L3 ou L3-L4 ou L4-L5, avec atteinte radiculaire de topographie concordante.	6 mois (sous réserve d'une durée d'exposition de 5 ans).	Travaux de manutention manuelle habituelle de charges lourdes effectués : – dans le fret routier, maritime, ferroviaire, aérien ; – dans le bâtiment, le gros œuvre, les travaux publics ; – dans les mines et carrières ; – dans le ramassage d'ordures ménagères et de déchets industriels ; – dans le déménagement, les garde-meubles ; – dans les abattoirs et les entreprises d'équarrissage ; – dans le chargement et le déchargement en cours de fabrication, dans la livraison, y compris pour le compte d'autrui, le stockage et la répartition des produits industriels et alimentaires, agricoles et forestiers ; – dans le cadre des soins médicaux et paramédicaux incluant la manutention de personnes ; – dans le cadre du brancardage et du transport des malades ; – dans les travaux funéraires.
Cette colonne précise les symptômes que doit présenter le salarié.	Cette colonne indique le délai maximal entre la constatation de la maladie et la date à laquelle le salarié a cessé d'être exposé au risque (et, pour certaines maladies, le temps nécessaire d'exposition au risque).	Cette colonne liste les travaux pris en compte pour la reconnaissance de cette maladie.

ACTIVITÉ 2 Les démarches en vue de la déclaration d'un accident du travail

5 À partir du **document C**,

5.1. Indiquer la démarche à effectuer par le salarié victime d'un accident du travail.

....

5.2. Renseigner le tableau.

	Lors d'un accident du travail
Personne qui effectue la déclaration d'accident	....
Délai à respecter pour effectuer la déclaration d'accident	....
Destinataire de la déclaration d'accident	....

DOC C Les démarches pour déclarer un accident du travail

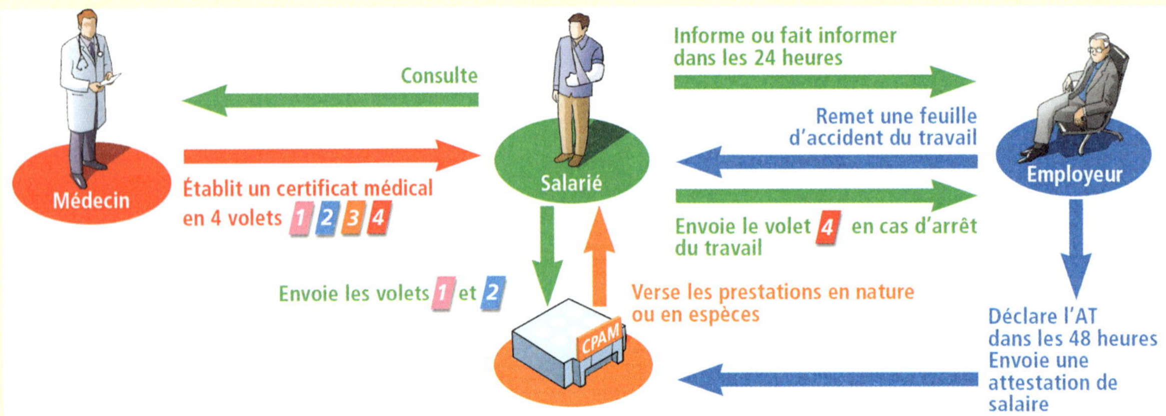

* CPAM : Caisse primaire d'Assurance maladie.

ACTIVITÉ 3 L'indemnisation en cas d'accident du travail

6 À l'aide du **document D**,

6.1 Nommer les prestations qui correspondent aux remboursements des frais pharmaceutiques d'hospitalisation et de rééducation.

....

6.2 Renseigner le tableau.

	Pourcentage du salaire versé par la CPAM	Montant des indemnités journalières versées à M. Pied qui perçoit un salaire journalier de 50 euros et est arrêté 33 jours
Les 28 premiers jours d'arrêt	....	....
À partir du 29e jour d'arrêt	....	....
Montant total des indemnités perçues par M. Pied		....

6.3 Cocher les indemnisations auxquelles donnent droit les situations A et B.

Situation A

Paul, couvreur, réalise une couverture en plaques ondulées en fibres-ciment en prenant appui directement sur les plaques. Soudain, l'une des plaques se brise sous son poids et il fait une chute de 4 mètres sur le sol. Atteint d'une fracture du crâne, il décède pendant son transport à l'hôpital.

Situation A		Situation B
☐	Prestations en nature	☐
☐	Indemnités journalières	☐
☐	Rente d'incapacité	☐
☐	Rente aux ayants droit	☐

Situation B

Émy, serveuse de bar à cocktails, effectue son premier jour de travail. En récupérant, de la main droite, la glace broyée dans le bocal à réception, elle passe son majeur droit dans l'orifice d'éjection de la glace. Le mécanisme en mouvement happe l'extrémité du doigt et coupe la première phalange. Cet accident entraîne plusieurs jours d'arrêt de travail et une reconnaissance d'incapacité permanente partielle.

DOC D L'indemnisation suite à un accident du travail (AT) ou une maladie professionnelle (MP)

L'accident du travail et la maladie professionnelle donnent droit à deux types de prestations.

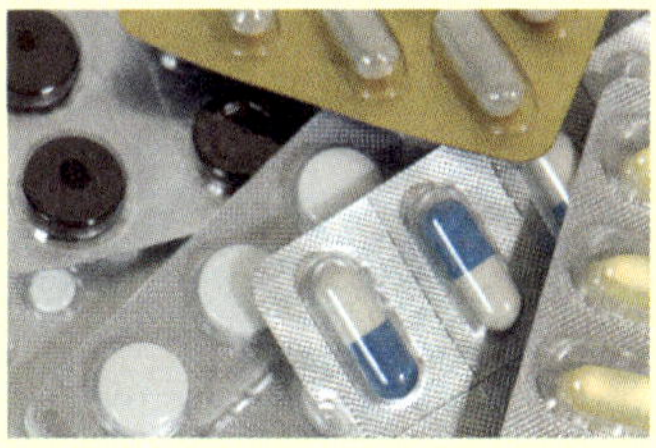

- Les prestations en nature.
  Elles correspondent à la prise en charge des soins à 100 % par la Caisse primaire d'assurance maladie. Elles sont versées directement aux praticiens (médecin, pharmacien, etc.) afin d'éviter l'avance des frais par la victime d'un AT ou d'une MP.

- Les prestations en espèces.
  Elles comprennent :
  - les *indemnités journalières* qui remplacent le salaire et sont versées par la CPAM dès le lendemain de l'accident. Les 28 premiers jours, elles représentent 60 % du salaire journalier et 80 % à partir du 29e jour ;
  - la *rente d'incapacité* qui est attribuée si la victime conserve des séquelles (exemples : amputation, paralysie...) ;
  - la *rente aux ayants droit* qui est attribuée aux enfants ou au conjoint en cas de décès de la victime.

PROPOSER DES SOLUTIONS

7 Renseigner le tableau.

Éléments de la situation de Constant qui permettent d'affirmer qu'il s'agit d'un accident du travail	....
Personne qui établit la déclaration d'accident	....
Prestations auxquelles Constant peut prétendre	....
Indemnités journalières perçues par Constant	Le salaire mensuel de Constant est de 1 500 €, soit un salaire journalier de 49,30 € (1 500/30,42 = 49,30 euros). ....

MÉMO 14 Les accidents du travail et les maladies professionnelles

1. La reconnaissance d'un accident du travail (AT) et d'une maladie professionnelle (MP)

Accident du travail

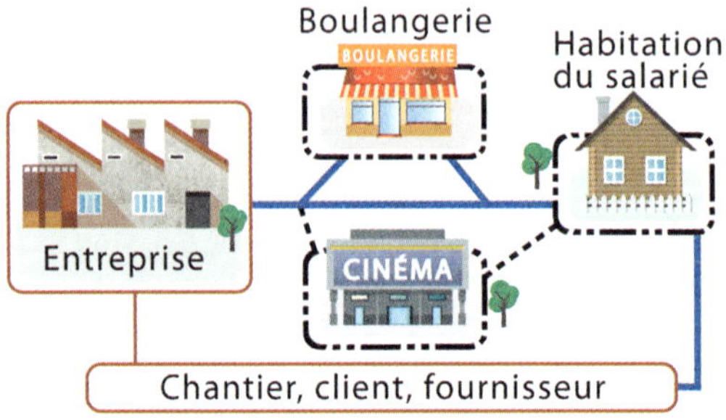

- Zone de l'accident du travail proprement dit] accident du travail
- Zone de l'accident du trajet] accident du travail
- Zone de l'accident de droit commun

Maladie professionnelle

- Être ou avoir été salarié.
- Être atteint de symptômes ou d'une maladie identifiés dans un des tableaux de la Sécurité sociale.
- Être atteint d'une maladie due à la réalisation de travaux professionnels listés dans le tableau de la Sécurité sociale.
- Respecter le délai de prise en charge et les temps d'exposition.

2. Les démarches en vue de la déclaration d'un accident du travail

Le salarié →
- informe ou fait informer son employeur de l'accident dans les 24 heures.

← L'employeur
- déclare l'accident dans les 48 heures à la CPAM.

3. L'indemnisation en cas d'accident du travail

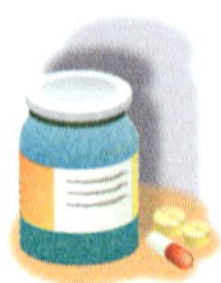

Prestations en nature → **Prise en charge à 100 %** de toutes les dépenses entraînées par AT ou MP (médicaments, consultations médicales…).

Prestations en espèces →
- **Indemnités journalières** pour compenser la perte de salaire.
- **Rente d'incapacité.**
- **Rente aux ayants droit** en cas de décès.

LE MÉMO

Rédigé Audio

foucherconnect.fr/22pc76

 # qcm

8 questions pour réviser

foucherconnect.fr/22pc77

Module C3

La démarche de prévention appliquée à une activité de travail

THÉMATIQUE C

CHAPITRE 15

Objectifs : analyser une activité de travail pour repérer les risques et appliquer les mesures de prévention.

ANALYSER LA SITUATION

1 **Formuler** le problème posé dans la situation.

....

....

2 **Identifier** les éléments de la situation en répondant aux questions.

Quoi ? *De quoi faut-il se protéger ?* ›› ....

Qui ? *Qui sont les personnes concernées ?* ›› ....

Où ? *Où faut-il se protéger ?* ›› ....

Quand ? *Quand faut-il se protéger ?* ›› ....

Comment ? *Comment peut-on s'en protéger ?* ›› ....

....

Pourquoi ? *Pourquoi faut-il se protéger ?* ›› ....

....

Autre situation AFFICHE

foucherconnect.fr/22pc78

MOBILISER SES CONNAISSANCES

ACTIVITÉ 1 Les consignes de sécurité au poste de travail

3 **Renseigner** le tableau, en vous aidant de l'exemple 1.

	Description d'une activité professionnelle mise en œuvre dans mon secteur d'activité	Consignes de sécurité à appliquer à ce poste de travail	Justification
1	**Situation d'Adeline** **Aide à domicile chez madame Duchemin** ➜ Emprunter l'escalier pour réaliser l'entretien du 1er étage du logement de madame Duchemin.	• Tenir la rampe dans les escaliers.  • Ne rien entreposer sur les marches.	➥ Se tenir à la rampe et faire ainsi trois appuis est une manière efficace d'éviter les chutes dans les escaliers. ➥ Ne rien entreposer sur les marches permet d'éviter les chutes dans les escaliers.
2			
3			

ACTIVITÉ 2 L'analyse des composantes d'une activité de travail

4 À partir des **documents A** et **B**, **renseigner** le tableau.

Description de l'activité de travail à partir de l'outil d'analyse 5 M	❶ Activité de travail dans le secteur de la collectivité	❷ Activité de travail dans le secteur de l'aide à domicile
Main-d'œuvre	....	....
Milieu	....	....
Méthodes	....	....
Matériel	....	....
Matière	....	....

DOC A Deux exemples d'activités de travail

❶ Activité de travail dans le secteur de la collectivité

Agent d'entretien en école primaire, Alicia doit nettoyer le sanitaire et le sol qui ont été souillés par les vomissements d'un enfant malade. Son employeur lui fournit une blouse de travail, des chaussures de sécurité et des gants de ménage. Elle dispose sur place d'un chariot multiservice pour réaliser l'ensemble des opérations d'entretien dont elle a la charge et de différents produits d'entretien.

❷ Activité de travail dans le secteur de l'aide à domicile

Aide à domicile, Romain intervient deux heures par semaine chez la famille Blanc pour effectuer le repassage et le pliage du linge. Pour cela, il dispose d'une table à repasser, d'un fer à repasser à vapeur, d'une corbeille à linge. La famille met également à sa disposition de l'eau déminéralisée pour éviter l'entartrage du fer à repasser. Les vêtements qu'il doit repasser sont composés de coton et de polyester.

DOC B Des outils pour analyser une activité de travail

Les outils **ITAMaMi**, **5 M** et **QQOQCP** sont des méthodes d'observation et d'analyse globale d'une activité de travail utilisées dans le cadre d'une démarche de prévention.

- **ITAMaMi**

Individu (I) : qui ?	La personne qui réalise le travail, c'est-à-dire un individu doté de particularités physiques, mentales, sociales : âge, qualification, formation, expérience, ancienneté, handicap, statut, etc.
Tâches (T) : quoi faire ?	Les objectifs assignés aux opérateurs par les procédures de travail ou les objectifs qu'ils se donnent lorsqu'ils disposent d'une autonomie suffisante. Ces objectifs et les procédures à suivre sont le plus souvent encadrés par des consignes (produits, services, contrôles, qualité, délais...).
Activité (A) : comment ? de quelle manière ?	La façon dont la tâche est exécutée : postures adoptées, manipulations et déplacements réalisés, communications verbales et/ou gestuelles, regards, raisonnements, coopérations, etc.
Matériel (Ma) : avec quoi ?	Le matériel au sens large : tous les moyens technologiques mis à disposition (machines, outils, logiciels), la matière première fournie, les processus techniques, l'énergie fournie, etc.
Milieu (Mi)	**Où ?** Le cadre spatial : espaces de travail et circulation, ambiances sonores, lumineuses, thermiques, vibratoires, etc. **Quand ?** Le cadre temporel : durée du travail, horaires, rythme de travail, cadences. **Avec qui ?** Le cadre humain et social : équipes, hiérarchie, etc.

- **5 M**

Main-d'œuvre	Les ressources humaines, les qualifications du personnel...
Milieu	Le lieu de travail, son aspect, son organisation physique...
Méthodes	Les procédures, le flux d'information...
Matériel	Les équipements, machines, outillages, pièces de rechange...
Matière	Les différents consommables utilisés, matières premières...

- **QQOQCP** Quoi ? Qui ? Où ? Quand ? Comment ? Pourquoi ? *(voir rabat de couverture)*

ACTIVITÉ 3 De l'identification du danger à l'apparition du dommage

5 À partir du **document C**, **identifier**, dans l'activité de travail, le danger, la situation dangereuse, l'événement dangereux ou déclencheur et un dommage possible, à partir de la liste suivante :

une plaie, le couteau, le commis de cuisine découpe des légumes avec un couteau, le couteau tenu par le commis de cuisine dérape.

Activité de travail :
commis de cuisine au poste de découpe de légumes

Danger	....
Situation dangereuse	....
Événement dangereux ou déclencheur	....
Dommage	....

DOC C L'approche par le risque

Pour assurer sa sécurité et préserver sa santé, mais aussi celles des autres, chacun doit être en capacité de **maîtriser les risques auxquels il est confronté**. Pour cela, il est nécessaire de mettre en œuvre une démarche de maîtrise des risques en identifiant :

Danger	Situation dangereuse	Événement dangereux ou déclencheur	Dommage
Cause capable de provoquer une lésion et/ou une atteinte à la santé.	Situation dans laquelle une personne est exposée à un ou plusieurs dangers.	Événement susceptible de causer un dommage pour la santé.	Lésion et/ou atteinte à la santé.

Un câble au sol.

L'opérateur se déplace dans une pièce encombrée par un câble au sol.

L'opérateur se prend les pieds dans le câble.

Une entorse du genou.

Cela permet ensuite de définir et de mettre en œuvre les mesures de prévention adaptées aux dangers et situations dangereuses identifiés, afin de supprimer ou réduire le risque d'accident ou d'atteinte à la santé.

6 À partir de l'activité de travail illustrée et du **document D**, **identifier** un danger, puis **renseigner** le schéma du processus d'apparition d'un dommage.

Activité de travail :
aide à domicile, repassage

Situation dangereuse
....
....

Événement dangereux ou déclencheur
....
....

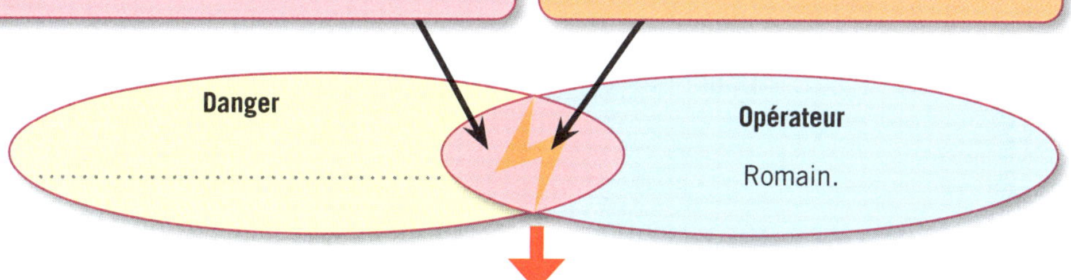

Dommage
....

 # tutoriel
Tutoriel pour construire le schéma du processus d'apparition d'un dommage.
foucherconnect.fr/22pc140

DOC D Le schéma du processus d'apparition d'un dommage

Le **schéma du processus d'apparition d'un dommage** est un outil qui permet de comprendre la raison pour laquelle une situation peut devenir dangereuse et d'identifier des mesures de prévention adaptées pour éviter des accidents du travail et des maladies professionnelles.

Il peut prendre différentes formes.

Forme 1 :

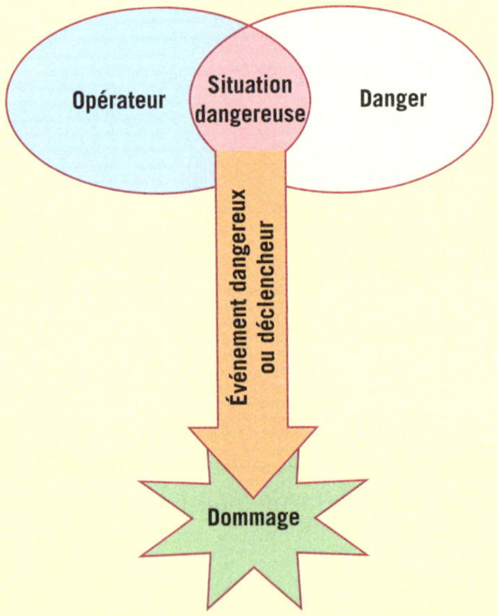

ou

Forme 2 :

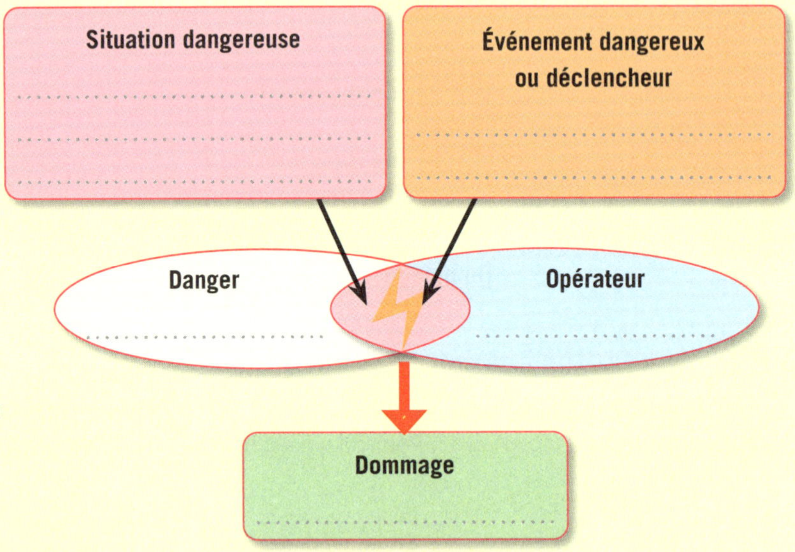

À noter que lorsque l'événement dangereux est :
– **soudain**, le dommage peut se traduire par un accident du travail ;
– **lié au temps d'exposition**, le dommage peut se traduire par une maladie professionnelle.

ACTIVITÉ 4 Les mesures de prévention

7 À partir du **document E**, **citer**, pour votre secteur professionnel, deux exemples de :

– protection collective : ....
....
– protection individuelle : ....
....

DOC E Les mesures de prévention et de protection

Les mesures de prévention et de protection sont classées en fonction de leur efficacité.

Du plus efficace au moins efficace

Prévention visant à supprimer ou réduire les dangers (ex. : automatisation d'un système de production, remplacement d'un produit dangereux par un produit moins dangereux, etc.).
Protection collective (ex. : ventilation, carter, etc.) **et individuelle** (ex. : bouchons d'oreille, lunettes de meulage, etc.) contre le risque.
Formation (ex. : formation à la prévention des risques liés à l'activité physique, formation aux gestes de premiers secours, etc.) **et/ou information de l'opérateur** (ex. : affiches sur les méfaits du bruit, plan d'évacuation en cas d'incendie, etc.).

Exemple emprunté à la vie quotidienne

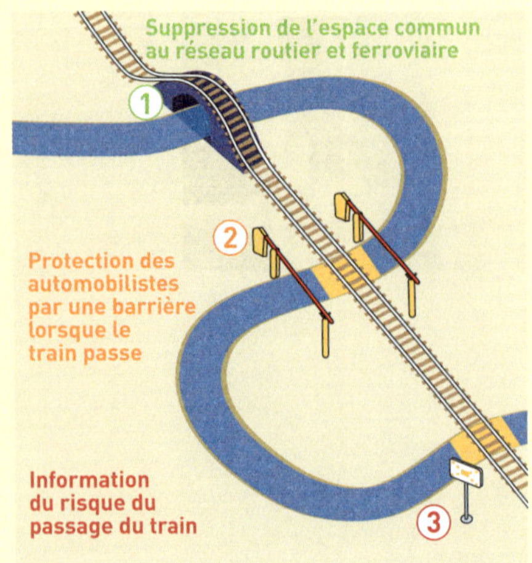

PROPOSER DES SOLUTIONS

8 **Renseigner** le tableau à partir d'une activité de travail de votre secteur professionnel.

Description d'une activité de travail	
Main-d'œuvre	
Milieu	
Méthodes	
Matériel	
Matière	

Le schéma du processus d'apparition d'un dommage

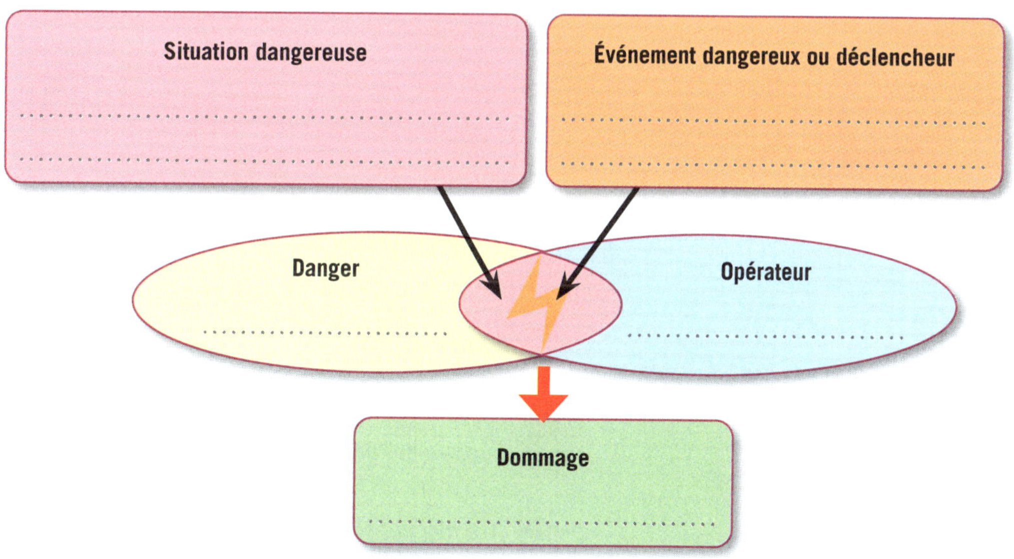

Mesures de protection proposées		
Protection	**collective**	
	individuelle	

MÉMO 15 La démarche de prévention appliquée à une activité de travail

1. Les consignes de sécurité au poste de travail

→ Pour assurer sa **sécurité** et préserver sa **santé**, et celles de ceux qui nous entourent.

→ **Spécifiques à chaque métier** (port de tenue professionnelle, fiche de sécurité, fiche de poste…).

2. L'analyse des composantes d'une activité de travail

3 outils pour observer et analyser une activité de travail :

• ITAMaMi

I → Individu
T → Tâches
A → Activité
Ma → Matériel
Mi → Milieu

• 5 M

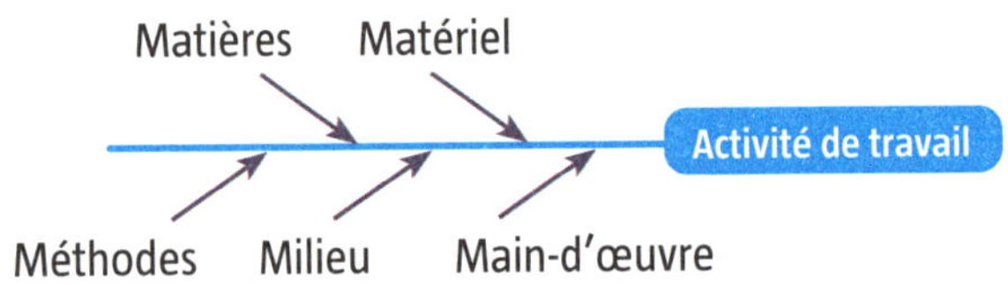

• QQOQCP

3. De l'identification du danger à l'apparition du dommage

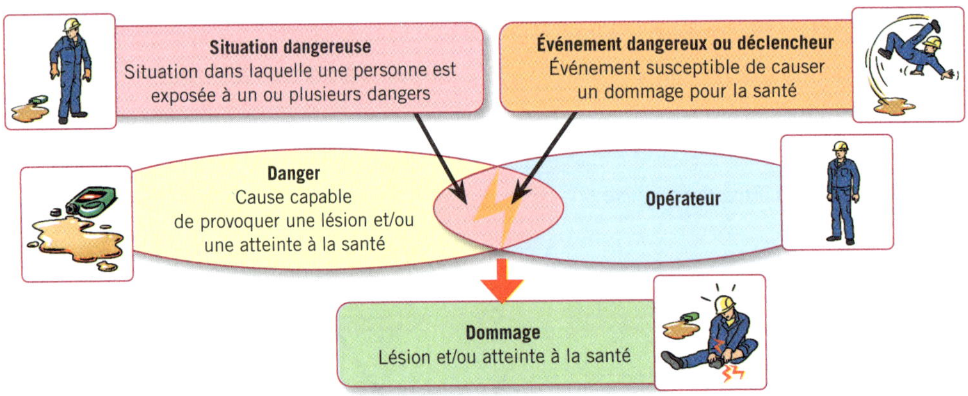

4. Les mesures de prévention

Exemples de mesures de prévention adaptées à ce danger :

Prévention visant à supprimer ou réduire les dangers → *Supprimer l'utilisation des huiles*

Protection collective → *Installer des sols antidérapants*

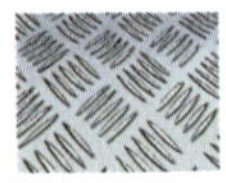

Protection individuelle → *Porter des chaussures de sécurité*

Formation et/ou information de l'opérateur → *Signaler le sol glissant par un panneau*

LE MÉMO

Rédigé Audio

foucherconnect.fr/22pc79

#qcm

8 questions pour réviser

foucherconnect.fr/22pc80

Module C4

Le risque lié au bruit

THÉMATIQUE C

CHAPITRE 16

Objectif : prévenir le risque lié au bruit.

ANALYSER LA SITUATION

1 À partir de l'activité de travail de Romain et de la fiche « L'analyse des risques professionnels », **compléter** le schéma du processus d'apparition d'un dommage.

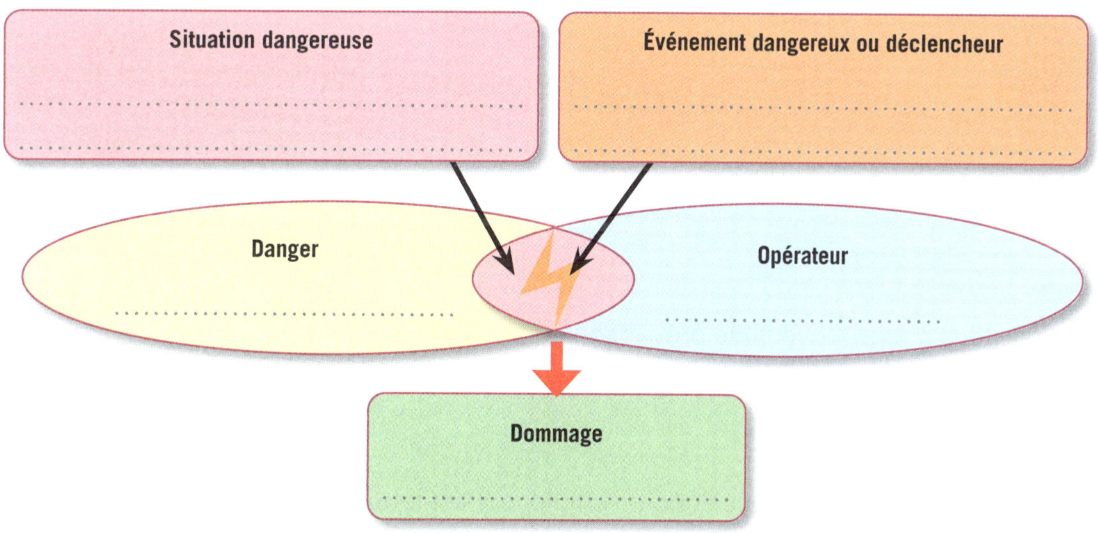

Autre situation TEXTE

foucherconnect.fr/22pc81

ACTIVITÉ 1 Le niveau sonore dans l'environnement de travail

2 À l'aide d'un sonomètre,

2.1 Relever le niveau sonore à différents postes de travail et émis par différents appareils ou machines utilisés dans votre environnement de travail.

2.2 Reporter vos relevés sur l'échelle de niveau de bruit et **indiquer** à quelles machines ou quels postes ils correspondent.

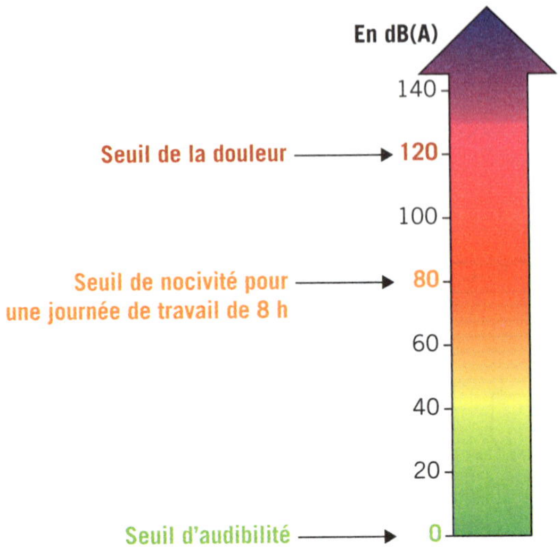

ACTIVITÉ 2 Les mesures de prévention

3 À partir du **document A**, **noter** dans les bulles les numéros des moyens de prévention contre le bruit.

4 **Colorier** la ou les bulles correspondant aux moyens de prévention qui agissent sur la propagation du bruit.

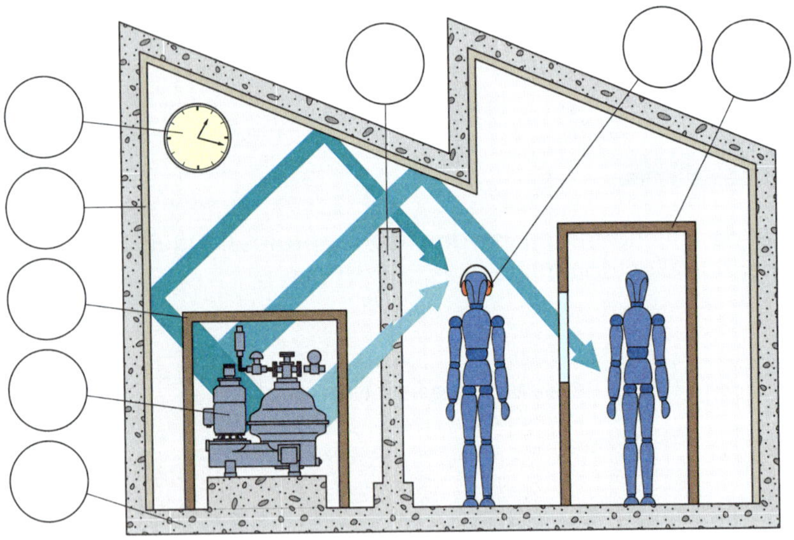

DOC A Des moyens de prévention contre le bruit

Pour réduire le niveau sonore au travail, il existe différents moyens de prévention :

0. Modification de la machine
1. Écran
2. Encoffrement
3. Traitement acoustique
4. Isolement de l'opérateur dans une cabine
5. Réduction du temps d'exposition
6. Équipement de protection individuelle
7. Isolation antivibratile

5 À partir du **document B**,

5.1 Nommer deux autres moyens de prévention contre le bruit.

– ....

– ....

5.2 Indiquer à partir de quel niveau sonore l'employeur est tenu de mettre en œuvre des actions de prévention contre le bruit.

....

5.3 Préciser le niveau sonore à partir duquel l'employeur doit exiger d'un salarié le port des protections individuelles contre le bruit (PICB).

....

DOC B La réglementation en matière de bruit

• La réglementation définit **différents seuils d'exposition**. Le dépassement de certains seuils nécessite la mise en place d'actions de prévention par le chef d'entreprise.
On distingue :
– l'**exposition moyenne** sur 8 h : dB(A) ;
– l'**exposition à un niveau de bruit instantané** : niveau de crête, estimé en dB(C).

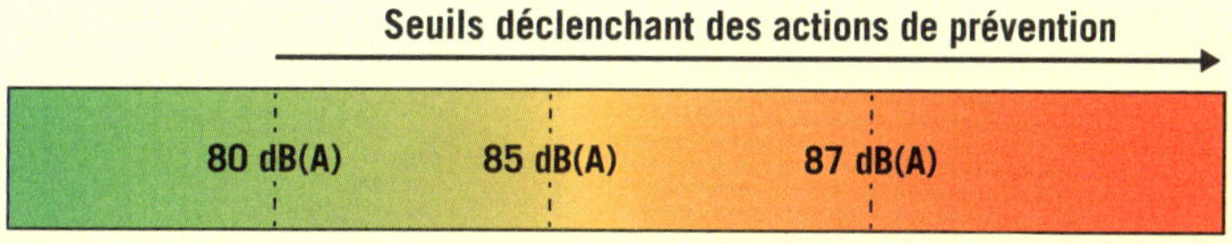

• **Niveau sonore supérieur à 80 dB(A) ou 135 dB(C)**
– Mettre à disposition des salariés des PICB (protections individuelles contre le bruit).
– Informer et former les salariés sur le risque bruit.
– Proposer un examen audiométrique préventif en lien avec le médecin du travail.

• **Niveau sonore supérieur à 85 dB(A) ou 137 dB(C)**
– Mettre en œuvre des actions pour réduire l'exposition au bruit.
– Signaler les lieux de travail bruyants et limiter l'accès.
– Utiliser les PICB et contrôler leur utilisation effective.
– Programmer un examen audiométrique périodique, en lien avec le médecin du travail.

• **Au-dessus de la valeur limite d'exposition (VLE) avec le port des PICB : 87 dB(A) ou 140 dB(C)**
– Ne pas dépasser ce seuil !
– Adopter immédiatement des mesures de réduction du bruit.

Source : document d'information édité par l'IRIS-ST en collaboration avec les UNA de la CAPEB, la CNATP et l'OPPBTP.

6 Sur le **document C**, **surligner** l'information qui permet de connaître l'efficacité de la PICB, puis **entourer** la PICB la plus efficace

DOC C Des exemples de protection individuelle contre le bruit (PICB)

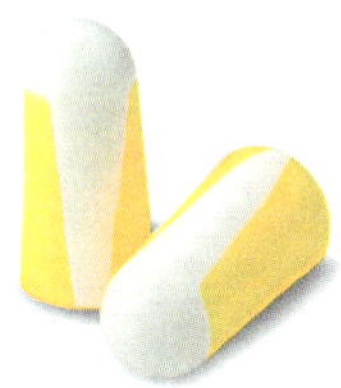	Type :	Bouchons d'oreilles
	Usage :	Unique
	Indice d'affaiblissement sonore :	33 dB
	Matériau bouchon :	Mousse polyuréthane, ultradoux et lisse
	Forme bouchon :	Conique
	Taille :	S
	Catégorie d'EPI :	2
	Norme :	EN 352-2

	Type :	Casque antibruit
	Indice d'affaiblissement sonore :	31 dB
	Matériau serre-tête :	Polyester enveloppe vinyle
	Serre-tête réglable :	Oui
	Bandeau :	Rembourré
	Matériau coquille :	Polypropylène
	Compatible :	Lunettes et masques

PROPOSER DES SOLUTIONS

7 **Indiquer** pour Romain les moyens :

– pour réduire son exposition au bruit : ....

– pour contrôler l'évolution de sa perte auditive : ....

MÉMO 16 Le risque lié au bruit

1. Le niveau sonore dans l'environnement de travail

Échelle de mesure de bruit en décibels(A)

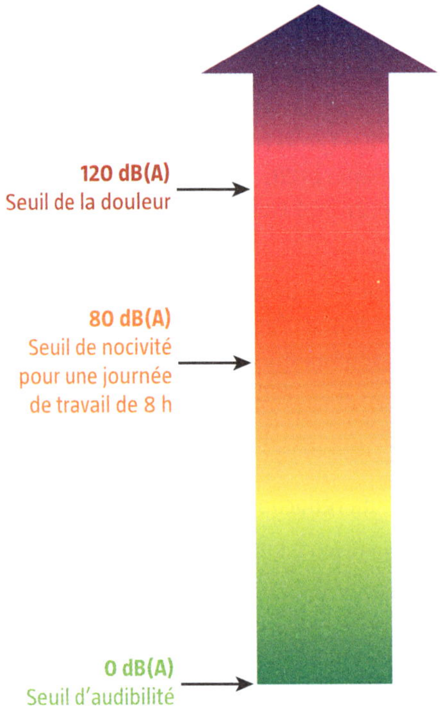

2. Les mesures de prévention

Réduire le bruit à la source

Remplacer une machine bruyante par une machine moins bruyante

Avant Après

Agir sur la propagation du bruit

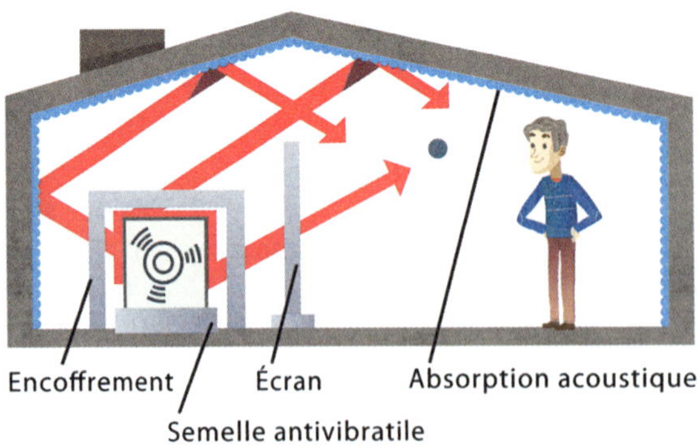

Avoir des équipements de protection individuelle

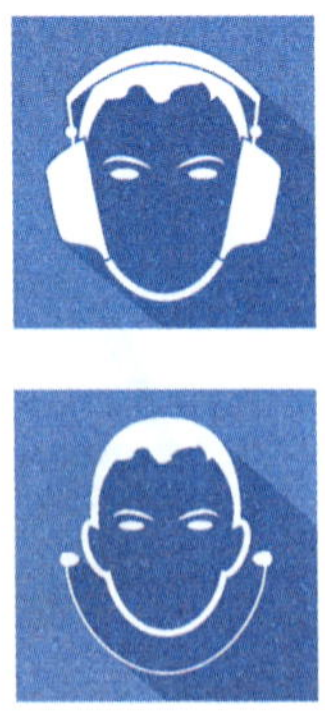

LE MÉMO

Rédigé Audio

foucherconnect.fr/22pc82

 # qcm

8 questions pour réviser

foucherconnect.fr/22pc83

Module C4

THÉMATIQUE C

CHAPITRE 17

Le risque lié aux produits, aux émissions et aux déchets

Objectif : prévenir les risques liés aux produits, aux émissions et aux déchets.

Ahmed est peintre dans un atelier de carrosserie automobile depuis trois ans. Son travail consiste à préparer la peinture, puis à l'appliquer au pistolet sur les véhicules.
Cette activité génère des vapeurs de peinture à concentration plus ou moins élevée dans le garage.

ANALYSER LA SITUATION

1 À partir de l'activité de travail d'Ahmed et de la fiche « L'analyse des risques professionnels », **compléter** le schéma du processus d'apparition d'un dommage.

Situation dangereuse
....
....

Événement dangereux ou déclencheur
....
....

Danger
....

Opérateur
....

Dommage
....

Autre situation TEXTE

foucherconnect.fr/22pc84

MOBILISER SES CONNAISSANCES

ACTIVITÉ 1 L'identification des dangers

2 À partir du **document A**, **indiquer**, pour chaque photo, l'agent chimique dangereux (danger).

1 ……………………………

2 ……………………………

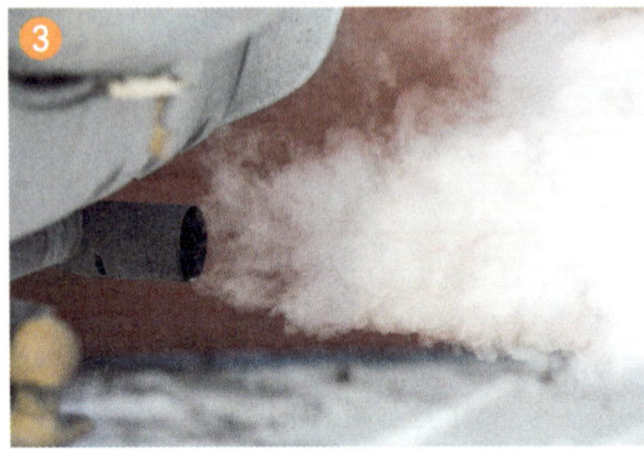

3 ……………………………

4 ……………………………

5 ……………………………

6 ……………………………

DOC A Les risques liés aux produits, aux émissions et aux déchets

L'**agent chimique** peut être :
- une substance pure, diluée ou en mélange, utilisée intentionnellement (ex. : carburant, peinture, colle…) ;
- un composé chimique involontairement libéré, notamment sous forme de déchet, lors de certains procédés de travail (ex. : fumées de soudage, poussières de bois, gaz d'échappement…).

Un agent chimique est considéré comme « **dangereux** » dès lors que ses propriétés physicochimiques, chimiques ou toxicologiques peuvent présenter un risque pour la santé et la sécurité des salariés (ex. : nocif, toxique, irritant, allergisant…).

ACTIVITÉ 2 Les voies de pénétration des agents chimiques et leurs effets sur l'organisme

3 Sous chaque illustration, **nommer** la voie de pénétration des agents chimiques dans l'organisme humain.

		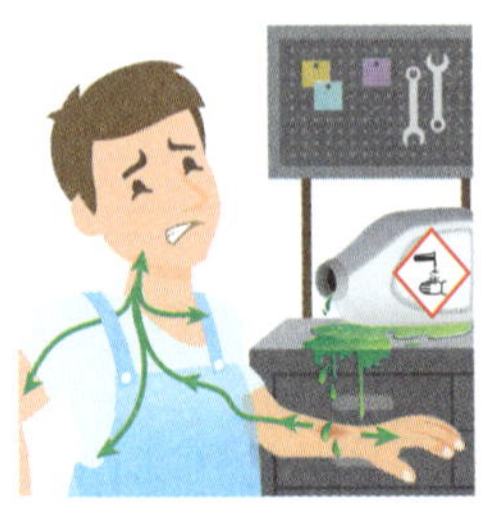
Voie …………………… .	Voie …………………… .	Voie …………………… .

4 À partir du **document B**, **renseigner** le tableau, puis **surligner** pour chaque situation professionnelle :
– en vert, les effets sur l'organisme ;
– en bleu, les parties atteintes ou les organes atteints.

Situations professionnelles		Intoxication		Voie de pénétration de l'organisme
		chronique	aiguë	
	**1** Anita, coiffeuse depuis 6 mois, utilise un produit de coloration qui lui occasionne l'apparition d'un eczéma sur l'avant-bras.			
	**2** Jean travaille dans un atelier de menuiserie depuis 6 mois. Il est fréquemment exposé à une concentration plus ou moins élevée de poussières de bois. Cela lui provoque une irritation des voies respiratoires.			
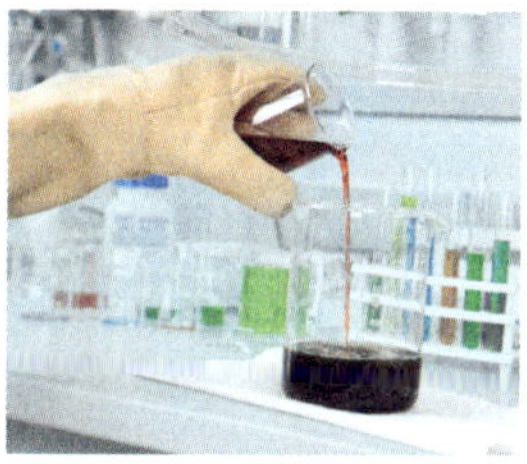	**3** Théo mélange deux substances. Il se produit une réaction chimique avec projection de vapeurs et de liquide qui entraîne des brûlures au niveau du visage et des yeux.			
	**4** Adam est peintre en bâtiment depuis 2 ans. Il ne dispose pas toujours d'un point d'eau pour se laver les mains. De ce fait, il mange, boit, fume et s'essuie la bouche avec ses mains souillées par les produits chimiques qu'il utilise. Il est de plus en plus sujet à des maux de tête.			
	**5** En décapant un volet de fenêtre avec de l'acide, Luc se brûle la main.			

DOC B Les effets des agents chimiques sur l'organisme

Les substances chimiques ou leurs mélanges sous forme de gaz, de liquide, de solide, peuvent provoquer des effets plus ou moins graves sur la santé. Ceux-ci peuvent apparaître de manière rapide après une exposition unique : on parle alors d'**effets aigus** (irritations, brûlures, maux de tête, vomissements, troubles de la conscience…). Ils peuvent également se manifester après une période de latence plus ou moins longue, comme des allergies (eczéma, rhinite, asthme), ou des années après arrêt de l'exposition : ces effets sont alors qualifiés de **chroniques**. Ils peuvent toucher de nombreux organes : ce sont par exemple des maladies des reins, du foie ou du sang, des insuffisances respiratoires, des cancers…

Source : www.acst-strasbourg.com/fiche/agents-chimiques-dangereux/

ACTIVITÉ 3 Les mesures de prévention

5 À partir du **document C**, **justifier** l'intérêt pour les salariés des valeurs limites d'exposition professionnelle aux agents chimiques.

....

DOC C Les valeurs limites d'exposition professionnelle aux agents chimiques

Les valeurs limites d'exposition professionnelle (VLEP) sont exprimées sous forme de concentrations dans l'air d'une substance chimique, pour un temps d'exposition déterminé.

Il existe en France deux types de valeurs :

- les **valeurs limites d'exposition à court terme (VLCT)** : ce sont des valeurs mesurées sur une durée maximale de 15 minutes. Leur respect vise à protéger les travailleurs des effets toxiques dus à des pics d'exposition :
- les **valeurs limites de moyenne d'exposition (VLEP)** : elles sont mesurées ou estimées sur la durée d'un poste de travail de 8 heures. Elles sont destinées à protéger les travailleurs des effets d'une exposition prolongée à des agents chimiques à moyen ou long terme.

6 À l'aide du **document D**, **nommer** les informations figurant sur l'étiquette du produit.

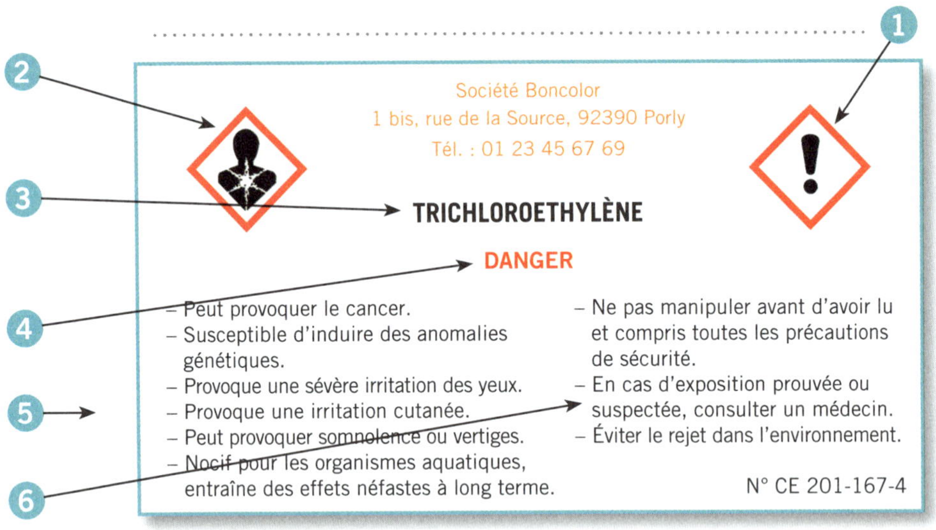

DOC D L'étiquetage et les 9 pictogrammes de danger

Les étiquettes sont obligatoires et doivent figurer sur le récipient d'origine et sur chacun des emballages successifs en cas de transvasement et de reconditionnement. Elles regroupent les informations suivantes :

– l'identité du fournisseur ;
– l'identificateur du produit (numéro CE, nom commercial ou désignation du produit), l'identité de toutes des substances contenues ;
– les conseils de prudence (ex. : « Éviter tout contact avec les yeux, la peau ou les vêtements ») ;
– la ou les mentions de danger (ex. : « Mortel par inhalation ») ;
– la mention d'avertissement et le ou les pictogrammes de danger suivants :

J'explose	Je suis sous pression	Je nuis gravement à la santé	Je flambe	Je ronge
Danger physique	Danger physique	Danger pour la santé	Danger physique	Danger physique Danger pour la santé

J'altère la santé ou la couche d'ozone	Je fais flamber	Je tue	Je pollue
Danger pour la santé Danger pour l'environnement	Danger physique	Danger pour la santé	Danger pour l'environnement

7 **Reporter**, sous chaque photo, le niveau de prévention correspondant : *protection collective, protection individuelle, formation et/ou information de l'opérateur*.

1 **Captage à la source par un dispositif intégré sur les machines et les équipements portatifs**

Prévention visant à supprimer ou réduire les dangers.

2 **Formation spécifique pour les nouveaux salariés et ceux exposés au risque**

....

3 **Contrôle par un organisme accrédité du respect de la valeur limite d'exposition (VLEP) au moins une fois par an**

....

4 **Étiquetage des produits pour identifier les dangers**

....

5 **Suivi individuel renforcé de l'état de santé des salariés par le médecin du travail**

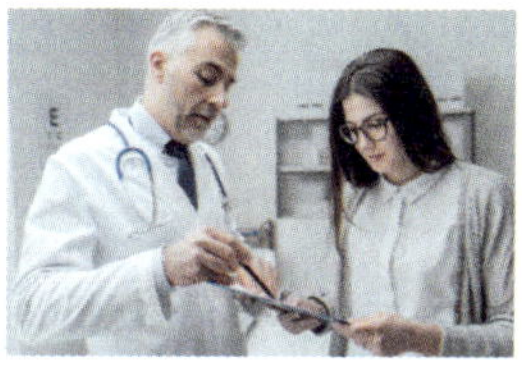

....

6 **EPI adaptés aux risques**

....

7 **Mise à disposition des salariés de points d'eau**

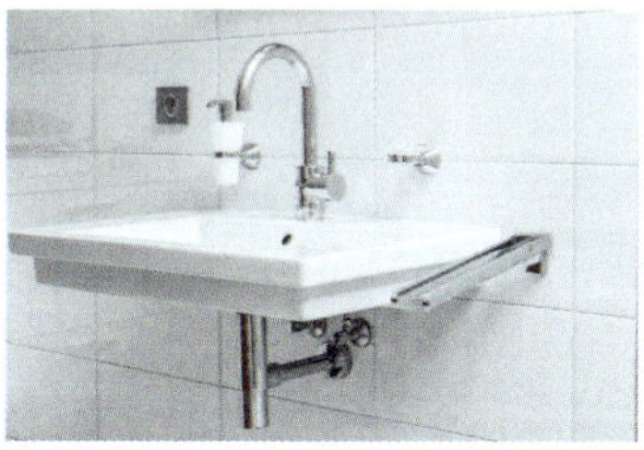

....

8 **Aspiration au poste de travail**

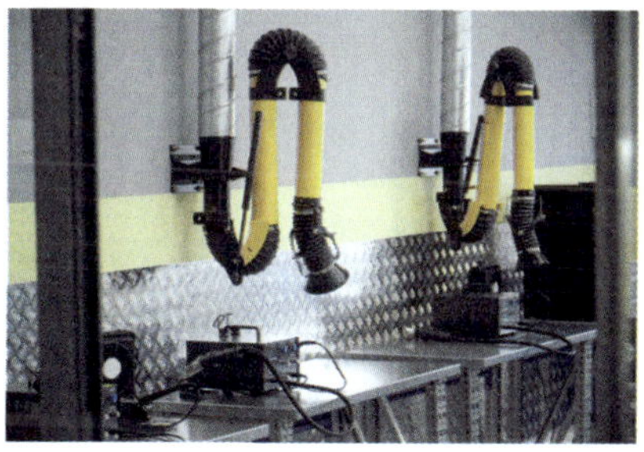

....

9 **Nettoyage régulier des locaux, vêtements de travail avec un aspirateur équipé d'un filtre haute efficacité**

....

PROPOSER DES SOLUTIONS

8 **Relever** trois mesures de prévention parmi celles proposées dans le tableau précédent, en lien avec la situation d'Ahmed.

....

....

....

....

Le risque lié aux produits, aux émissions et aux déchets

1. L'identification des dangers

- Le **risque chimique** est un risque lié à l'utilisation d'un agent chimique dangereux ou au travail en présence d'un agent chimique.
- L'**agent chimique dangereux** peut-être :

une fumée de soudure | un produit chimique | un gaz d'échappement | une poussière de bois

2. Les voies de pénétration des agents chimiques et leurs effets

3 voies de pénétration

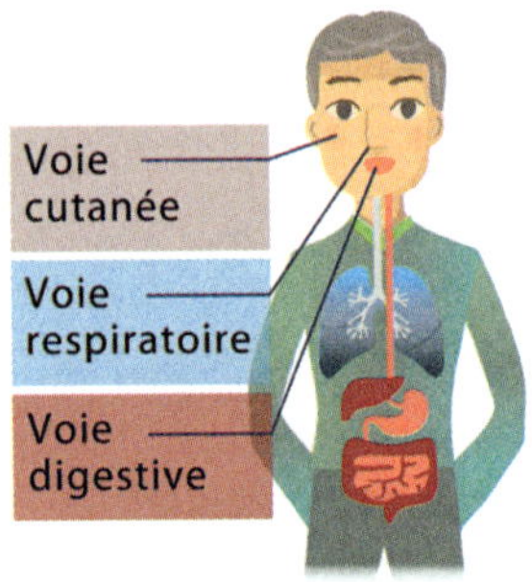

Effets immédiats
- Vomissements.
- Nausées, maux de tête.
- Irritations de la peau et des yeux.
- Brûlures, intoxication.
- Vertiges.
- Perte de connaissance.
- Coma...

Effets à long terme
- Allergies.
- Cancers (peau, poumons...).

3. Les mesures de prévention

- Remplacer un produit dangereux par un produit moins dangereux.
- Utiliser les protections collectives (ventilation...).
- Porter les EPI (masque respiratoire, gants...).
- Lire les étiquettes des produits pour identifier les dangers.
- Former et informer les salariés sur les risques.

LE MÉMO
Rédigé — Audio
foucherconnect.fr/22pc85

 # qcm
8 questions pour réviser
foucherconnect.fr/22pc86

Module C4

Le risque mécanique

THÉMATIQUE C

CHAPITRE 18

Objectif : prévenir le risque mécanique.

Sabine est fleuriste. Elle confectionne des bouquets, des gerbes, des couronnes ou des compositions florales dans son atelier. Lors de ces activités, elle utilise un sécateur, un cutter ou des ciseaux.

ANALYSER LA SITUATION

1 À partir de l'activité de travail de Sabine et de la fiche « L'analyse des risques professionnels », **compléter** le schéma du processus d'apparition d'un dommage.

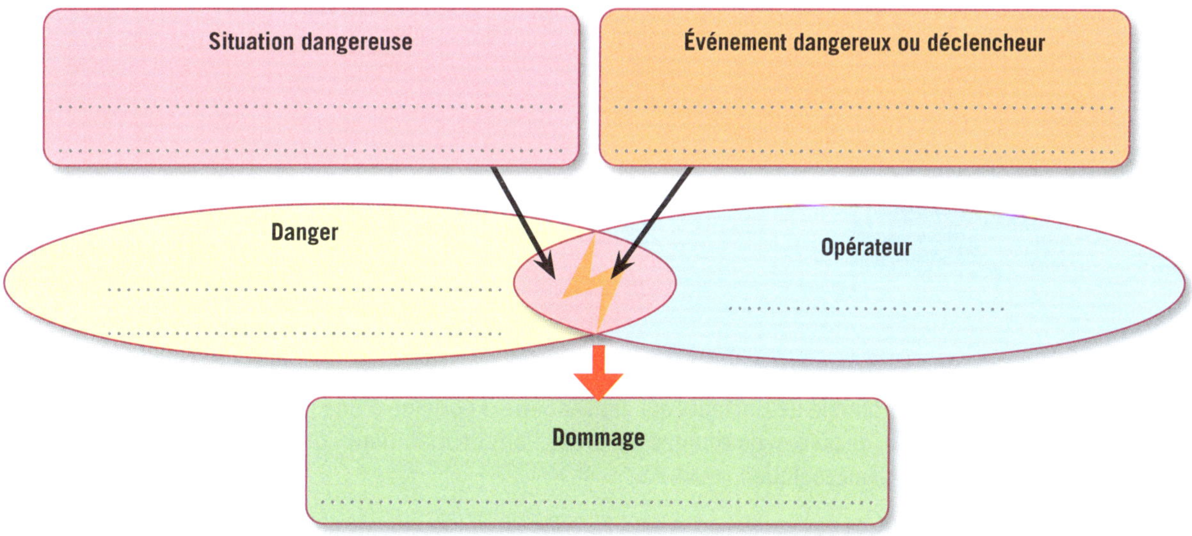

Autre situation TEXTE

foucherconnect.fr/22pc87

MOBILISER SES CONNAISSANCES

ACTIVITÉ 1 L'identification des dangers

2 À partir du **document A**, **identifier**, pour chaque activité de travail, le danger et un dommage potentiel.

Activité de travail	Danger	Dommage potentiel
1 	....	....
2 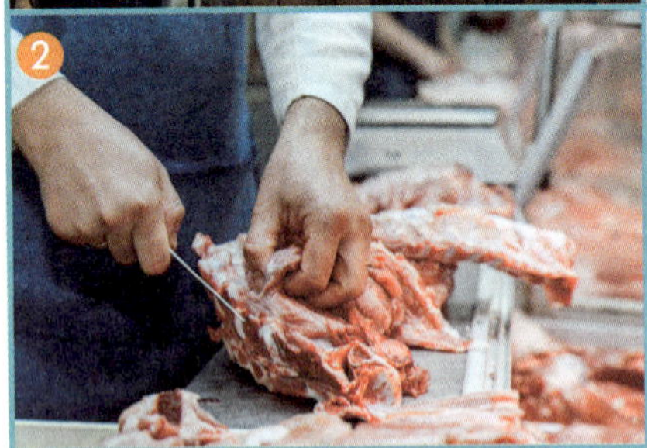	....	....
3 	....	....
4 	....	....

DOC A Le risque mécanique

Le risque mécanique désigne l'ensemble des facteurs qui peuvent être à l'origine d'une blessure par l'action mécanique d'éléments de machines, d'outils, de pièces, de charges, de projections de matériaux solides ou de fluides.
Des exemples de risques d'origine mécanique :

	Risque d'écrasement		Risque de chocs avec des éléments solides		Risque de cisaillement, de coupure ou de sectionnement
	Risque de perforation ou de piqûre		Risque de happement, d'enroulement, d'entraînement		Risque d'abrasion, de frottement

ACTIVITÉ 2 Les effets sur l'organisme

3 **Nommer**, sous chaque photo, les dommages occasionnés par le risque mécanique en vous aidant de vos connaissances et du vocabulaire suivant : *luxation, amputation, piqûre, fracture, brûlure, entorse, contusion, coupure.*

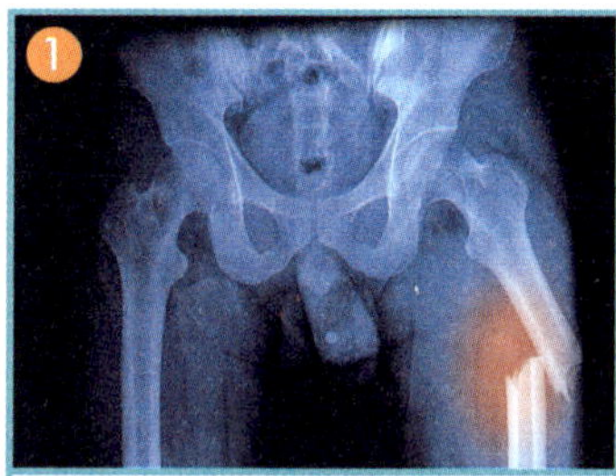

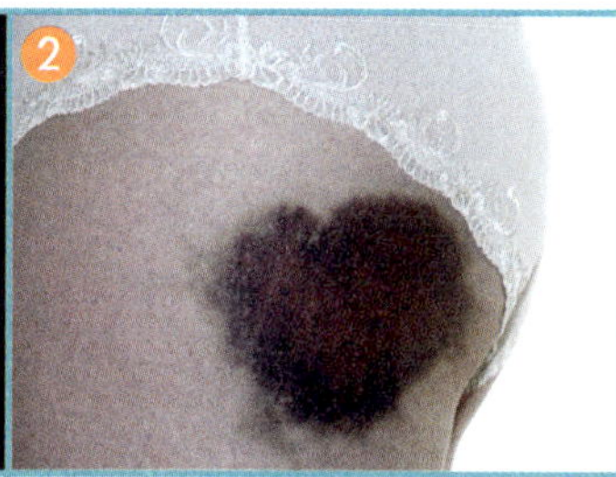

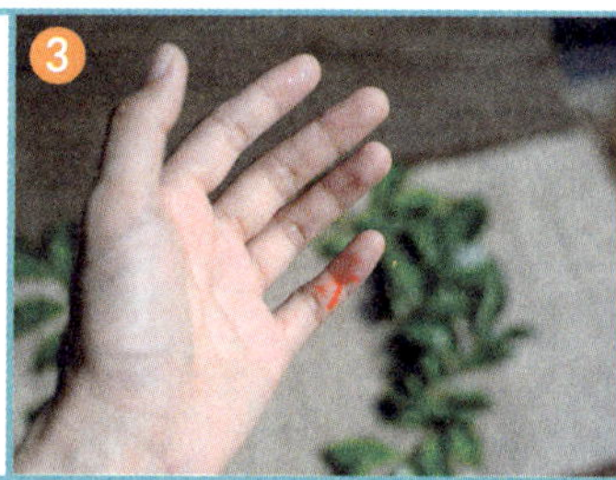

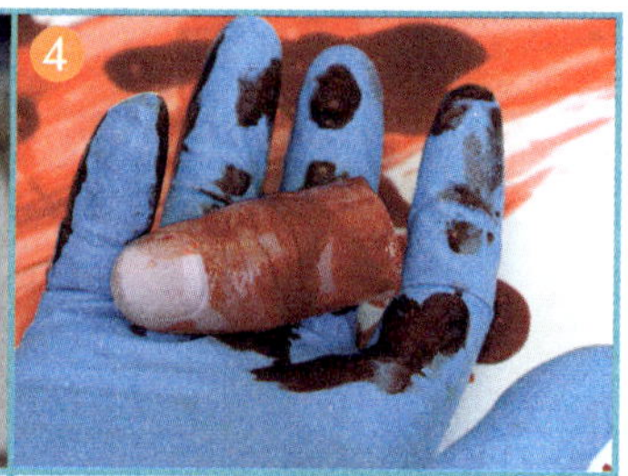

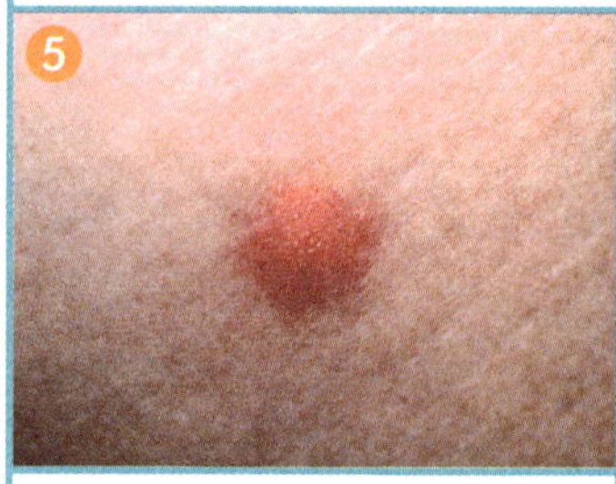

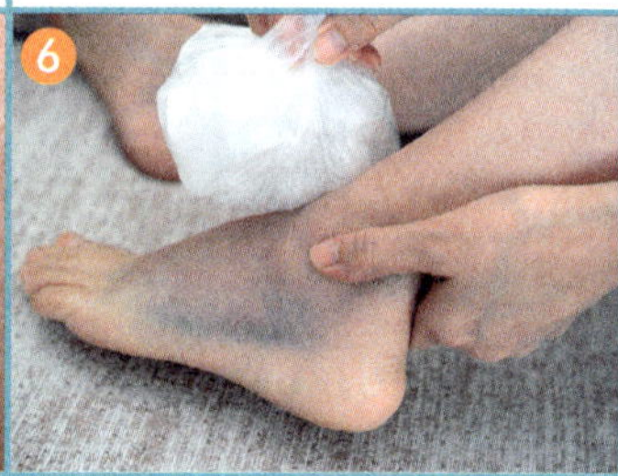

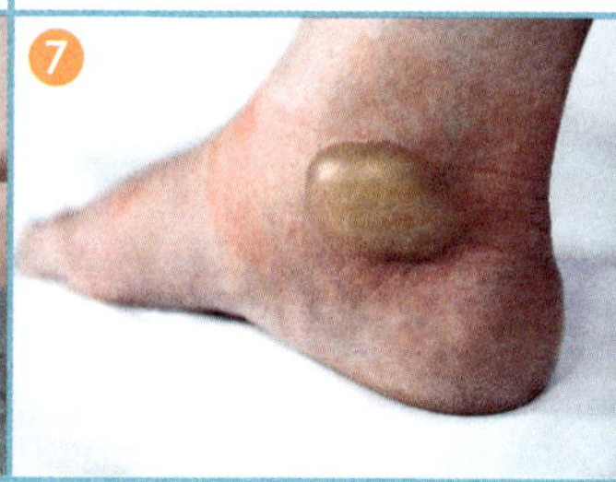

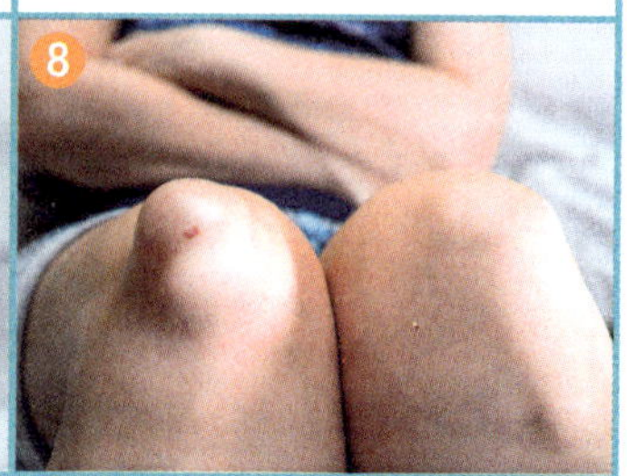

4 **Identifier** l'organe le plus touché en entourant la ou les photos qui correspondent aux dommages le concernant.

....

5 À partir du **document B**, **expliquer** pourquoi une coupure peut être à l'origine :

– d'une infection : ....

– d'un saignement : ....

– d'une douleur : ....

DOC B Le schéma de la coupe de la peau

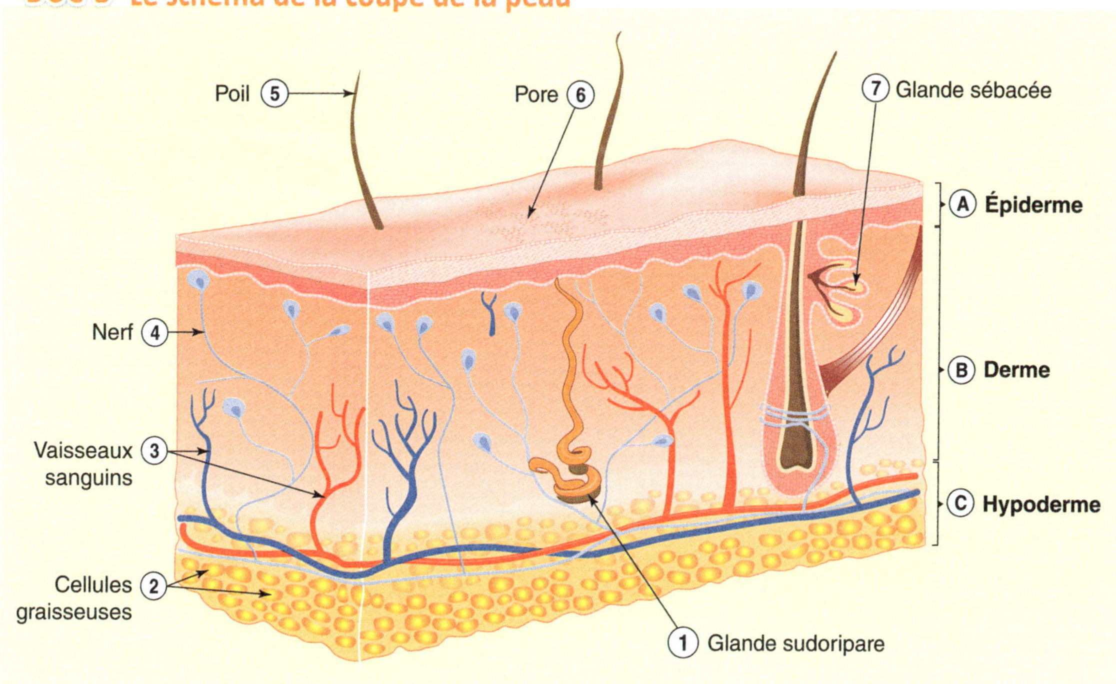

6 À partir de vos connaissances et de la **vidéo**,

#vidéo
La réaction inflammatoire.
foucherconnect.fr/22pc88

6.1 Relier chaque étape de la réaction inflammatoire à sa description.

Étape 1	Étape 2	Étape 3
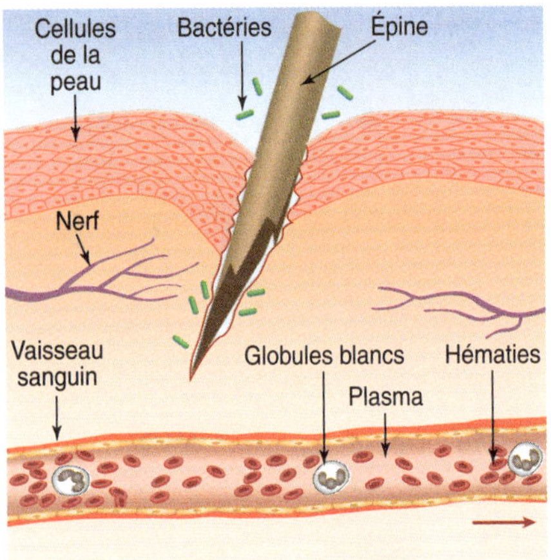	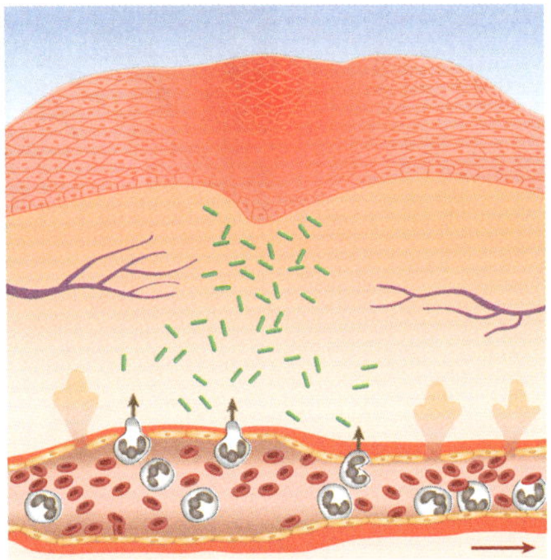	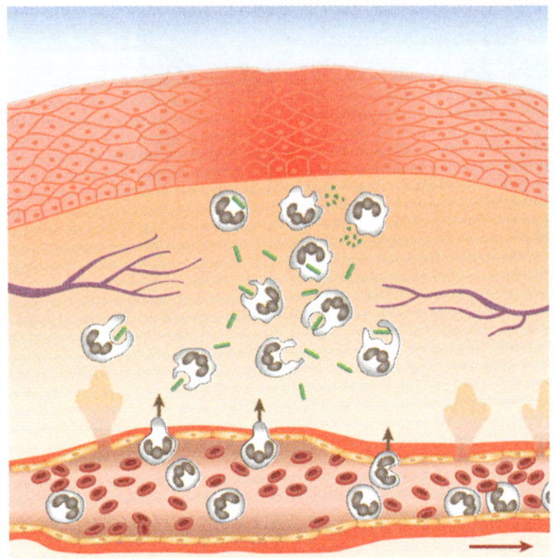

Les terminaisons nerveuses sont touchées (**douleur**). Les vaisseaux sanguins se dilatent (**chaleur** et **rougeur**) et laissent sortir du plasma (**gonflement**). Les globules blancs, attirés par les bactéries qui se sont multipliées, sortent des vaisseaux sanguins.	Les globules blancs entourent les bactéries, les englobent et les digèrent. C'est le phénomène de la **phagocytose**.	La barrière naturelle de la peau est lésée. Les bactéries (**micro-organismes**) pénètrent dans l'organisme.

6.2 Nommer le mécanisme mis en place par les globules blancs pour éliminer les micro-organismes introduits dans l'organisme en cas de plaie.

....

ACTIVITÉ 3 Les mesures de prévention

7 À partir du **document C**, **décoder** les caractéristiques de la paire de gants.

....
....
....
....

EN 388

4 3 4 3 C (P)

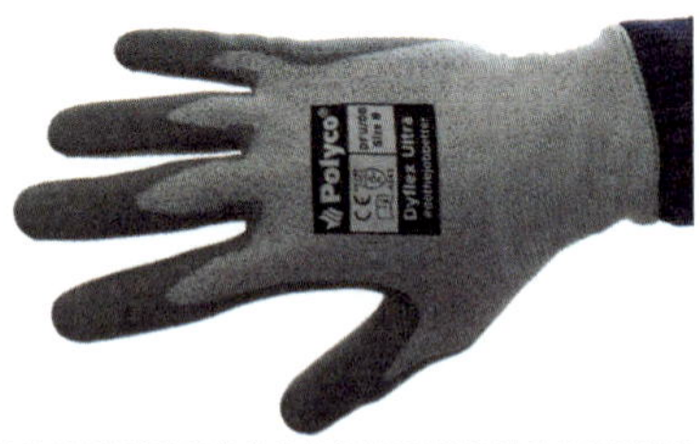

....
....
....

DOC C Les gants de protection contre le risque mécanique

La protection contre le risque mécanique est exprimée par un **pictogramme** faisant référence à la norme européenne 388 qui précise la résistance des gants de protection à six types de sollicitations mécaniques. Plus l'indice (chiffre et lettre) est élevé, meilleure sera la résistance du gant et plus la protection sera performante. Un X signifie que le gant n'a pas subi le test.

EN 388

Niveaux de performance (0 = faible et X = non testé)

3 5 X 3 E P

- Lettre P – Si protection à l'impact
- De A à F – Résistance à la coupure (selon ISO 13997)
- De 0 à 4 – Résistance à la perforation
- De 0 à 4 – Résistance à la déchirure
- De 0 à 5 – Résistance à la coupure
- De 0 à 4 – Résistance à l'abrasion

8 **Nommer**, sous chaque photo, s'il s'agit d'une :
– protection collective ;
– protection individuelle ;
– formation et/ou information.

1 Dispositif d'arrêt d'urgence

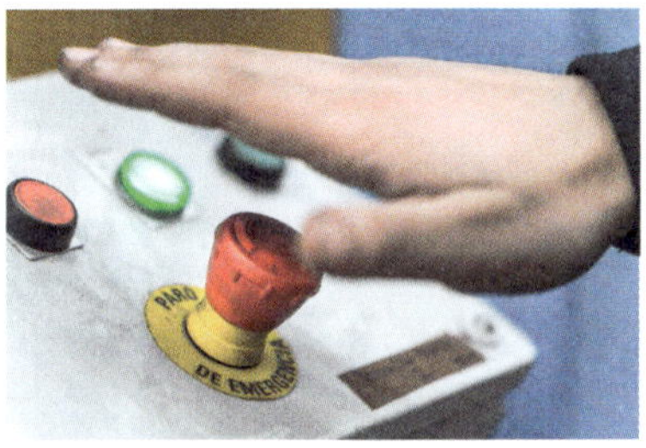

2 Panneau de signalisation

3 EPI : chaussures, gants, casque de sécurité

4 Carter de protection mobile

5 Protecteurs de machine fixes

6 Ventouses de préhension

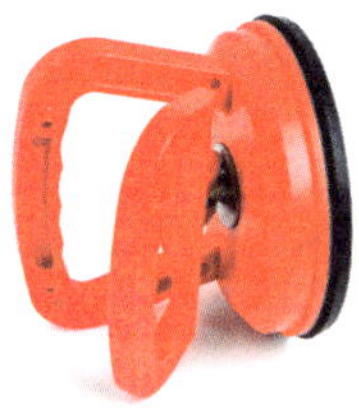

7 Matériel automatisé

8 Affichage

9 Barrière immatérielle de sécurité : rideau optique

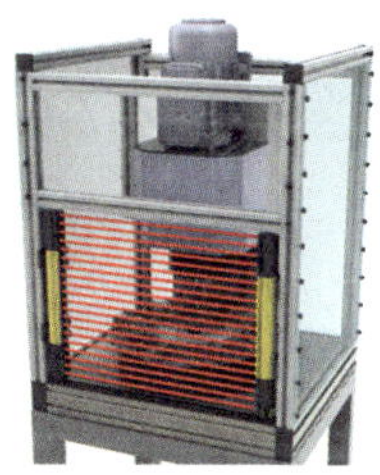

PROPOSER DES SOLUTIONS

9 **Proposer** trois mesures de prévention liées au risque de coupure chez les fleuristes.

MÉMO 18 Le risque mécanique

1. L'identification des dangers

Définition : le risque mécanique est présent dès lors qu'un élément en mouvement peut entrer en contact avec une partie du corps humain et entraîner une blessure. Réciproquement, une partie du corps humain en mouvement peut entrer en contact avec un élément matériel (en cas de chute par exemple).

Exemples de risques d'origine mécanique

Risque de **coupure** ou de **sectionnement**

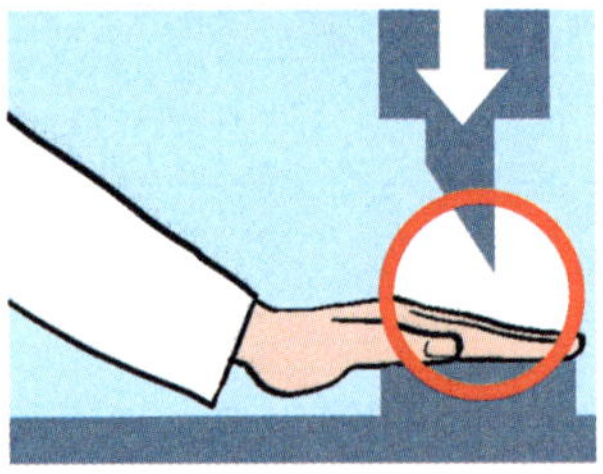

Risque d'**écrasement**

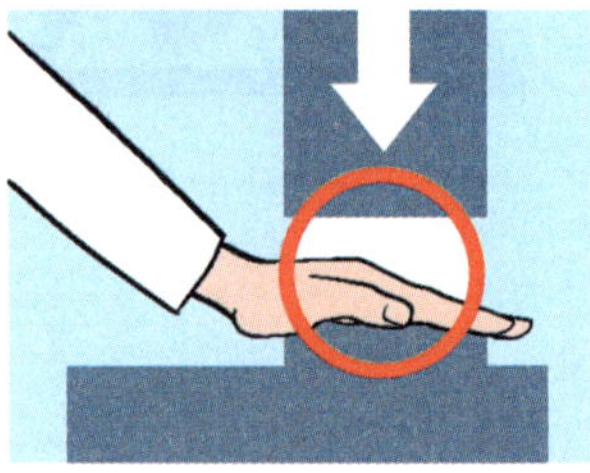

Risque de **piqûre, perforation**

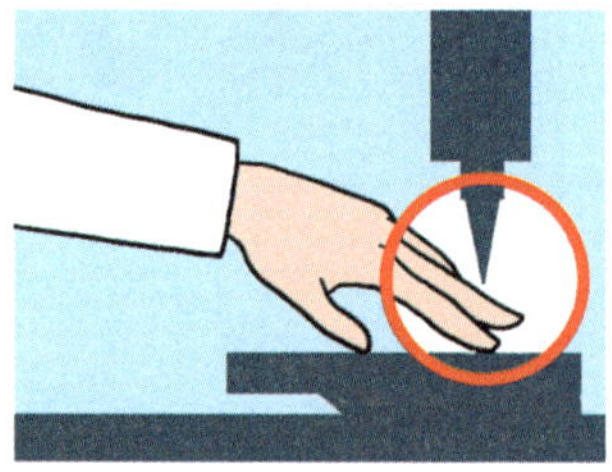

2. Des effets sur l'organisme

Amputation

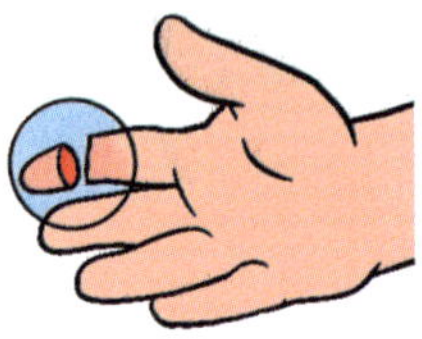

Coupure

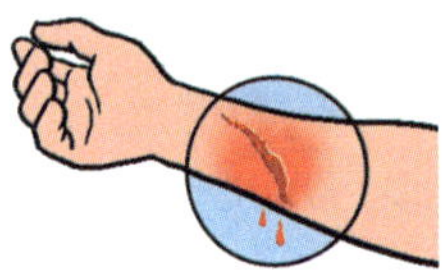

Contusion

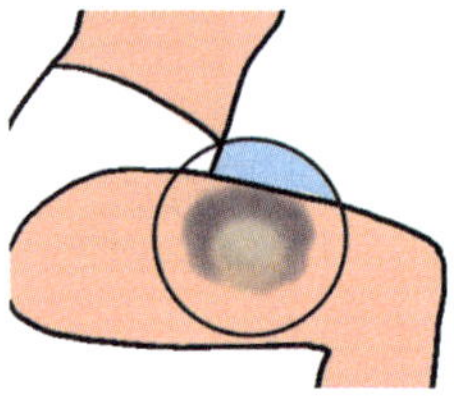

Fracture

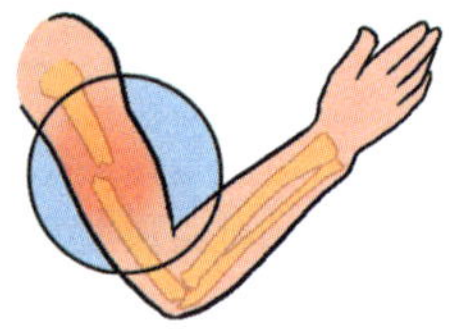

Brûlure

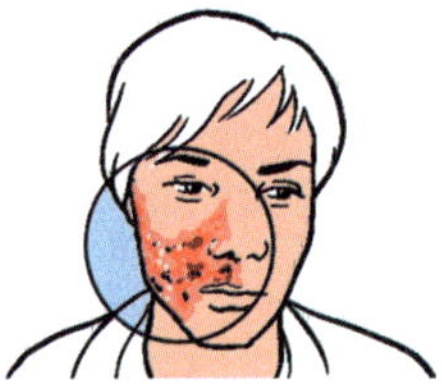

Luxation

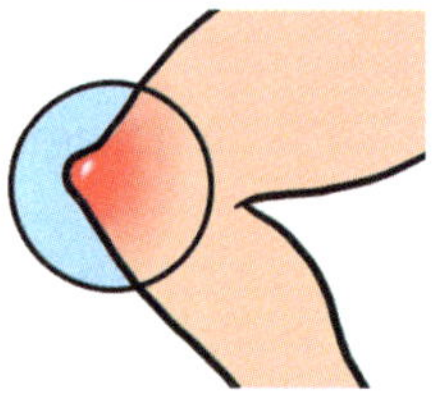

Entorse

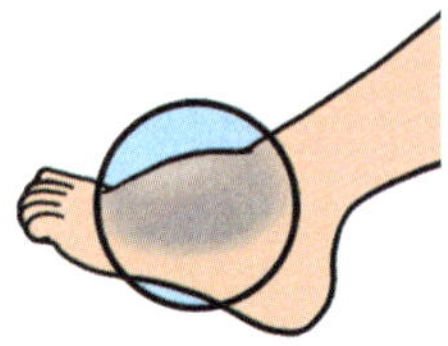

3. Les mesures de prévention

Prévention visant à supprimer ou réduire les dangers	Protection collective	Protection individuelle	Formation et/ou information de l'opérateur
Carter de protection intégré à la conception de la machine.	Capot de protection de la machine à positionner au moment de l'utilisation.	Port d'EPI obligatoire (masque, gants, lunettes).	Affichage, stage de formation.

LE MÉMO

Rédigé Audio

foucherconnect.fr/22pc89

#qcm

8 questions pour réviser

foucherconnect.fr/22pc90

Module C4

Le risque électrique

THÉMATIQUE C

CHAPITRE 19

Objectif : prévenir le risque électrique.

ANALYSER LA SITUATION

1 À partir de l'activité de travail de Mélanie et de la fiche « L'analyse des risques professionnel », **compléter** le schéma du processus d'apparition d'un dommage.

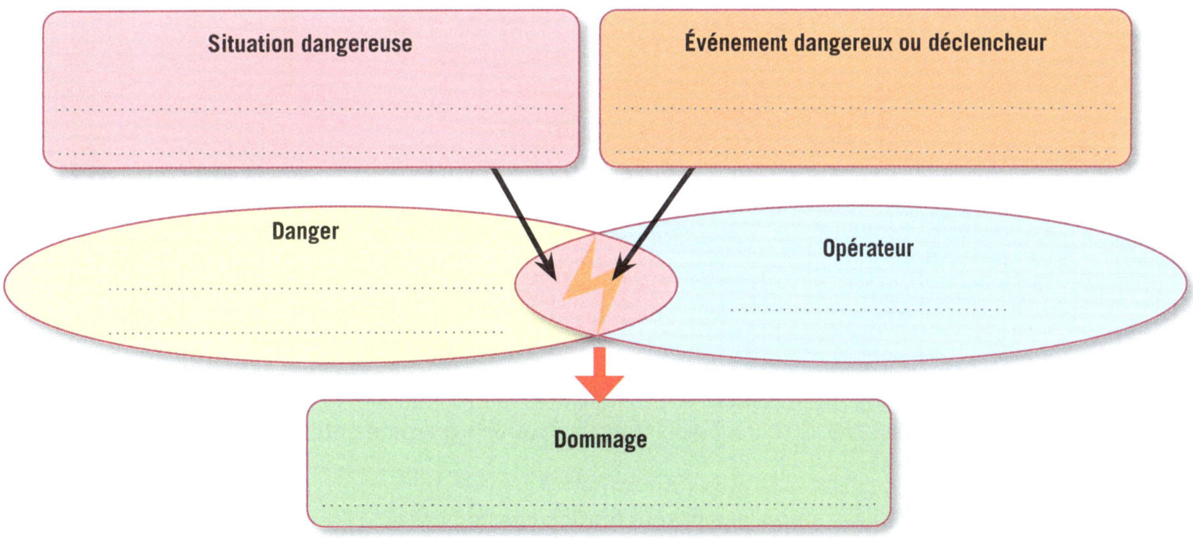

Autre situation TEXTE

foucherconnect.fr/22pc91

MOBILISER SES CONNAISSANCES

ACTIVITÉ 1 L'identification des dangers

2 **Identifier**, pour chaque activité de travail, le danger et un dommage potentiel.

	1	2
Activité de travail		
Danger	....	....
Dommage	....	....

3 À partir du **document A**, **identifier** le mode de contact pour chacune des situations en cochant la réponse exacte.

1

- ☐ Contact direct
- ☐ Contact indirect

2

- ☐ Contact direct
- ☐ Contact indirect

3

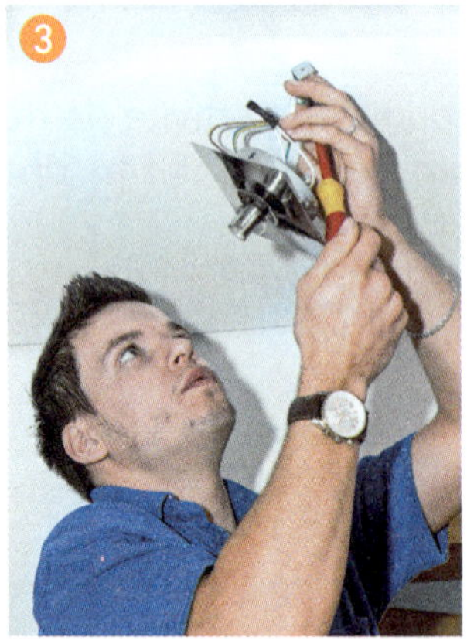

- ☐ Contact direct
- ☐ Contact indirect

DOC A Les formes d'électrisation

Un opérateur peut entrer en contact avec le courant électrique de quatre façons différentes.

- **Par contact direct**

Contact entre le corps et des pièces nues normalement sous tension directement ou à l'aide d'un conducteur (outil).

- **Par contact indirect**

Contact entre le corps et une masse métallique mise accidentellement sous tension.

- **Par amorçage d'arc électrique**

Phénomène se produisant sans contact physique à côté d'un conducteur sous haute tension ou d'étincelle.

- **Par foudroiement**

ACTIVITÉ 2 Les effets sur l'organisme

4 À partir du **document B** et de vos connaissances,

4.1 Relier chaque terme à la définition correspondante.

Électrocution	Passage du courant électrique dans le corps humain provoquant des lésions plus ou moins graves
Électrisation	Passage du courant électrique dans le corps humain provoquant la mort immédiate

4.2 Indiquer l'intensité à partir de laquelle on parle d'électrocution en justifiant votre réponse.

....

....

4.3 Nommer les effets du courant électrique sur les différents organes.

1 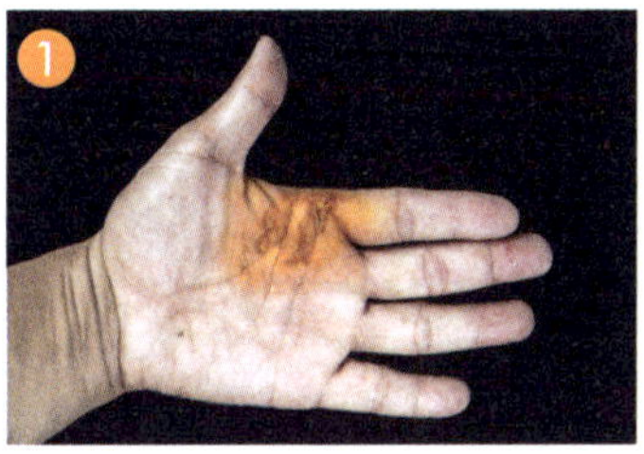

2 

3 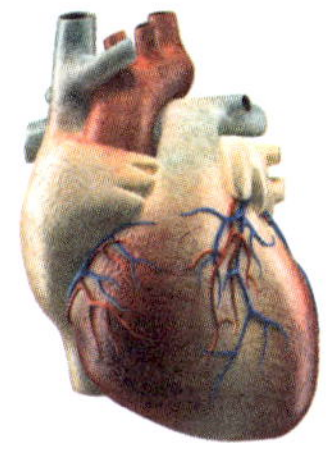

4 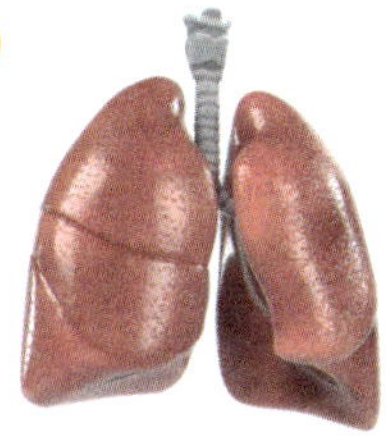

....

....

5 Identifier les paramètres électriques intervenant comme facteurs de gravité lors d'une électrocution.

☐ Temps de passage ☐ Âge ☐ État de la peau (mouillée, sèche) ☐ Intensité

DOC B Les effets du passage du courant électrique dans le corps humain

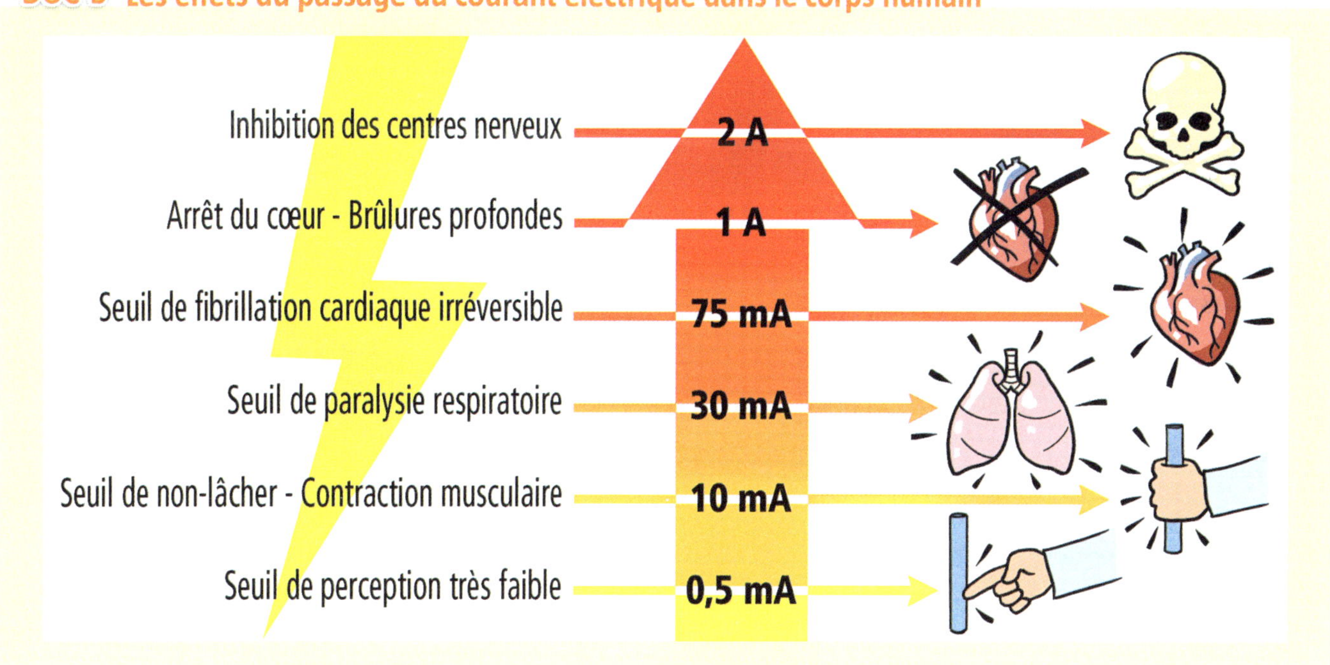

ACTIVITÉ 3 Les mesures de prévention

6 **Identifier** les moyens de protection appliqués contre les contacts directs en les entourant sur le **document C**.

DOC C Des moyens de protection directs et indirects contre le risque électrique

1

Interposition d'obstacles

2

Interrupteur automatique de courant différentiel

3

Éloignement des lignes.
3 mètres maximum d'une ligne émettant jusqu'à 50 000 volts, 5 mètres maximum d'une ligne émettant au-delà de 50 000 volts

4

Panneau de danger

5

Verrouillage de l'armoire électrique

6

Prise de terre

7

Matériel portatif de classe 2

8

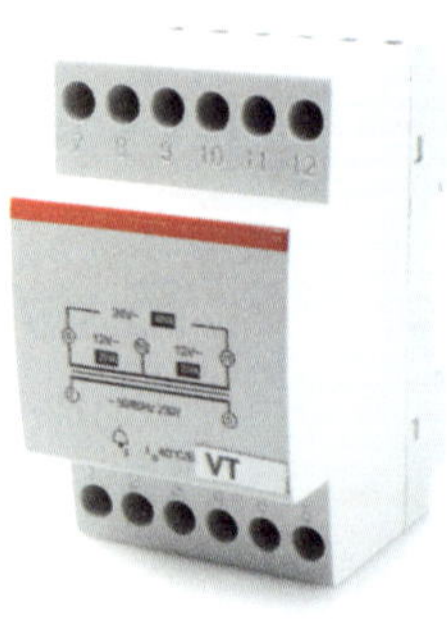

Transformateur basse tension de sécurité

9

Isolation des conducteurs

7 À l'aide de la photo et de vos connaissances, **compléter** la liste des principaux équipements de protection individuelle contre le risque électrique.

– Chaussures ou bottes isolantes.

....

....

....

....

....

....

8 À partir du **document D**,

8.1 **Nommer** la personne qui délivre l'habilitation électrique.

....

8.2 **Préciser** les objectifs de cette habilitation électrique.

....

....

....

8.3 **Cocher** la réponse exacte.

☐ L'habilitation est valable à vie.

☐ L'habilitation est valable moyennant un recyclage.

DOC D L'habilitation électrique

Pour intervenir sur ou à proximité d'une installation électrique, il est obligatoire de posséder une habilitation électrique délivrée par l'employeur. Cette habilitation témoigne de la capacité d'une personne à effectuer des opérations en toute sécurité et de sa connaissance de la conduite à tenir en cas d'accident. Pour obtenir l'habilitation électrique, le salarié doit suivre une formation initiale. Puis, un recyclage des compétences et des connaissances est effectué tous les trois ans, et plus souvent si nécessaire. Le titulaire doit disposer du titre d'habilitation électrique pendant ses heures de travail.

9 **Indiquer** l'habilitation électrique correspondant à votre formation.

....

PROPOSER DES SOLUTIONS

10 **Cocher** dans la situation de Mélanie le mode de contact pouvant être à l'origine d'une électrocution.

☐ Contact direct ☐ Contact indirect

11 **Indiquer** pour Mélanie un moyen de protection pour éviter une éventuelle électrocution.

....

....

MÉMO 19 Le risque électrique

1. L'identification des dangers

Par contact direct

Contact entre le corps et des pièces nues normalement sous tension directement ou à l'aide d'un conducteur.

Par contact indirect

Contact entre le corps et une masse métallique mise accidentellement sous tension.

2. Les effets sur l'organisme

Électrisation

Lésions plus ou moins graves suite au passage du courant électrique dans le corps humain.

Électrocution

Mort immédiate consécutive à l'électrisation.

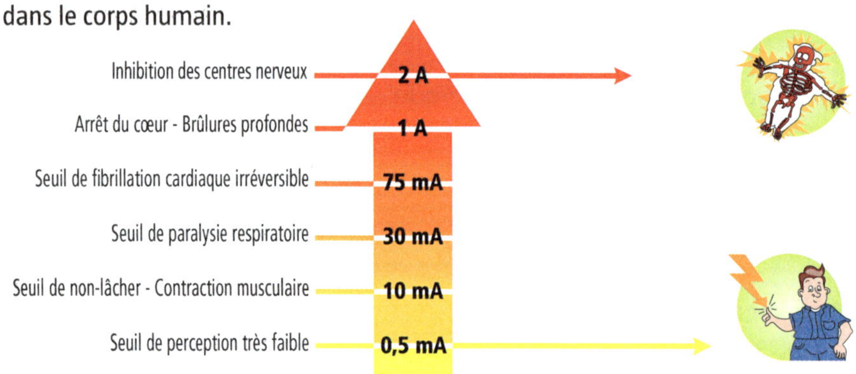

3. Les mesures de prévention

Pour les contacts directs

- Isolation.
- Éloignement.
- Interposition d'obstacle.

Pour les contacts indirects

- Emploi d'une très basse tension de sécurité.
- Utilisation d'appareils avec une double isolation.
- Installation d'un disjoncteur différentiel.
- Utilisation de matériel homologué NF.

Pour intervenir sur une installation électrique, l'opérateur doit :
- posséder une **habilitation électrique** délivrée par le chef d'établissement ;
- porter des **vêtements de protection individuelle** contre le risque électrique.

LE MÉMO

Rédigé Audio

foucherconnect.fr/22pc92

 # qcm

8 questions pour réviser

foucherconnect.fr/22pc93

Module C4

THÉMATIQUE C

CHAPITRE 20

Le risque lié à l'éclairage

Objectif : prévenir le risque lié à l'éclairage.

ANALYSER LA SITUATION

1 À partir de l'activité de travail d'Amina et de la fiche « L'analyse des risques professionels », **compléter** le schéma du processus d'apparition d'un dommage.

Situation dangereuse

....

....

Événement dangereux ou déclencheur

....

....

Danger

....

Opérateur

Amina

Dommage

....

Autre situation TEXTE

foucherconnect.fr/22pc94

ACTIVITÉ 1 L'identification des dangers

2 À partir du **document A**, **identifier**, pour chaque activité de travail, le danger pour l'opérateur.

Activité de travail	Danger
1 	....
2 	....
3 	....
4 	....

DOC A Les paramètres du confort visuel

- Pour exercer correctement son activité professionnelle, le salarié doit pouvoir disposer d'une quantité et d'une qualité de lumière (naturelle ou artificielle) adaptées à la tâche qu'il effectue.
- La quantité d'éclairage ou le niveau d'éclairement ① est évalué en lux : c'est la puissance lumineuse reçue par une surface (un lux = 1 lumen/m^2).
Le Code du travail indique les quantités minimales requises pendant la présence du personnel dans les lieux et fixe des valeurs seuils.
- La qualité de l'éclairage est le plus souvent en rapport avec la luminance ② ou brillance de la source qui s'exprime en candela/m^2.
- Pour une activité visuelle confortable, l'éclairage doit :
– éviter l'éblouissement direct, qu'il provienne de la lumière naturelle ou des luminaires ;
– éviter l'éblouissement indirect produit par la réflexion de la lumière sur une surface réfléchissante, ce qui est souvent le cas des surfaces brillantes ou sombres ;
– éviter les ombres portées sur le plan de travail ;
– avoir un bon indice de rendu des couleurs (IRC) ou (Ra). Plus l'IRC est élevé, meilleure sera la qualité du rendu des couleurs.

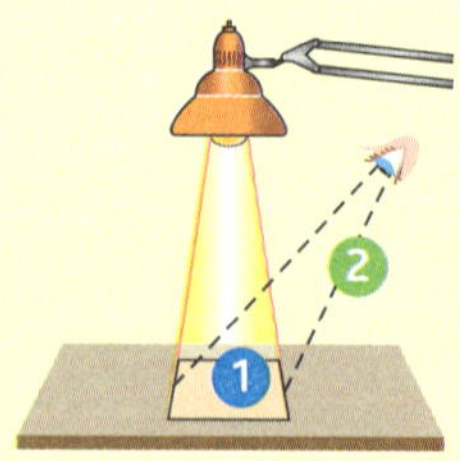

 # site internet
Indice de rendu des couleurs (IRC).
foucherconnect.fr/22pc95

ACTIVITÉ 2 Les effets sur l'organisme

3 À partir du **document B**, **identifier**, pour chaque témoignage, les effets des ambiances lumineuses sur l'organisme.

Effets sur les yeux	– Fatigue visuelle – Baisse de l'acuité visuelle – Diminution du champ visuel ....
Autres effets sur l'organisme	....

DOC B **Des témoignages d'opérateurs**

ACTIVITÉ 3 La prévention

vidéo
Réaliser une mesure d'éclairement.
foucherconnect.fr/22pc96

4 À partir du **document C**, d'un luxmètre et de la **vidéo**, **renseigner** le tableau.

Lieux de travail	Relevé des niveaux d'éclairement dans mon établissement	Niveaux d'éclairement exigés par la réglementation	Commentaires
Plan de travail pour écrire	....	200 lux	....
Couloir de circulation intérieur	....	40 lux	....
Vestiaire	....	120 lux	....

5 À partir du **document C** et du **site internet**,

 # site internet
Objectif prévention : éclairage des locaux.
foucherconnect.fr/22pc97

5.1 **Relever** le niveau d'éclairement minimal recommandé par le Code du travail pour les activités de travail suivantes en renseignant le tableau.

Activité de travail	Niveau d'éclairement minimal exigé selon le type d'activité
1 	....
2 	....
3 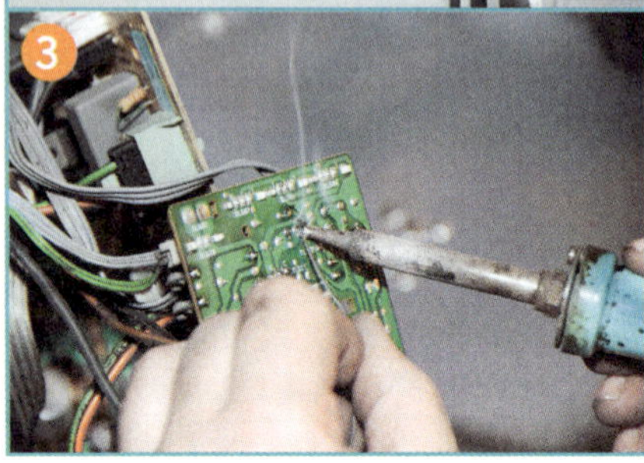	....

5.2 **Formuler** un commentaire sur le niveau d'éclairement selon l'activité de travail du salarié.

....

DOC C Les recommandations du Code du travail en matière d'éclairement minimal

Valeurs minimales d'éclairement selon la nature du local ou de l'environnement de travail	
Espaces extérieurs où sont effectués des travaux à caractère permanent	40 lux
Voies de circulation intérieure	40 lux
Escaliers et entrepôts	60 lux
Locaux de travail, vestiaires, sanitaires	120 lux
Locaux aveugles affectés à un travail permanent	200 lux
Éclairement minimal selon le type d'activité	
Mécanique moyenne, dactylographie, travaux de bureau…	200 lux
Travail de petites pièces, bureau de dessin, mécanographie…	300 lux
Mécanique fine, gravure, comparaison de couleurs, dessins difficiles, industrie du vêtement…	400 lux
Mécanique de précision, électronique fine, contrôles divers…	600 lux
Tâche très difficile dans l'industrie ou les laboratoires…	800 lux

6 **Relier** chaque mesure de prévention à l'action correspondante.

Actions sur l'éclairage

Actions sur le poste et l'organisation du travail

Actions sur la vision

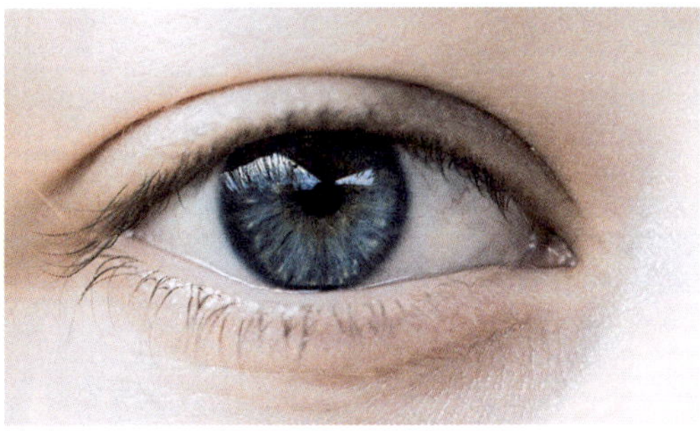

- Préférer l'éclairage indirect.
- Alterner des tâches à prédominance visuelle et des tâches moins contraignantes pour la vision.
- Corriger les défauts de vision.
- Choisir des luminaires moins éblouissants, type réflecteur, diffuseur.
- Entretenir régulièrement les luminaires.
- Aménager des pauses.
- Installer les postes de travail latéralement par rapport aux fenêtres.
- Éviter les contrastes.
- Contrôler périodiquement la vision.
- Utiliser des matériaux de finition mats pour éviter l'éblouissement.
- Utiliser des couleurs claires pour les revêtements.

PROPOSER DES SOLUTIONS

7 **Renseigner** le tableau.

		Poste de travail	Général dans l'atelier	
Niveau d'éclairement	dans la situation d'Amina	....	....	
	minimal recommandé par le Code du travail	....	$\frac{\text{Local}}{3} > 330$ **lux**	Seuil limite $= \frac{\text{Local}}{5} < 200$ **lux**
Commentaire et mesure proposée	....			

MÉMO 20 Le risque lié à l'éclairage

1. L'identification des dangers

L'opérateur travaille dans un lieu :

- **insuffisamment éclairé** pour l'activité exercée ;
- avec des **zones éblouissantes** : lampe nue, rayonnement solaire, réflexions sur écran…
- avec des **contrastes importants** entre les différentes zones de travail…
- avec des **zones d'ombre**.

2. Les effets sur l'organisme

Sur les yeux

- Fatigue visuelle.
- Baisse de l'acuité visuelle.
- Diminution du champ visuel.
- Brûlures, picotements.
- Larmoiements.
- Rougeurs.

Sur les autres parties du corps

- Douleurs cervicales.
- Maux de tête.
- Vertiges.

3. Les mesures de prévention

Agir sur l'éclairage

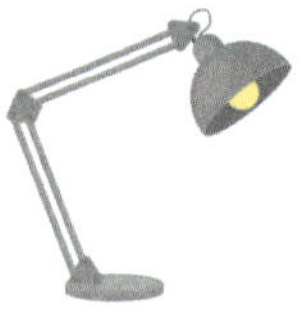

- Préférer l'éclairage indirect.
- Choisir des luminaires type réflecteur ou diffuseur moins éblouissants.
- Entretenir régulièrement les luminaires.

Agir sur le poste et l'organisation du travail

- Alterner des tâches à prédominance visuelle et des tâches moins contraignantes pour la vision.
- Aménager des pauses.
- Installer les postes de travail perpendiculairement aux fenêtres.
- Utiliser des couleurs claires pour les revêtements et des matériaux de finition mats pour éviter l'éblouissement.

Agir sur la vision

- Corriger les défauts de vision.
- Contrôler périodiquement la vue.

LE MÉMO

Rédigé Audio

foucherconnect.fr/22pc98

#qcm

8 questions pour réviser

foucherconnect.fr/22pc99

Le risque incendie

Objectif : agir face à un incendie.

ANALYSER LA SITUATION

1 À partir de l'activité de travail de Lucia et de la fiche « L'analyse des risques professionnels », **compléter** le schéma du processus d'apparition d'un dommage.

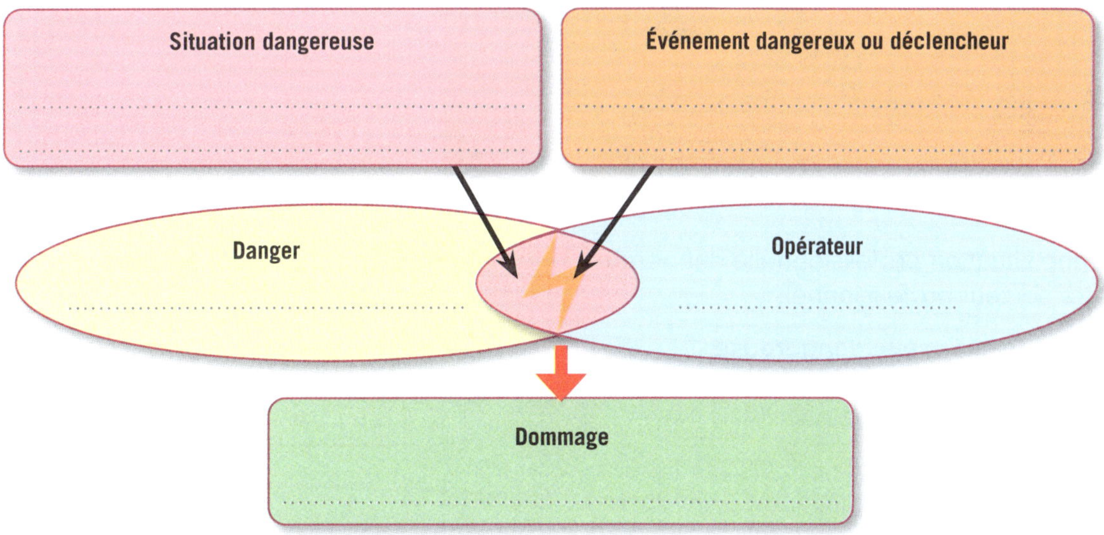

Autre situation TEXTE

foucherconnect.fr/22pc100

 # vidéo
Conditions de survenue d'un incendie.
foucherconnect.fr/22pc101

ACTIVITÉ 1 Les caractéristiques du risque incendie

2 À partir du **document A** et de la **vidéo**, **nommer** dans le triangle du feu les trois éléments à réunir pour déclencher un incendie et **citer** un exemple pour chacun d'eux.

Ex. : ....

Ex. : ....

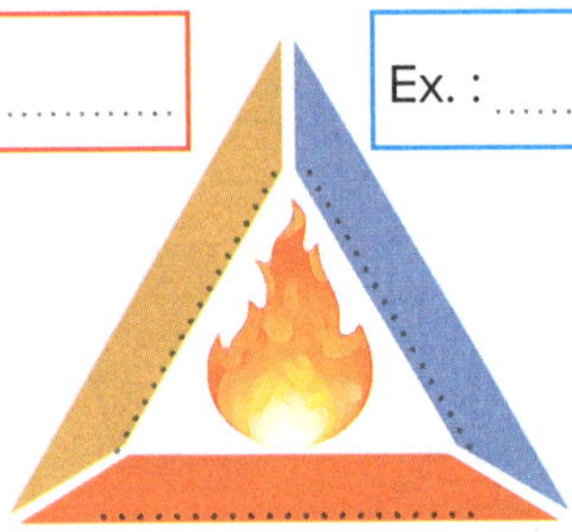

Ex. : ....

DOC A Le triangle du feu

- L'incendie est une réaction chimique de combustion qui se développe sans contrôle dans le temps et l'espace et qui résulte de la combinaison de trois éléments :
  – un **combustible** : corps qui a la particularité de brûler.
  – un **comburant** : corps simple qui, mis en présence d'un combustible, permet et entretient la combustion (le plus répandu est l'oxygène) ;
  – une **source d'énergie** : quantité de chaleur nécessaire pour démarrer la combustion. Elle peut être d'origine électrique, chimique, thermique…
- L'élimination d'un de ces trois éléments arrête immédiatement le feu.
- **Sur les lieux de travail**, le comburant (oxygène de l'air) est toujours présent. Le risque incendie dépend donc des combustibles (nature, quantité…) et des sources d'inflammation susceptibles d'être présents.

3 **Indiquer**, pour la situation professionnelle, les deux éléments manquants du triangle du feu.

Mélanie, cuisinière, prépare un caramel pour confectionner un gâteau. Elle s'absente quelques instants, le caramel prend feu.

....

Oxygène

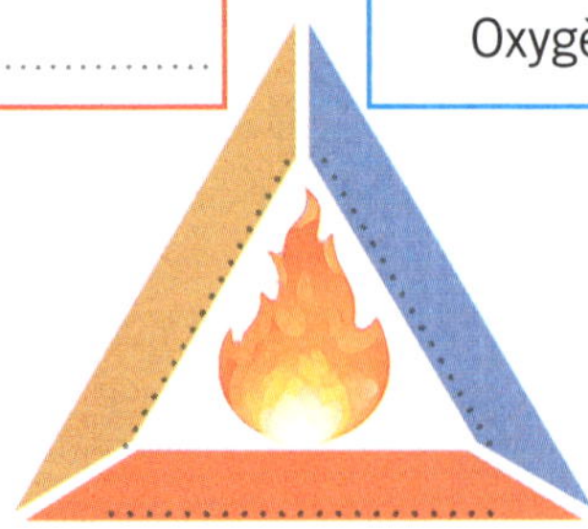

....

4 **Décrire** une situation professionnelle dangereuse pouvant être à l'origine d'un incendie dans votre secteur professionnel.

Situation professionnelle dangereuse dans mon secteur professionnel

....

....

....

....

....

....

....

Oxygène

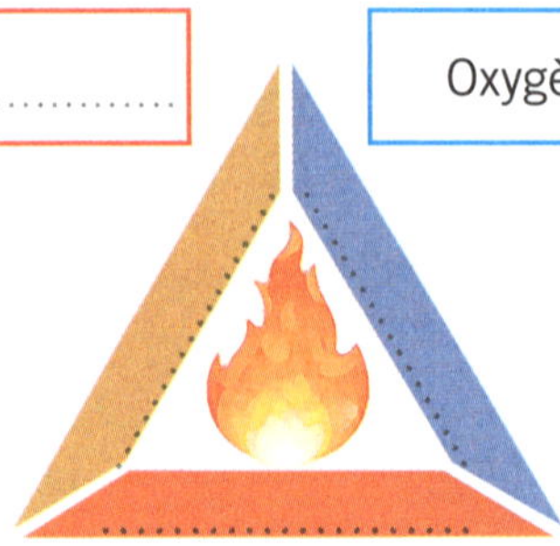

....

ACTIVITÉ 2 Les effets sur l'organisme

5 **Surligner**, dans le **document B**, les effets d'un incendie sur l'organisme.

DOC B Les effets d'un incendie sur l'homme

Les principaux effets d'un incendie sur l'homme sont liés :
- aux **fumées** et aux **gaz** ; les fumées agissent par asphyxie liée à la baisse de la concentration en oxygène de l'air, et les gaz provoquent une intoxication par les produits de combustion, notamment le monoxyde de carbone ;
- à la **chaleur** et aux **flammes** qui causent surtout des brûlures. L'effet lumineux des flammes constitue également un danger pour les yeux ;
- à l'**effondrement des structures** ; leur fragilisation peut provoquer des blessures plus ou moins graves.

ACTIVITÉ 3 Les mesures de prévention

 # vidéo
Prévention des incendies.
foucherconnect.fr/22pc102

6 À partir du **document C** et de la **vidéo**, **nommer** :
- un moyen de prévention intégré à la conception des locaux qui permet de limiter ou d'empêcher la propagation de l'incendie : ....
- un moyen d'extinction de première intervention sur un début d'incendie : ....

....

DOC C Les moyens de prévention du risque incendie

1 
Porte coupe-feu

2 
Exutoire de fumée

3 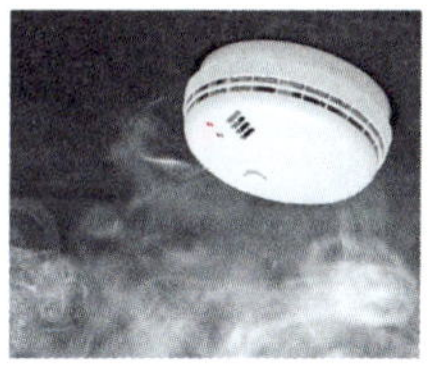
Détecteur automatique de fumée

4 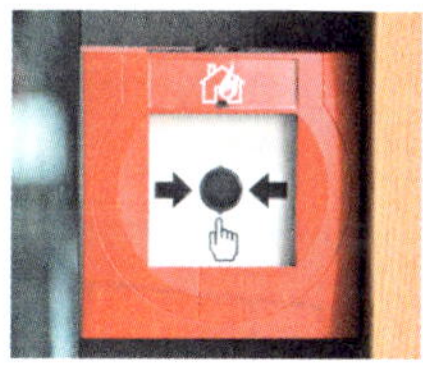
Alarme

5 
Extincteur

6 
Sprinkler

7 
Cloison pare-feu

8 
Stockage des produits chimiques dans un local spécifique

9 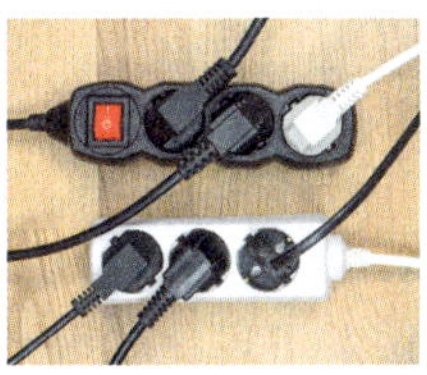
Branchement électrique rationalisé

10 
Couverture anti-feu

11 
Mise en place d'une signalétique

12 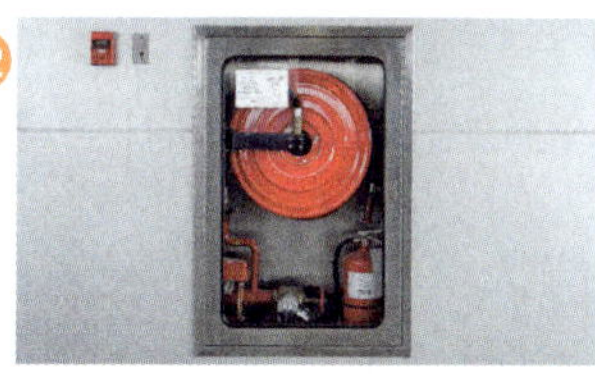
Robinet d'incendie armé (RIA)

7 **Entourer**, sur le **document C**, deux moyens qui suppriment les causes de déclenchement d'un incendie.

8 **Renseigner** le tableau.

Informations données	Rôle des informations
....	**Indiquer** la capacité d'extinction de l'appareil (exemple : 55 kg de matières solides).
1 .... 2 .... 3	**Renseigner** sur le mode d'utilisation de l'appareil.
....	**Renseigner** sur les classes de feux sur lesquels l'extincteur peut agir.
....	**S'adresser** au fabricant.
....	**Avoir la preuve** de la vérification annuelle de l'extincteur.

9 **Indiquer**, sous chaque illustration, le type d'information et de formation à mettre en place.

1

....
....
....

2

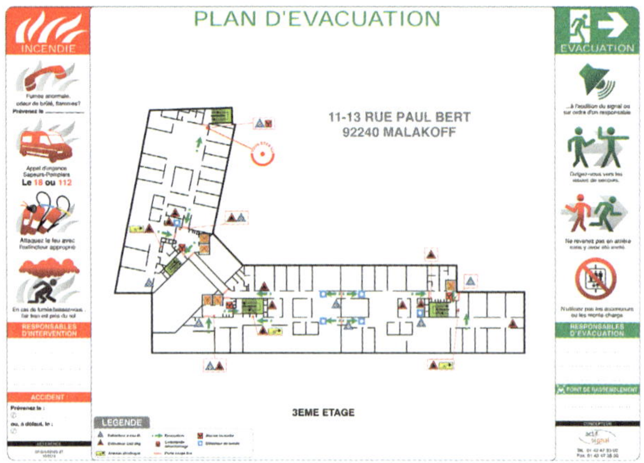

....
....
....

3

....
....
....
....

4

....
....
....
....

10 À partir du **document D**, **indiquer**, sous chaque illustration, la conduite à tenir à l'émission du signal d'alarme.

1

2

11 **Entourer** le numéro d'appel à composer pour alerter les sapeurs-pompiers.

15 18

17

DOC D L'alarme

L'alarme est un avertissement donné par l'entreprise au personnel par un signal sonore et/ou visuel. C'est l'ordre d'évacuer obligatoirement, rapidement et dans le calme l'établissement en suivant les consignes d'évacuation jusqu'au point de rassemblement, en s'assurant que tout le personnel a quitté les lieux. Il informe d'un danger généralement invisible ou inodore de l'endroit où l'on se trouve.

PROPOSER DES SOLUTIONS

12 **Renseigner** le tableau concernant la situation d'introduction de la page 147.

	Pour la situation d'introduction	
	Éléments à l'origine de l'incendie	**Mesures de prévention à prendre**
Combustible		
Comburant		
Source d'énergie		

13 **Nommer** le matériel d'extinction de première intervention dont peut disposer le local d'accueil dans lequel travaille Lucia pour éteindre rapidement un début d'incendie.

MÉMO 21 Le risque incendie

1. Les caractéristiques du risque incendie

Les trois éléments nécessaires à la combustion

L'absence d'un des trois éléments empêche le démarrage de la combustion.

2. Les effets sur l'organisme

Les flammes et la chaleur provoquent des **brûlures**.

Les fumées et les gaz provoquent des **asphyxies** ou des **intoxications**.

L'effondrement des structures provoquent des **blessures** plus ou moins graves.

3. Les mesures de prévention

La mise en place de **dispositifs de sécurité incendie**

Porte coupe-feu 	Exutoire de fumées 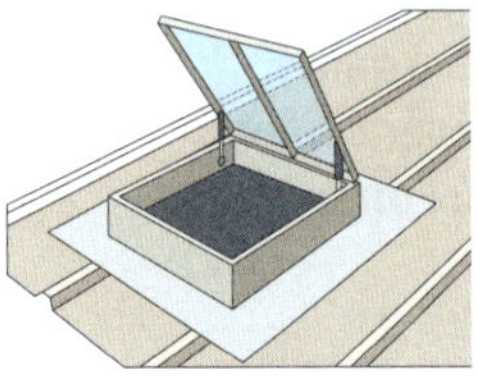	Extincteur 	Sprinkler 	Prises électriques en nombre suffisant 
Cloison pare-feu 	Détecteur automatique de fumée 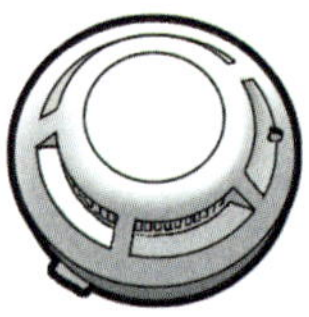	Robinet d'incendie armé (RIA) 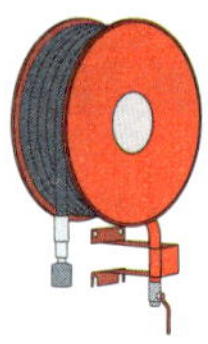	Couverture anti-feu 	Stockage des produits chimiques 

La formation et/ou l'information du personnel

Elle doit porter sur :

- les consignes du plan d'évacuation en cas d'incendie ;
- l'utilisation d'un extincteur ;
- la connaissance de la signalétique visuelle et sonore mise en place ;
- la mise en place d'exercices d'évacuation.

La conduite à tenir en cas d'incendie :

Donner l'alarme → Alerter les pompiers (18 / 112) **→ Évacuer → Se retrouver au point de rassemblement**

LE MÉMO

Rédigé Audio

foucherconnect.fr/22pc103

 # qcm

8 questions pour réviser

foucherconnect.fr/22pc104

Module C5

Les risques liés à l'activité physique du métier

THÉMATIQUE C

CHAPITRE 22

Objectif : prévenir les risques liés à l'activité physique.

Jeanne, titulaire d'un CAP Accompagnant éducatif petite enfance, est agent territorial spécialisé d'école maternelle (ATSEM) depuis 12 ans. Aujourd'hui, elle assiste le professeur des écoles dans l'animation de l'atelier peinture. Les enfants sont installés sur des tables et des chaises adaptés à leur taille, ce qui oblige Jeanne à avoir des postures contraignantes.

ANALYSER LA SITUATION

1 À partir de l'activité de travail de Jeanne et de la fiche « L'analyse des risques professionnels », **compléter** le schéma du processus d'apparition d'un dommage.

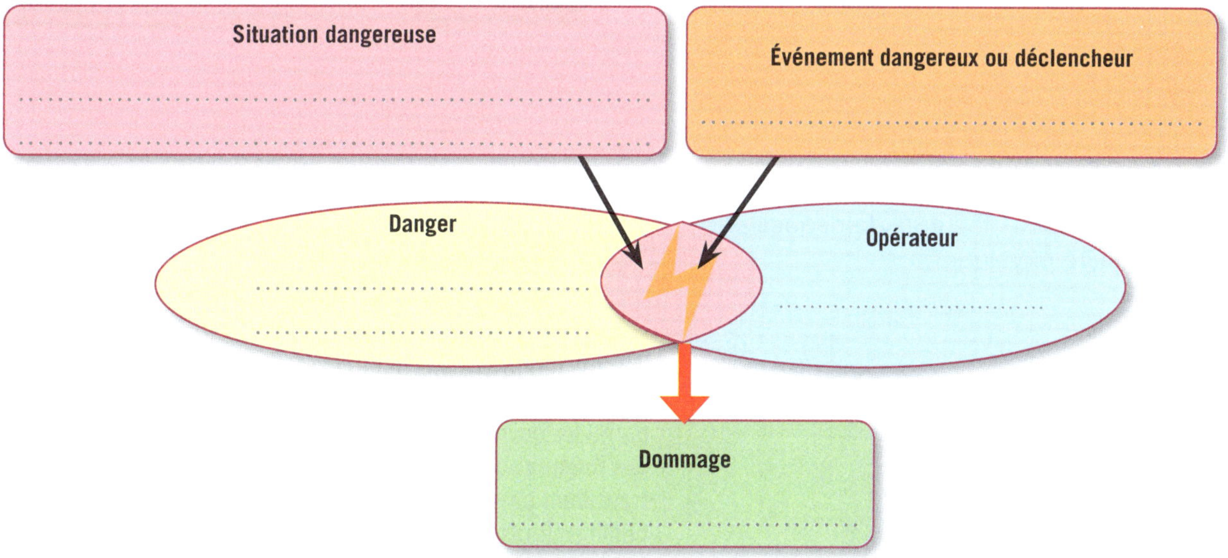

Autre situation TEXTE

foucherconnect.fr/22pc105

ACTIVITÉ 1 Les facteurs de risques dans une activité de travail

2 À partir du **document A**,

2.1 Identifier, pour chaque situation de travail dangereuse, le facteur de risques lié à l'activité physique.

1

....

2

....

3

....

4

....

2.2 Indiquer et **justifier**, pour votre CAP, les principaux facteurs de risques liés à l'activité physique.

....

....

....

....

....

....

....

....

....

....

....

DOC A Les facteurs de risques liés à l'activité physique

Plus de trois quarts des maladies professionnelles reconnues et la moitié des accidents du travail sont associés à des activités physiques au travail dues à :

- **des efforts physiques excessifs ou répétés**, dont les risques liés aux manutentions manuelles : 1 salarié sur 10 porte des charges plus de 10 heures par semaine (1 sur 4 dans le BTP et parmi les ouvriers non qualifiés travaillant dans les services) ;
- **des postures de travail contraignantes** : 2 salariés sur 10 travaillent près de 2 heures par semaine dans des postures pénibles (bras en l'air, à genoux, en torsion, accroupi), 5 salariés sur 10 subissent au moins une contrainte posturale ou articulaire lourde ;
- **des gestes répétitifs** : 1 salarié sur 10 répète à cadence élevée et pendant plus de 10 heures par semaine des gestes identiques ;
- **des déplacements à pied** (risques de chute ou de glissade).

Source : d'après www.inrs.fr/accueil/risques/activite-physique.html

3 À partir du **document B**, **cocher**, sous chaque situation professionnelle, s'il s'agit d'un travail musculaire statique ou dynamique.

1

- ☐ Travail musculaire dynamique
- ☐ Travail musculaire statique

2

- ☐ Travail musculaire dynamique
- ☐ Travail musculaire statique

3

- ☐ Travail musculaire dynamique
- ☐ Travail musculaire statique

4

- ☐ Travail musculaire dynamique
- ☐ Travail musculaire statique

DOC B Les formes d'activité physique

L'activité physique statique : l'opérateur doit maintenir une posture précise à son poste de travail obligeant les muscles à rester contractés en permanence.

L'activité physique dynamique : l'opérateur est en mouvement continuel ; les muscles alternent régulièrement contraction et relâchement.

4 À partir des **documents B** et **C**, **nommer** le travail qui génère le plus de fatigue musculaire pour l'opérateur et **justifier** votre réponse.

....

....

....

DOC C L'effet d'un travail statique et dynamique sur les muscles

Travail dynamique

Contraction du muscle du bras (biceps)

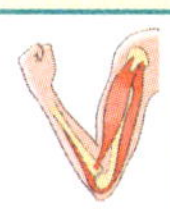

→ Consommation par le muscle de glucose et de dioxygène apportés par le sang

→ Production de déchets (acide lactique, dioxyde de carbone) par le muscle

→ **Relâchement** du muscle du bras (biceps)

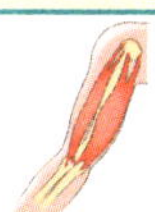

→ Élimination par le sang des déchets produits par le muscle

→ Nouvel apport par le sang de dioxygène et de glucose

→ (retour à la contraction)

Travail statique

Contraction prolongée du muscle du bras (biceps)

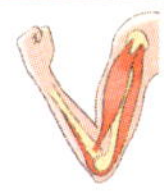

→ Consommation par le muscle de glucose et de dioxygène apportés par le sang

→ Production de déchets (acide lactique, dioxyde de carbone) par le muscle

→ Fatigue prématurée du muscle suite à la diminution de l'arrivée de glucose et de dioxygène par le sang et à l'absence d'évacuation des déchets

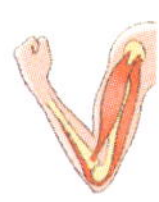

ACTIVITÉ 2 Les dommages possibles consécutifs à l'activité physique au travail

5 À partir du **document D** :

5.1 Indiquer le pourcentage des maladies professionnelles que représentent les troubles musculo-squelettiques (TMS).

....

5.2 Préciser les deux principales causes de lombalgie liées au travail.

....

5.3 Pour chaque situation de travail :
- **Entourer**, sur l'opérateur, la (les) articulation(s) la (les) plus sollicitée(s).
- **Indiquer**, sous chaque situation de travail, le TMS susceptible de se développer.

Des situations professionnelles à risques	
1 	2 
....	....

6 Entourer, sur le **document D**, la (les) articulation(s) la (les) plus sollicitée(s) lors de vos activités professionnelles, puis **indiquer** le (les) TMS pouvant se développer.

....

DOC D Des troubles musculo-squelettiques (TMS)

Les AT et les MP liés à l'activité physique touchent l'appareil locomoteur, et en particulier les articulations. Les **TMS** désignent un ensemble d'atteintes douloureuses des muscles, des tendons et des nerfs, des membres et de la colonne vertébrale. Ils sont dus à une hypersollicitation des articulations dans certaines situations de travail.

Accidents du travail (AT)

Dommages possibles liés à l'activité physique au travail :
- contusions ;
- plaies ;
- coupures ;
- entorses ;
- fractures ;
- déchirures musculaires ;
- luxations.

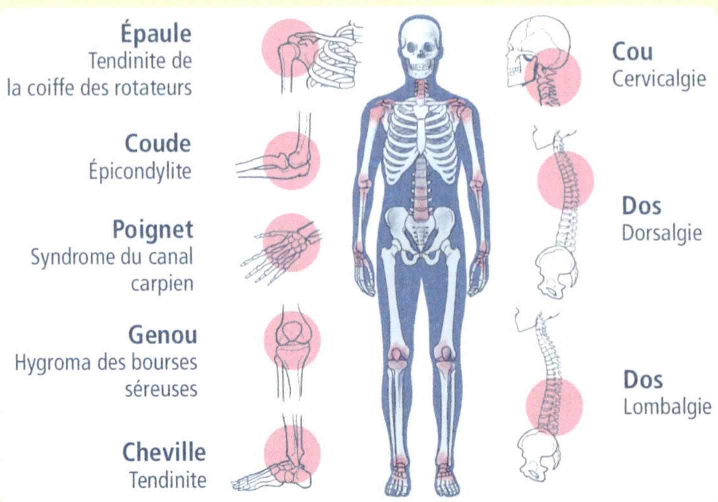

Maladies professionnelles (MP)

Les TMS représentent 87 % des MP et 46 % d'entre eux entraînent des séquelles (incapacités permanentes).
Les principales causes de lombalgie liées au travail sont la manutention manuelle (50 %) et les chutes.

ACTIVITÉ 3 Les mesures de prévention

7 À partir du **document E**, **calculer** la charge maximale que peut porter un jeune de 17 ans pesant 70 kg.

....

....

DOC E Les seuils fixés par le Code du travail pour la manutention de charges

	Port des charges
Femme	– Poids maximal de 25 kg.
Homme	– Poids maximal de 55 kg de façon habituelle. – Jusqu'à 105 kg, à condition d'avoir été reconnu apte par le médecin du travail.
Jeune de moins de 18 ans	– Poids ne devant pas excéder 20 % du poids total du jeune. – Poids excédant 20 % du poids total du jeune, à condition d'avoir été reconnu apte par le médecin du travail.

Articles R. 4541-9 – R. 4153-52.

8 Dans le **document F**, **justifier** pour chaque illustration les gestes à respecter pour manutentionner les charges.

DOC F Les principes de sécurité et d'économie d'efforts

5 principes de sécurité					3 principes d'économie d'efforts
1 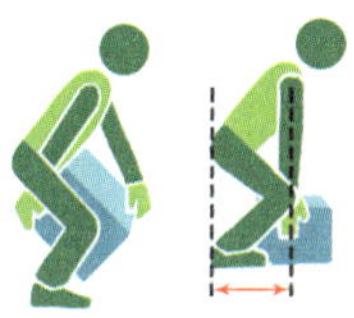	2 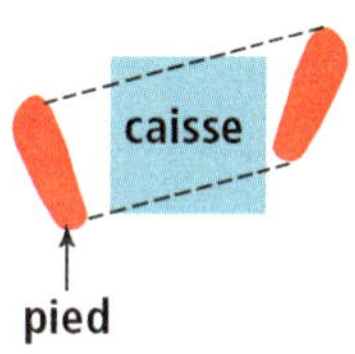	3 	4 	5 	
Se rapprocher de la charge.	Écarter et décaler les pieds de chaque côté de la charge.	Fléchir les jambes.	Positionner les mains.	Fixer la colonne vertébrale.	– Tendre les bras – Utiliser l'appui cuisse – Utiliser l'élan.
Justifications					
Pour superposer les centres de gravité et limiter la pression exercée sur la colonne vertébrale.	Pour	Pour	Pour	Pour	

9 À partir des **documents E, F et G**, **proposer**, pour chaque situation professionnelle, au moins une solution pour réduire les dommages éventuels.

10 **Cocher** la protection correspondant aux mesures proposées dans le tableau.

Exemples de mesures de prévention	Prévention visant à supprimer ou réduire les dangers	Protection		Formation et/ou information de l'opérateur
		collective	individuelle	
Aide à la manutention				
Formation aux gestes et postures (PRAP)				
Automatisation des manutentions manuelles	X			
Chaussures de sécurité				
Aménagement des postes de travail	X			
Affichage sur le port de charges				
Organisation du temps de travail (rotation des tâches, pauses)				
Séance d'échauffement musculaire				

DOC G Des exemples de prévention de TMS

1

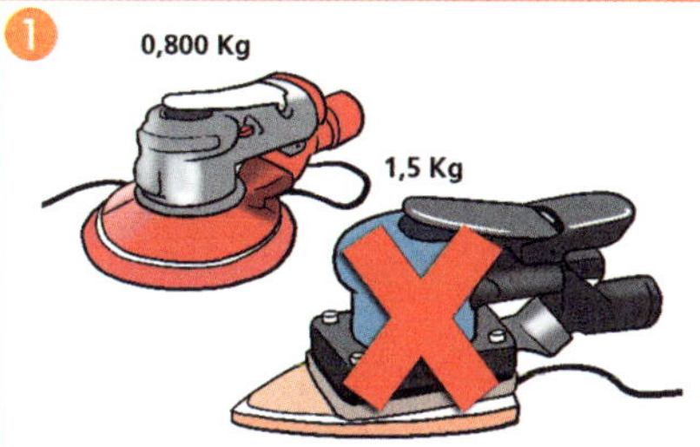

Utiliser des outils plus légers

2

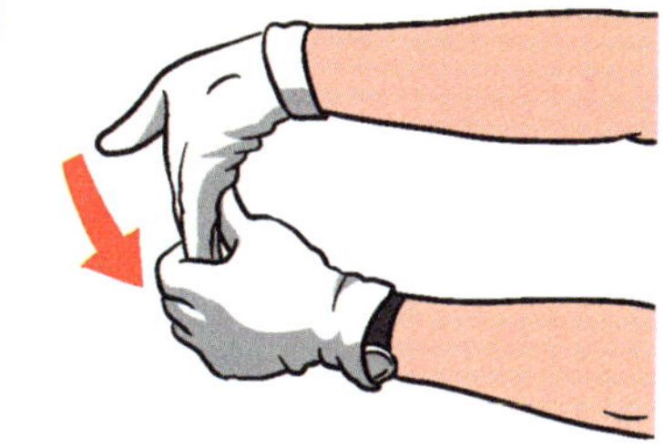

Relâcher la tension musculaire par une gymnastique de compensation

3

Utiliser un diable (aide à la manutention)

4

Réduire les masses manutentionnées

5

Utiliser un préhenseur pneumatique

6

Suivre une formation aux ports de charges (PRAP)

7

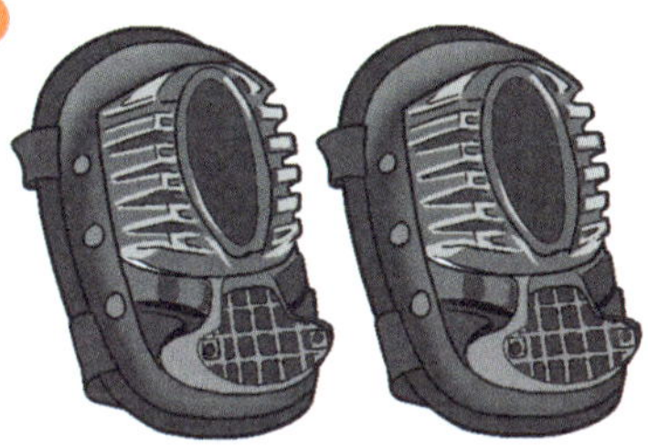

Porter des équipements de protection individuelle : genouillères

8

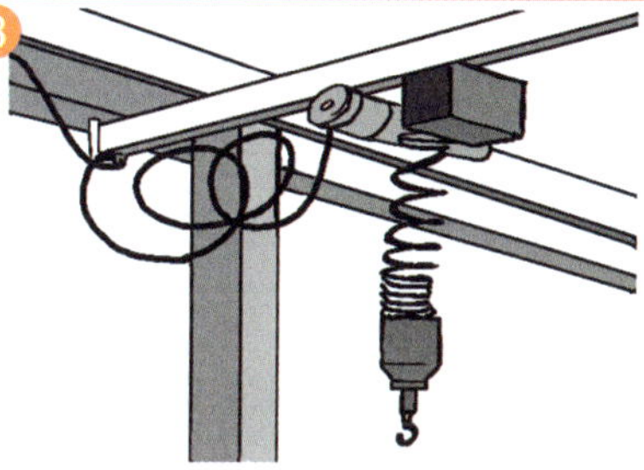

Utiliser un équilibreur d'outils

9

Porter des équipements de protection individuelle : gants anti-vibration

10

Organiser des séances d'échauffement musculaire pour les salariés

11

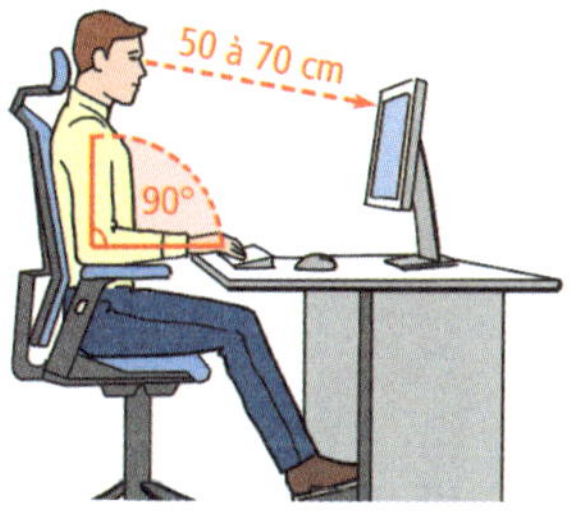

Préconiser une position ergonomique au poste de travail

12

Utiliser un chariot élévateur (aide à la manutention)

PROPOSER DES SOLUTIONS

11 **Nommer** deux effets possibles sur l'organisme de Jeanne liés à son travail d'ATSEM.

....

....

12 **Proposer** deux mesures de prévention.

....

....

....

MÉMO 22 Les risques liés à l'activité physique du métier

1. Les facteurs de risques dans une activité de travail

- Des **postures contraignantes**.
- Des **gestes répétitifs**.
- Des **efforts physiques** excessifs ou répétés.
- Des **déplacements** à pied.

L'activité de travail peut être

une activité statique

une activité dynamique

2. Les dommages possibles consécutifs à l'activité physique au travail

- De la **fatigue musculaire** : crampes, courbatures.
- Des **traumatismes** : plaies, coupures, entorses, luxations, déchirures musculaires.
- Des **troubles musculo-squelettiques (TMS)** : affections des tissus mous autour des articulations (muscles, nerfs, tendons, ligaments).

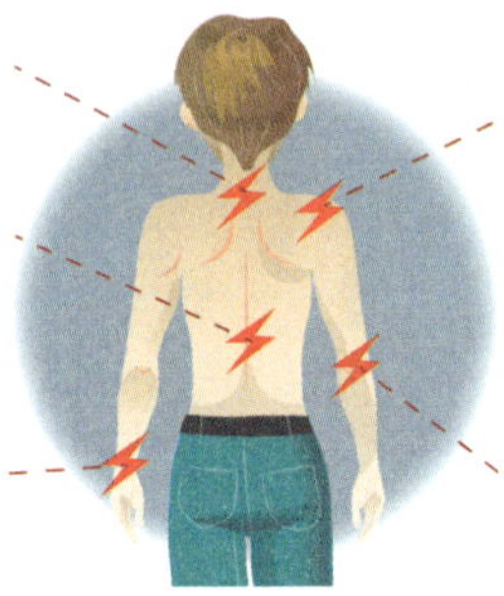

3. Les mesures de prévention

2. Aide à la manutention	1. Automatisation des manutentions	3. Formation aux techniques gestuelles
– Diable. – Préhenseur pneumatique. – Transpalette.	– Convoyeur. – Palan.	– Formation aux ports de charges : PRAP.

LE MÉMO

Rédigé Audio

foucherconnect.fr/22pc106

#qcm

8 questions pour réviser

foucherconnect.fr/22pc107

Module C6

Les acteurs et les organismes de la prévention

THÉMATIQUE C

CHAPITRE 23

Objectif : identifier les missions des acteurs de prévention internes et externes à l'entreprise.

Élève de CAP, vous devez réaliser une période de formation en milieu professionnel (PFMP).
À votre retour de PFMP, vous présenterez les acteurs de prévention que vous avez rencontrés, leurs rôles respectifs dans l'entreprise et des exemples d'actions qu'ils mettent en œuvre.

ANALYSER LA SITUATION

1 Formuler le problème posé dans la situation (PFMP).

....

2 Identifier les éléments de la situation (PFMP) en renseignant le tableau.

Nom de l'entreprise	
Secteur d'activité	
Nombre de salariés	
Poste de travail occupé durant la PFMP	

Autre situation TEXTE

foucherconnect.fr/22pc108

MOBILISER SES CONNAISSANCES

ACTIVITÉ 1 Les acteurs de prévention internes à l'entreprise

3 À partir du **document A**,

3.1 Indiquer dans quelle entreprise l'employeur est tenu de désigner un salarié compétent pour la protection et la prévention des risques professionnels (PPRP).

....

....

3.2 Préciser à qui peut faire appel un employeur qui ne dispose pas, au sein de son entreprise, de salariés compétents pour la protection et la prévention des risques professionnels (PPRP).

....

....

DOC A Le salarié compétent pour la protection et la prévention des risques professionnels (PPRP)

• Dans quelle entreprise ?

Tout employeur doit désigner au moins un salarié « compétent pour s'occuper des activités de protection et de prévention des risques professionnels de l'entreprise » (L. 4644-1 du Code du travail).

Lorsque l'employeur ne dispose pas de salariés compétents pour s'occuper des activités de protection et de prévention des risques professionnels, il peut faire appel à un intervenant en prévention des risques professionnels (IPRP) du service de santé au travail.

• Quel est son rôle ?

Le salarié compétent en santé-sécurité au travail participe à la politique de prévention définie par l'employeur.

4 Sous chaque illustration, **indiquer** la mission qui relève du salarié compétent pour la protection et la prévention des risques professionnels (PPRP).

1

....

....

2

....

....

3

....

....

4

....

....

5 À partir de votre formation SST (sauveteur secouriste du travail), **indiquer** les missions du SST.

....

....

....

6 À partir du **document B**,

6.1 Nommer l'instance unique de représentation du personnel dans l'entreprise.

....

6.2 Indiquer :

– dans quelle entreprise cette instance est obligatoire :

....

– la composition de cette instance :

....

6.3 Préciser, pour chaque situation rencontrée dans une entreprise de 70 salariés, les actions que le CSE peut mettre en œuvre.

Situations rencontrées dans une entreprise de 70 salariés	Actions possibles du comité social et économique (CSE)
1 Léa, salariée depuis 6 mois, a été victime d'un accident du travail.	....
2 Plusieurs salariés ne portent pas les gants de protection mis à leur disposition contre le risque mécanique.	....
3 Ahmed, salarié depuis 4 ans, souhaite une augmentation de salaire.	....

DOC B Le comité social et économique (CSE)

Obligatoire dans les entreprises d'**au moins 11 salariés**, le comité social et économique (CSE) constitue désormais l'instance unique de représentation du personnel dans l'entreprise.

Il est constitué de l'employeur et d'une délégation du personnel élue pour un mandat de 4 ans dont le nombre de membres varie selon la taille de l'entreprise.

• Missions liées à la santé et à la sécurité au travail

- Présenter les réclamations collectives et individuelles des salariés.
- Veiller à l'application de la réglementation du travail dans l'entreprise.
- Réaliser des enquêtes en cas d'accidents du travail ou de maladies professionnelles.
- Promouvoir l'amélioration de la santé, la sécurité et les conditions de travail dans l'entreprise (exemples : mise en place d'actions de prévention et d'information, étude de l'aménagement des postes de travail, analyse des risques professionnels et des conditions de travail).
- Donner son avis sur le règlement intérieur
- Saisir l'inspecteur du travail de toutes plaintes et observations relatives à l'application des dispositions légales dont il est chargé d'assurer le contrôle.

ACTIVITÉ 2 Le service de santé au travail

7 Dans le **document C**, **surligner** les professionnels qui constituent le service de santé au travail.

DOC C Le service de santé au travail

Le service de santé au travail est soit **propre à l'entreprise** (service autonome), soit **organisé en commun** avec d'autres entreprises (service interentreprises).

Les missions du service sont assurées par les **médecins du travail**, qui mènent leurs actions en coordination avec les employeurs, les membres du CSE, les salariés compétents désignés par l'employeur.

Les médecins du travail animent et coordonnent, au sein des services, des équipes pluridisciplinaires composées de professionnels de santé (internes, collaborateurs médecins, infirmiers en santé au travail), de techniciens, ingénieurs ou ergonomes, d'intervenants en prévention des risques professionnels (IPRP) sur des sujets particuliers (ex. : sur la toxicologie, l'hygiène industrielle...), ainsi que d'assistants sociaux en santé au travail.

8 À partir de la **vidéo**, **indiquer** sur le schéma les quatre missions du service de santé au travail.

 # vidéo
Les services de santé au travail interentreprises.
foucherconnect.fr/22pc109

....

....

....

....

ACTIVITÉ 3 Les acteurs de prévention extérieurs à l'entreprise

9 À partir du **document D**, **cocher** les activités du ressort de l'inspecteur du travail.

- ☐ Constater les infractions commises en matière de discrimination au travail.
- ☐ Enquêter suite à un accident grave.
- ☐ Valider le contenu du règlement intérieur.
- ☐ Intervenir dans un conflit opposant un employeur et un salarié.
- ☐ Assurer une médiation en cas de conflit collectif au travail.
- ☐ Verbaliser en cas de non-respect de la législation.
- ☐ S'assurer de l'aptitude médicale des salariés.
- ☐ Pénétrer librement dans les entreprises soumises à son contrôle.
- ☐ Contrôler l'application du droit du travail.
- ☐ Proposer des changements de poste en cas de problème de santé.

DOC D Les rôles de l'inspecteur du travail

L'inspecteur du travail **contrôle** l'application du droit du travail.

Il **conseille** et **informe** les employeurs, les salariés et les représentants du personnel sur leurs droits et leurs obligations, **facilite la conciliation amiable** entre les parties, notamment lors des conflits collectifs. Il **constate** également les infractions commises en matière de discrimination, les délits de harcèlement sexuel ou moral.

Il possède un **pouvoir de décision** car l'employeur doit, dans certaines situations, obtenir son autorisation avant d'agir (ex. : règlement intérieur).

Il peut **enquêter** sur un accident grave, pénétrer dans l'entreprise et la visiter, sans avertissement préalable. Les **constats d'inspection** peuvent donner lieu à des observations rappelant les règles en vigueur, des mises en demeure de se conformer à la réglementation ou des procès-verbaux pour les infractions pénales.

Dans les situations prévues par la loi, l'inspecteur du travail peut prendre l'initiative d'**arrêter une activité** pour retirer un salarié ou des salariés d'une situation l'exposant à un risque grave et imminent, pour que l'employeur prenne les dispositions nécessaires pour être conforme à la réglementation en vigueur.

10 **Souligner**, dans le **document E** :

– en vert, les actions que peut conduire la Carsat dans les entreprises en matière de prévention des risques professionnels ;

– en bleu, les interlocuteurs.

DOC E La Carsat

• La Caisse d'assurance retraite et de la santé au travail, par ses actions de conseil et de contrôle en entreprise, joue pleinement son **rôle d'assureur des risques professionnels**. À travers cette mission, il s'agit de réduire le nombre et la gravité des accidents du travail et des maladies professionnelles, et de participer à l'amélioration des conditions de travail dans les entreprises.

• L'accompagnement des entreprises sur le thème de la prévention est assuré par des **ingénieurs-conseils** et des **contrôleurs de sécurité**.

PROPOSER DES SOLUTIONS

11 À partir des informations recueillies lors de votre PFMP, **renseigner** le tableau.

	Noms	Rôles et exemples d'actions conduites
Acteurs de prévention internes à l'entreprise	....	....
	....	....
	....	....
Acteurs de prévention externes à l'entreprise	....	....
	....	....
	....	....

MÉMO 23 Les acteurs et les organismes de la prévention

1. Les acteurs de prévention internes à l'entreprise

→ **Un salarié compétent pour la protection et la prévention des risques professionnels (PPRP),** désigné par l'employeur, quelle que soit la taille de l'entreprise.

Missions :

- Mettre en œuvre la politique de prévention définie par l'employeur.
- Évaluer les risques professionnels et élaborer le document unique d'évaluation des risques professionnel (DUERP).
- Assurer la planification, l'organisation et la promotion des actions de prévention.
- Tenir à jour les indicateurs santé et sécurité mis en place.

→ **Le sauveteur secouriste du travail (SST)**

Missions :

- Alerter et réaliser les premiers secours en cas d'accident.
- Contribuer à la prévention des risques.

→ **Le comité social et économique (CSE)**

Missions :

- Transmettre les réclamations individuelles et collectives des salariés.
- Veiller et faire respecter les règles sur la santé, la sécurité et les conditions de travail.
- Réaliser des enquêtes lors d'AT ou de MP.
- Analyser les risques professionnels.
- Mettre en place des actions de prévention et d'information.

2. Le service de santé au travail

Mission :

- Éviter toute altération de la santé des salariés du fait de leur travail.

3. Les acteurs de prévention extérieurs à l'entreprise

→ **L'inspecteur du travail**

Missions :

- Contrôler l'application de la législation du travail.
- Informer et conseiller les salariés et les employeurs.
- Faciliter la conciliation amiable en cas de conflits collectifs.

→ **La Caisse d'assurance retraite et de la santé au travail** (Carsat)

Mission :

- Intervenir dans la prévention des risques professionnels par des conseils, des formations et de contrôles.

LE MÉMO

Rédigé Audio

foucherconnect.fr/22pc110

#qcm

8 questions pour réviser

foucherconnect.fr/22pc111

Module C7

Le suivi médical des salariés et la vaccination

THÉMATIQUE C

CHAPITRE 24

Objectif : avoir une attitude responsable vis-à-vis de sa santé et de celle des autres.

ANALYSER LA SITUATION

1 **Identifier** le problème posé dans la situation en cochant la proposition exacte.

- ☐ La fréquence des accidents du travail.
- ☐ Les démarches suite à un arrêt de travail.
- ☐ Le suivi médical des salariés.

2 **Identifier** les éléments de la situation en renseignant le tableau.

Quelles sont les personnes concernées ?	....	....
Depuis combien de temps sont-elles salariées de l'entreprise ?	....	....
Qu'attendent ces personnes ?	....	
Pourquoi attendent-elles ?	....	

Autre situation TEXTE

foucherconnect.fr/22pc112

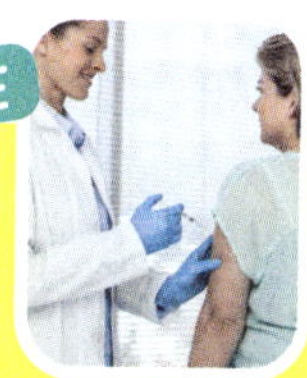

MOBILISER SES CONNAISSANCES

ACTIVITÉ 1 Le suivi médical du salarié

3 À partir du **document A**, **renseigner** le tableau.

Situations	Visites médicales
1 Mehdi vient d'être embauché pour effectuer le montage et le démontage d'échafaudages.	....
2 Nina reprend son poste de travail suite à un congé maternité.	....
3 Depuis 20 ans, Marius travaille dans les ateliers de ponçage de la menuiserie Boisdur. Il est exposé aux poussières de bois considérées comme des agents cancérogènes.	....
4 Lucie est embauchée comme agent d'entretien depuis deux mois dans la société Onet.	....

DOC A Le suivi de l'état de santé du salarié

Le suivi individuel simple

→ Pour les salariés **non exposés** à des risques particuliers.

→ Objectif : interroger le salarié sur son état de santé, l'informer sur les risques liés au poste de travail.

Visite d'information et de prévention (VIP)

3 mois

- **VIP initiale**
Visite d'information et de prévention, pour tous, dans les **3 mois suivant l'embauche**.

5 ans

- **VIP périodique**
Visite renouvelée au minimum dans un délai de 5 ans.

Le suivi individuel renforcé

→ Pour les salariés **exposés** à risques particuliers[1].

→ Objectif : s'assurer que le salarié est médicalement apte au poste de travail.

Examen médical d'aptitude

4 ans

- Avant l'affectation au poste de travail (examen médical d'aptitude à l'embauche).
- Au minimum tous les **4 ans** (examen médical d'aptitude périodique).

2 ans

avec une visite intermédiaire **au plus tard 2 ans** après l'examen médical d'embauche.

1. Salariés exposés à l'amiante, au plomb au-delà d'un certain seuil, aux agents cancérogènes, mutagènes, ou toxiques pour la reproduction, à certains agents biologiques, aux rayonnements ionisants, au risque hyperbare, et au risque de chute de hauteur lors des opérations de montage et démontage d'échafaudages.

Depuis le 1er avril 2022, de nouvelles dispositions concernent les visites médicales (pour les arrêts) :

- **La visite de pré-reprise** : possible après un arrêt du salarié d'au moins **30 jours**.
- **La visite de reprise obligatoire** : après un arrêt de travail du salarié d'au moins **60 jours** pour maladies ou accidents non professionnels, **30 jours** pour un accident du travail, congés maternité (quelle que soit la durée), un arrêt de travail pour cause de MP (quelle que soit la durée). Le salarié bénéficie de cette visite le jour de la reprise effective de son travail ou au plus tard dans un délai de 8 jours.
- **Le rendez-vous de liaison** : il s'adresse aux salariés en arrêt de travail de plus de 30 jours de façon continue ou discontinue. Facultatif, il est organisé à l'initiative du salarié ou de l'employeur **pendant l'arrêt de travail**.

ACTIVITÉ 2 Le principe de la vaccination

 # vidéo
Comment fonctionne un vaccin ?
foucherconnect.fr/22pc113

4 À partir du **document B** et de la **vidéo**,

4.1 Indiquer :

– l'état de santé de la personne que l'on vaccine :

....

– la particularité du micro-organisme injecté au moment de la vaccination :

....

– la particularité du micro-organisme qui permet à l'organisme humain de le repérer :

....

4.2 Cocher, parmi les caractéristiques données, celles qui correspondent au principe de la vaccination.

- ☐ Mode d'action curatif (qui soigne).
- ☐ Fabrication par l'organisme d'anticorps spécifiques à l'antigène.
- ☐ Protection durable (quelques années).
- ☐ Injection d'anticorps spécifiques.
- ☐ Efficacité si rappels effectués.
- ☐ Protection de courte durée.
- ☐ Mode d'action préventif.
- ☐ Injection d'un micro-organisme rendu inoffensif.

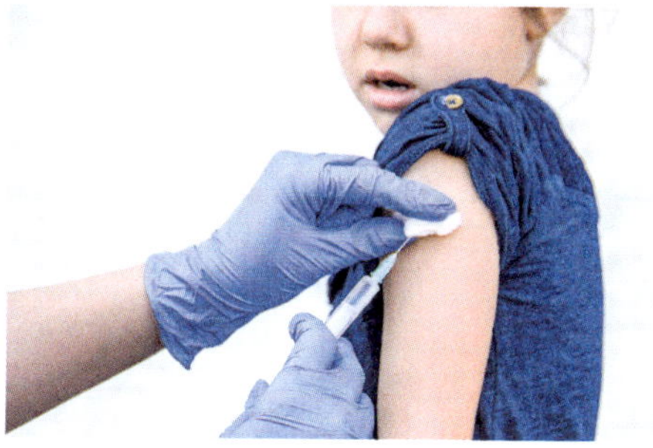

4.3 Indiquer la nécessité de faire des rappels de vaccination.

....

DOC B Le principe de la vaccination

Étape 1	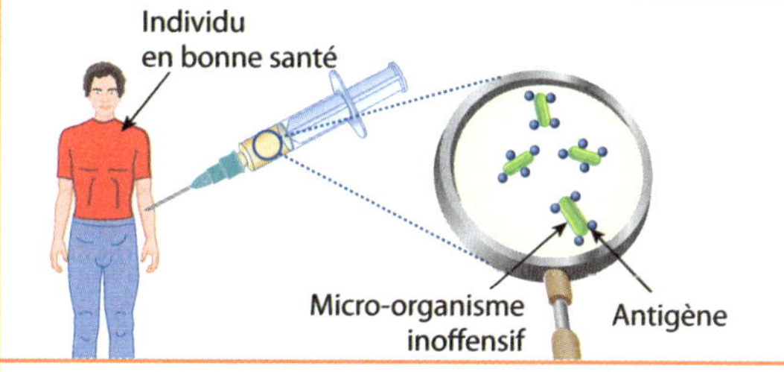	Le vaccin introduit dans l'organisme humain un **micro-organisme inoffensif** qui porte un **antigène** spécifique de la maladie permettant de le repérer.
Étape 2	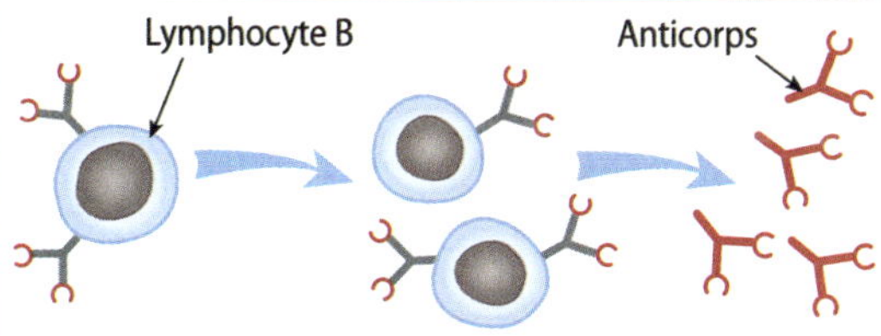	L'organisme humain réagit. Des globules blancs spécialisés, appelés lymphocytes B, repèrent l'antigène du micro-organisme. Ils se multiplient et fabriquent alors des molécules de défense appelées **anticorps**, exactement adaptées à l'antigène de la maladie.
Étape 3	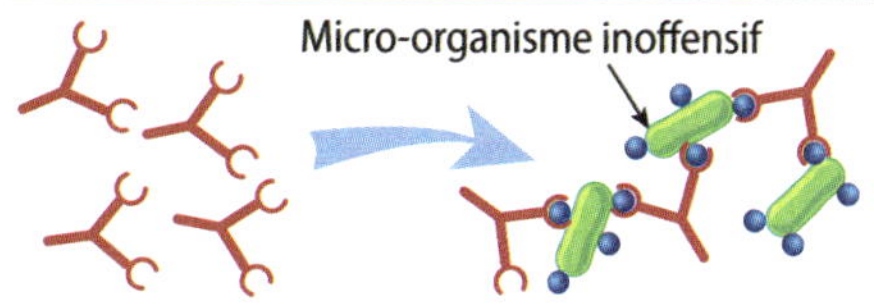	Les anticorps neutralisent l'antigène de la maladie et le gardent en mémoire. C'est la **mémoire immunitaire**.
Étape 4	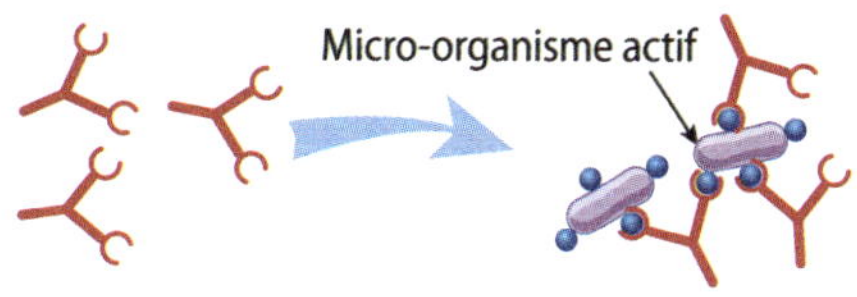	Lorsque le « vrai » micro-organisme de la maladie pénètre dans l'organisme humain, il est tout de suite reconnu par les anticorps qui l'éliminent. Cela évite la déclaration de la maladie. Le vaccin est donc **préventif**. Des injections de **rappel** sont nécessaires pour stimuler la mémoire immunitaire.

ACTIVITÉ 3 L'intérêt de la vaccination pour l'individu et la collectivité

5 À partir du **document C** et du **site internet**, **expliquer** l'incidence de la protection vaccinale individuelle sur la protection vaccinale collective.

 # site internet
Site d'information sur la vaccination (Santé publique France).
https://vaccination-info-service.fr/

....

....

DOC C La vaccination : une protection individuelle et collective

Je me fais vacciner

Je protège mon organisme contre certaines maladies

J'empêche les maladies de se propager et je protège les populations les plus fragiles.

SANS vaccination	Avec un taux de vaccination INSUFFISANT	Avec un taux de vaccination SUFFISANT
La maladie se propage dans la population.	La maladie se propage dans une partie de la population.	La maladie ne se propage plus.
Tout le monde risque d'attraper et de transmettre la maladie.	Seules les personnes vaccinées sont protégées mais pas les autres.	Les personnes vaccinées protègent les personnes non vaccinées.

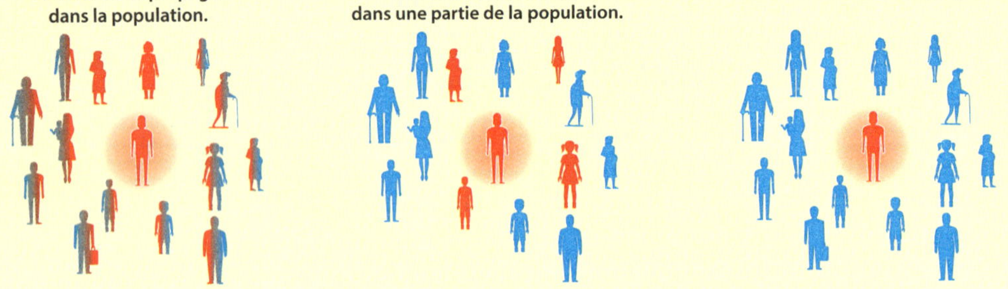

6 À partir du **document D** et/ou du **site internet**, **identifier**, pour les trois situations professionnelles, les vaccins obligatoires (Obl) et recommandés (Rec) en renseignant le tableau.

 # site internet
Tableau des vaccinations en milieu professionnel.
foucherconnect.fr/22pc114

DOC D Des exemples de tableaux de vaccination en milieu professionnel (extraits)

Obl : obligatoire
Rec : recommandé
Exposé : exposé à un risque professionnel évalué par un médecin du travail

	DTP[1]	Coqueluche	Grippe	Hépatite A	Hépatite B	Leptospirose	Rage	ROR[2]	Varicelle
Secours / services funéraires									
Personnels des entreprises de transport sanitaire	Obl		Rec		Rec (si exposés)				
Personnels des services de secours et d'incendie (SDIS)	Obl		Rec		Obl (si exposés)				
Secouristes	Rec				Rec (si exposés)				
Social et médico-social									
Personnels des établissements et services pour l'enfance et la jeunesse handicapées	Obl		Rec	Rec	Obl (si exposés)			Rec (y compris si nés avant 1980, sans antécédent) (petite enfance)	Rec (sans antécédent, séronégatif) (petite enfance)
Personnels des établissements et services d'hébergement pour adultes handicapés	Obl		Rec	Rec	Obl (si exposés)				
Personnels des établissements d'hébergement pour personnes âgées	Obl	Rec	Rec		Obl (si exposés)				
Personnels des services sanitaires de maintien à domicile pour personnes âgées	Obl		Rec		Obl (si exposés)				

1. DTP : diphtérie, tétanos, poliomyélite. 2. ROR : rougeole, oreillons, rubéole.

Situation	Vaccination en milieu professionnel			
	Vaccinations obligatoires (Obl)	Vaccinations recommandées (Rec)	Vaccinations recommandées (si salarié exposé)	Vaccinations obligatoires (si salarié exposé)
1 Paul est pompier volontaire depuis six mois aux services d'incendie et de secours de son lieu de résidence. 				
2 Julia travaille dans un EHPAD (établissement d'hébergement pour personnes âgées dépendantes). 				
3 Dans mon secteur professionnel				

PROPOSER DES SOLUTIONS

7 **Renseigner** le tableau.

Salariés concernés	Nom de la visite médicale	Justifications
Monsieur Sorel		
Monsieur Péan		

MÉMO 24 Le suivi médical des salariés et la vaccination

1. Le suivi médical du salarié

Suivi individuel simple	Suivi individuel renforcé
Salariés non exposés à des risques particuliers	Salariés exposés à des risques particuliers
Visite d'information et de prévention (VIP) – **VIP initiale** (moins de 3 mois après la prise du poste). – **VIP périodique** (au minimum tous les 5 ans).	**Examen médical d'aptitude** – Avant l'affectation au poste. – Au minimum tous les **4 ans** avec une visite intermédiaire au plus tard **2 ans** après l'examen médical d'aptitude.

Visite de pré-reprise après un arrêt de travail d'au moins 30 jours.
Visite de reprise À la demande de l'employeur, après un congé maternité, une absence pour cause de maladie professionnelle, une absence depuis au moins 30 jours pour cause d'accident du travail, de maladie ou d'accident non professionnel, au plus tard dans un délai de huit jours suivant cette reprise.

2. Le principe de la vaccination

Étape 1 → Le vaccin introduit dans le corps une **forme inactive du micro-organisme**.

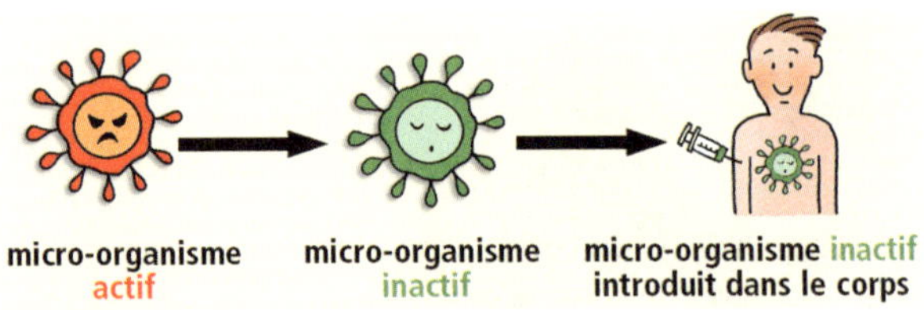

Étape 2 → Le corps produit des défenses (**anticorps**).

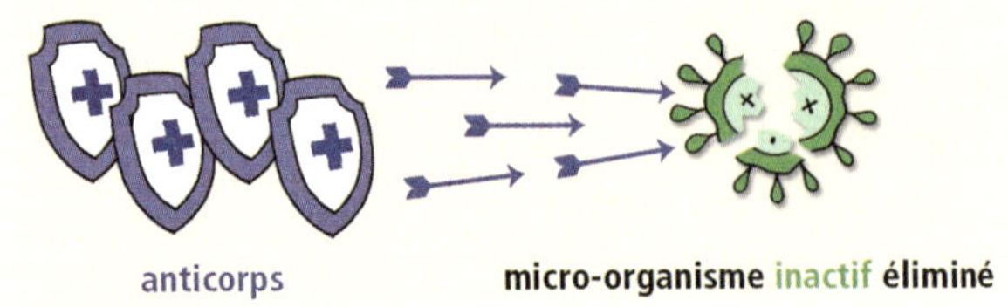

Étape 3 → Si le « vrai » micro-organisme actif rentre dans le corps, il est **reconnu par les défenses qui l'éliminent**. La maladie ne se développe pas.

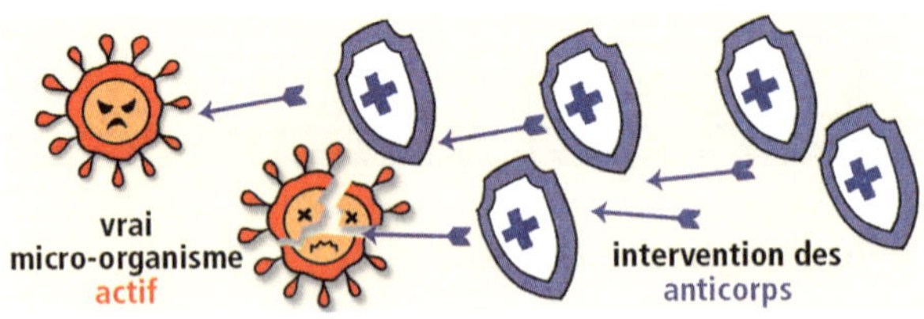

3. L'intérêt de la vaccination pour l'individu et la collectivité

La vaccination permet de **protéger** l'individu et **éviter qu'il ne contamine** son entourage.

LE MÉMO
Rédigé Audio
foucherconnect.fr/22pc115

#qcm
8 questions pour réviser
foucherconnect.fr/22pc116

Module D1

THÉMATIQUE D

CHAPITRE 25

L'assurance

Objectif : choisir l'assurance adaptée à ses besoins.

Vendredi 13 octobre

ANALYSER LA SITUATION

1 **Identifier** le problème posé dans la situation en cochant la proposition exacte.

- ☐ La nature de l'assurance souscrite et les démarches en cas d'accident.
- ☐ La nature du permis pour conduire un scooter.
- ☐ L'achat d'un scooter.

2 **Identifier** les éléments de la situation en répondant aux questions.

Quoi ? *Que s'est-il passé ?* ›› ....

Qui ? *De qui s'agit-il ?* ›› ....

Où ? *Où cela s'est-il passé ?* ›› ....

Quand ? *Quand cela s'est-il passé ?* ›› ....

Comment ? *Comment cela s'est-il passé ?* ›› ....

Pourquoi ? *Pourquoi cela pose-t-il problème ?* ›› ....
....
....

Autre situation TEXTE

foucherconnect.fr/22pc117

MOBILISER SES CONNAISSANCES

ACTIVITÉ 1 Le principe et le rôle de l'assurance

3 À partir du **document A**,

3.1 Nommer le principe sur lequel repose l'assurance.

....

....

3.2 Expliquer pourquoi le principe sur lequel repose l'assurance est solidaire.

....

....

....

DOC A Le principe de l'assurance

L'assurance est un système de gestion des risques basé sur la notion de **solidarité** : les cotisations versées par l'ensemble des assurés servent à indemniser ceux qui sont victimes de sinistres entraînant des dommages matériels ou corporels.

4 Compléter le schéma en reportant dans chaque encadré les termes notés en gras dans le **document B**.

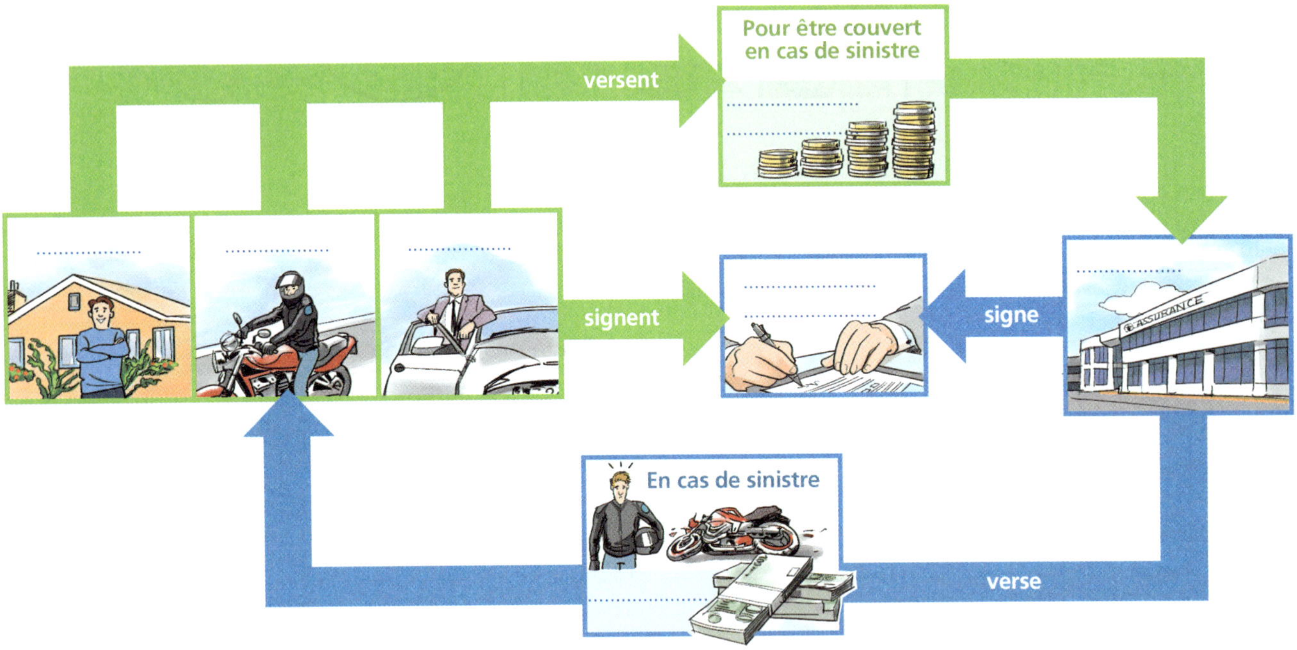

DOC B Le contrat d'assurance

Le **contrat d'assurance** est un contrat par lequel un organisme, dit **assureur**, s'engage envers un **assuré** à lui verser des **indemnités** en cas de sinistre. En contrepartie, l'assuré verse une somme d'argent, appelée **prime d'assurance**, pour garantir un certain nombre de risques déterminés dans le contrat. De plus, le contrat peut comporter des exclusions de garantie qui exemptent l'assureur d'indemniser l'assuré dans certaines conditions (ex. : sinistre dont la probabilité est trop fréquente).

ACTIVITÉ 2 Les assurances obligatoires et facultatives

5 À partir du **document C**, **renseigner** le tableau.

	Situation A	Situation B
Exemples de situation	Madame Dufour et son fils 	Monsieur Martin, propriétaire du chien 
L'assuré	....	....
Le dommage	....	....
Le responsable du dommage	....	....
La responsabilité civile	Responsabilité civile prise en charge : ☐ Oui ☐ Non Justification :	Responsabilité civile prise en charge : ☐ Oui ☐ Non Justification : ....

DOC C L'assurance responsabilité civile : une protection minimale obligatoire

La responsabilité civile est une **obligation légale** qui impose à toute personne de réparer les dommages involontairement causés à autrui. L'assurance de responsabilité civile vient donc **se substituer au responsable du dommage** : elle indemnise la victime et couvre les conséquences des dégâts corporels, matériels ou immatériels causés à autrui.

Elle couvre normalement les **dommages aux tiers** : causés par votre faute, par imprudence ou par négligence, commis par vos enfants, s'ils vivent sous votre toit (les enfants majeurs vivant sous votre toit sont en principe également couverts), causés par vos ascendants vivant sous votre toit, causés par les personnes que vous employez (femme de ménage, jardinier, baby-sitter...), causés par vos animaux (ou ceux que vous gardez) […].

Certains dommages ne sont pas couverts par la garantie. Il s'agit notamment d'un dommage que vous causez à vous-même ou à vos proches, ou que vous causez intentionnellement à autrui […].

Source : www.service-public.fr/particuliers/vosdroits/F2123

6 À partir du **document C**, **surligner** dans le **document D** la seule garantie obligatoire à souscrire pour assurer un véhicule automobile, puis **justifier**.

....

....

....

....

DOC D l'extrait du contrat d'assurance de la voiture de monsieur Dupont

ASSURANCES AZUR
12, rue des Lys
49300 CHOLET

Monsieur DUPONT Frédéric
10, rue du Fourneau
49300 CHOLET

N° de sociétaire : 160033897 **Contrat :** AUTO **Date d'effet :** 01/09/2022

VÉHICULE ASSURÉ

CITROËN GRAND C4 PICASSO CM-340-SX

DURÉE DU CONTRAT

du 01/09/2022 au 01/09/2023
avec renouvellement annuel automatique

COTISATION

Tarif annuel 2022 TTC : 557,13 €
avec un coefficient Bonus/Malus 0,58

GARANTIES	SOUSCRITES	FRANCHISE
- Responsabilité civile (dommages causés aux tiers)	oui	sans
- Défense, protection juridique	non	sans
- Dommages au véhicule	non	150 €
- Bris d'éléments vitrés	oui	sans
- Vol	oui	20 %
- Incendie	non	20 %
- Événements climatiques	non	20 %
- Assistance 0 kilomètre	non	sans
- Véhicule de remplacement	non	sans

7 À partir du **document D**, **cocher**, pour chaque sinistre, si l'assurance souscrite par monsieur Dupont prend en charge les dommages subis et **justifier** votre réponse.

Sinistres	Prise en charge des dommages subis		
	Oui	Non	Justifications
Monsieur Dupont a percuté la voiture à l'arrêt devant lui. Son véhicule n'est pas endommagé. Mais l'aile arrière gauche de la voiture heurtée est légèrement enfoncée. 			....
Dans la nuit, le véhicule de monsieur Dupont a été incendié. 			....

ACTIVITÉ 3 Les démarches à effectuer en cas ce sinistre

8 **Surligner**, dans le **document E**, pour chaque sinistre, les délais à respecter pour transmettre la déclaration à l'assureur.

9 À partir du **document E**, **indiquer** où l'on peut se procurer un constat amiable « constat européen d'accident ».

....

DOC E Les démarches à effectuer en cas de sinistre

Exemples de sinistre		Démarches
Accident automobile		Remplir un constat européen d'accident, appelé souvent « constat à l'amiable » remis par l'assureur à la signature du contrat. Ce document (éventuellement dématérialisé avec le e-constat* ou le constat électronique) devra lui être transmis dans les cinq jours ouvrés suivant l'accident. En cas de blessure, faire établir par un médecin un certificat médical précisant les dommages.
Dégât des eaux		Remplir un constat amiable « dégât des eaux » disponible auprès de l'assurance et le transmettre dans les cinq jours ouvrés. Prévenir le propriétaire si vous êtes locataire.
Vol		Déposer une plainte dans un commissariat ou une gendarmerie dans les 24 heures. Déclarer ce vol auprès de l'assureur dans les deux jours pour pouvoir être indemnisé, en lui transmettant une copie du récépissé ou du procès-verbal de plainte.

* Vous pouvez aussi utiliser dans certaines conditions le e-constat, application gratuite permettant de compléter votre constat *via* votre smartphone.

PROPOSER DES SOLUTIONS

10 **Nommer** et **justifier** l'assurance à laquelle Jérôme doit avoir souscrit à l'achat de son scooter pour être indemnisé suite à son accident.

....

....

11 **Indiquer** les démarches à effectuer par Jérôme après son accident pour être indemnisé.

....

12 **Remplir**, à l'aide d'un e-constat amiable disponible sur **internet** et de l'attestation d'assurance, le constat amiable faisant suite à l'accident de Jérôme, sachant qu'il est assuré tous risques.

 # documents
Les infos sur Jérôme.
foucherconnect.fr/22pc118

MÉMO 25 L'assurance

1. Le principe et le rôle de l'assurance

L'assurance repose sur le principe de la solidarité.

Le contrat d'assurance engage deux parties.

L'assuré

- verse une prime d'assurance pour être couvert en cas de sinistre
- chaque partie signe le contrat d'assurance
- verse des indemnités en cas de sinistre

L'assureur

2. Les assurances obligatoires et facultatives

Les assurances obligatoires

Responsabilité civile : elle oblige toute personne à réparer les dommages causés à autrui.
- Assurance **voiture** : assurance automobile au tiers.
- Assurance **habitation** (pour les locataires) : garantie responsabilité civile locative.

D'autres assurances sont facultatives (assurance tous risques, assurance vie...).

3. Les démarches à effectuer en cas de sinistre

Accident

Remplir un **constat amiable européen** et l'envoyer à l'assureur dans les **cinq jours**.

Vol

Déposer plainte et déclarer le vol à l'assureur dans les **deux jours**.

Dégât des eaux

Remplir un **constat amiable dégâts des eaux** et le transmettre à l'assureur dans les **cinq jours**.

LE MÉMO

Rédigé Audio

foucherconnect.fr/22pc119

 # qcm

8 questions pour réviser

foucherconnect.fr/22pc120

Le budget

Objectif : adopter une attitude responsable face à la gestion de son budget et au choix d'une épargne.

ANALYSER LA SITUATION

1 **Identifier** le problème posé dans la situation en cochant la proposition exacte.

- ☐ Le crédit à la consommation.
- ☐ L'organisation d'une fête d'anniversaire.
- ☐ La constitution d'une épargne pour financer un achat.

2 **Identifier** les éléments de la situation en renseignant les rubriques suivantes.

Projet de Carla ›› ....

Montant du salaire mensuel ›› ....

Montant du projet ›› ....

Temps pour économiser ›› ....

Montant de l'épargne mensuelle à constituer ›› ....

Autre situation TEXTE

foucherconnect.fr/22pc121

ACTIVITÉ 1 Les recettes et les dépenses d'un budget

3 À l'aide du **document A** et de vos connaissances, **cocher**, sous chaque photo, la catégorie de revenus concernée.

1

M. et Mme Dupuis, retraités, perçoivent chacun une pension de l'État.

☐ Revenu lié au travail.
☐ Revenu social.

2

Jules est responsable des espaces verts dans un parc municipal. Il perçoit en fin d'année, en plus de son salaire, une prime d'un montant de 800 €.

☐ Revenu lié au travail.
☐ Revenu social.

3

Ronan et Rose perçoivent 462,62 € d'allocations familiales pour leurs quatre enfants à charge.

☐ Revenu lié au travail.
☐ Revenu social.

4

Laetitia, hôtesse de caisse dans une grande surface, perçoit un salaire mensuel de 1 280 €.

☐ Revenu lié au travail.
☐ Revenu social.

5

Léa, étudiante, perçoit une bourse d'études de 1 930 € pour une année scolaire.

☐ Revenu lié au travail.
☐ Revenu social.

6
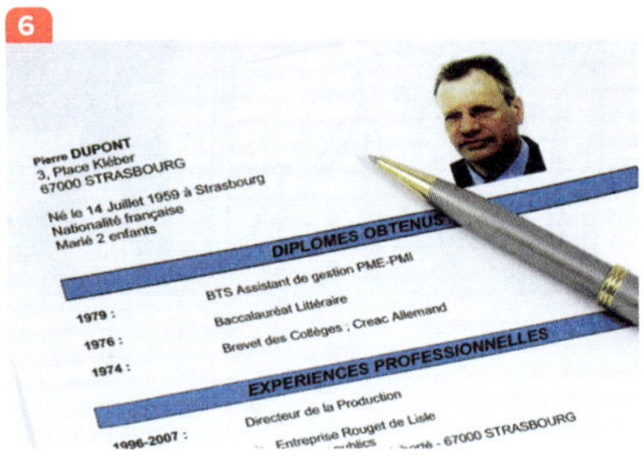

Pierre a perdu son emploi. Il perçoit actuellement des allocations chômage.

☐ Revenu lié au travail.
☐ Revenu social.

DOC A Les différentes catégories de revenus

Les **revenus sociaux** viennent aider ceux qui sont exclus de toute activité productive. L'État redistribue les revenus qu'il a perçus par les impôts sous forme de **prestations sociales** (allocations chômage, allocations familiales…).

Les **revenus d'activité** se décomposent en deux catégories selon l'activité des personnes :
– le **salaire** (revenu de toutes les personnes travaillant pour un employeur) ;
– les **revenus des travailleurs indépendants** (rémunération des personnes qui travaillent pour leur propre compte).

ACTIVITÉ 2 La gestion d'un budget

4 **Surligner**, dans le **document B**, la définition d'un budget.

5 À partir du **document B** et/ou de la **vidéo**,

5.1 Nommer le type de dépenses incompressibles. ....

5.2 Citer deux exemples de dépenses incompressibles. ....

5.3 Justifier le fait que ces dépenses soient incompressibles.

....

vidéo
Le budget c'est ouf !
foucherconnect.fr/22pc122

DOC B Un exemple de budget prévisionnel mensuel

Un **budget** est la prévision des recettes et des dépenses pour une période donnée. Pour élaborer son budget, il faut évaluer les recettes et les dépenses regroupées par poste, en vue de constituer une épargne.

Le budget mensuel de Carla

Recettes (en €)	Dépenses mensuelles (en €)						Épargne (en €)
1 375	Charges fixes *(obligatoires et incompressibles)*		Dépenses courantes *(obligatoires mais partiellement compressibles)*		Dépenses d'équipement et de renouvellement *(remises à plus tard ou supprimées)*		
	Loyer	315,20	Alimentation	275,00	Habillement	124,00	
	EDF	29,79	Loisirs	74,00	Vacances	–	
	Taxe audiovisuelle	9,50	Hygiène-santé	40,00	Équipement ménager	30,50	
	Impôt sur le revenu	125,00	Entretien/divers	30,50	Cadeaux	18,00	
	Eau	6,33	Carburant	89,00			
	Téléphone	31,50					
	Assurance voiture	48,00					
	Taxe d'habitation	27,95					

6 À partir de chacune des situations, **cocher** les réponses exactes.

Situations	Solde* du compte (en euros)	Caractéristiques des dépenses	État du budget
1  Noémie, 18 ans, met régulièrement 25 € sur son compte épargne à la fin du mois.	Le solde est : ☐ positif ☐ négatif ☐ nul	Les dépenses sont : ☐ supérieures aux recettes. ☐ inférieures aux recettes. ☐ égales aux recettes.	 ☐ équilibré  ☐ excédentaire  ☐ déficitaire
2  Coumba dépense sans vérifier ses comptes. À la fin du mois, elle n'a plus assez d'argent pour payer toutes ses factures.	Le solde est : ☐ positif ☐ négatif ☐ nul	Les dépenses sont : ☐ supérieures aux recettes ☐ inférieures aux recettes ☐ égales aux recettes	 ☐ équilibré  ☐ excédentaire  ☐ déficitaire
3  Tristan a dépensé tout son salaire à la fin du mois. Il n'a cependant pas fait appel à ses économies.	Le solde est : ☐ positif ☐ négatif ☐ nul	Les dépenses sont : ☐ supérieures aux recettes ☐ inférieures aux recettes ☐ égales aux recettes	 ☐ équilibré  ☐ excédentaire  ☐ déficitaire

*Solde : différence entre les recettes et les dépenses.

7 **Relier** l'état du budget à sa conséquence.

Budget équilibré	Budget déficitaire	Budget excédentaire

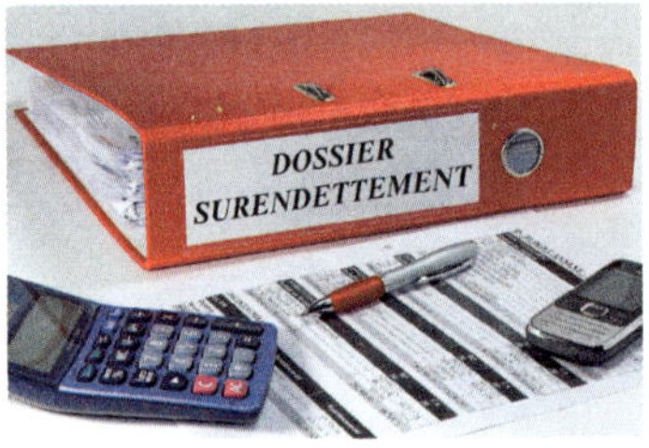 Les factures ne sont pas toutes payées. Il faut trouver une solution pour ne pas être surendetté.	 Les factures sont toutes payées. Les économies sont à placer sur un compte qui rapporte des intérêts.	 Les factures sont toutes payées, mais il ne reste plus d'argent pour faire face aux imprévus.

8 **Énoncer** la principale règle de gestion d'un budget.

....

....

ACTIVITÉ 3 L'épargne

9 À partir du **document C** et de vos connaissances,

9.1 **Cocher** les réponses exactes.

	Les différentes formes d'épargne			
	1 Livret A	2 Livret jeune	3 Plan épargne logement	4 Livret de développement durable et solidaire
Épargne la plus rentable				
Épargne disponible				
Épargne à long terme				

9.2 **Citer** deux critères de choix d'une épargne.

– .... – ....

10 À partir de la situation et de vos connaissances, **cocher** le type d'épargne dont il s'agit.

> Théo épargne pour se constituer une réserve d'argent disponible immédiatement afin de pouvoir faire face à des dépenses imprévues.

- ☐ Épargne de projet.
- ☐ Épargne de précaution.
- ☐ Épargne de retraite.

11 À partir du **document C**, **nommer** deux placements à privilégier pour l'épargne de précaution et **justifier**.

– ………………………………………………… – …………………………………………………

Justification : ……………………………………………………………………………………………………

……………………………………………………………………………………………………

 # vidéo
L'épargne c'est utile !
foucherconnect.fr/22pc123

DOC C Les différentes épargnes (1er février 2023)

	Épargne	Montant des dépôts		Taux d'intérêt	Conditions d'ouverture	Disponibilité de l'épargne
		Minimum	Maximum			
1	Livret A	10 € (1,50 € pour un livret ouvert à la Banque postale)	22 950 € hors intérêts	3 %	Toute personne mineure ou majeure	Argent disponible à tout moment
2	Livret jeune	10 €	1 600 € hors intérêts	Dépend de la banque (au moins égal à 3 %)	Tous les jeunes de 12 à 25 ans	Argent disponible à tout moment
3	Plan épargne logement	Versement initial minimum : 225 € Versement annuel minimum : 540 €	61 200 € hors intérêts	2 % (pour les PEL ouverts à partir du 01/01/23)	Toute personne mineure ou majeure	Montant bloqué pour 4 ans
4	Livret de développement durable et solidaire	15 €	12 000 € hors intérêts	3 %	Toute personne majeure ayant un domicile fiscal en France	Argent disponible à tout moment

Source : www.service-public.fr/particuliers/vosdroits/N20376

PROPOSER DES SOLUTIONS

12 À l'aide du budget prévisionnel de Carla (**document A**), **compléter** le tableau.

			Montant total (en €)
Recettes (en €)			…………………
Dépenses (en €)	Charges fixes	…………………	
	Dépenses courantes	…………………	…………………
	Dépenses d'équipement et de renouvellement	…………………	
Épargne (en €)			…………………

13 En **déduire** si Carla a économisé au bout de cinq mois la somme dont elle a besoin pour s'acheter un XGPhone 5.

……………………………………………………………………………………………………

……………………………………………………………………………………………………

14 Dans le cas d'une épargne insuffisante, **proposer** à Carla deux solutions.

……………………………………………………………………………………………………

……………………………………………………………………………………………………

……………………………………………………………………………………………………

15 **Nommer** l'épargne la plus adaptée au projet de Carla et **justifier**.

……………………………………………………………………………………………………

MÉMO 26 Le budget

1. Les recettes et les dépenses d'un budget

Définition du budget : **prévision des recettes et des dépenses** pour une période donnée.

Recettes

Dépenses

2. La gestion d'un budget

Principale règle de la gestion du budget : les recettes doivent toujours être supérieures aux dépenses.

État du budget et ses conséquences

Budget exédentaire

DÉPENSES RECETTES

Possibilité d'épargner

Budget équilibré

DÉPENSES RECETTES

Ne pas s'engager dans un crédit

Budget déficitaire

DÉPENSES RECETTES

Risque de surendettement

3. L'épargne

Principe

Mettre de l'argent **en réserve** lorsque le budget est excédentaire.

Critères de choix

Rentabilité

Disponibilité

Sécurité du placement

Différentes sortes d'épargne

– Livret A. – Livret jeune. – Plan épargne logement. – Livret de développement durable et solidaire.

LE MÉMO

Rédigé Audio

foucherconnect.fr/22pc124

#qcm

8 questions pour réviser

foucherconnect.fr/22pc125

Module D2

THÉMATIQUE D

CHAPITRE 27

Le crédit à la consommation

Objectif : souscrire un crédit sans risque de surendettement.

ANALYSER LA SITUATION

1 **Formuler** le problème posé dans la situation.

....

2 **Identifier** les éléments de la situation en renseignant le tableau.

Projet d'achat de Quentin	....
Somme dont a besoin Quentin	....
Salaire mensuel de Quentin	....
Montant mensuel du remboursement du crédit en cours	....
Montant de la simulation de crédit faite par Quentin	....

Autre situation

VIDÉO

foucherconnect.fr/22p126

MOBILISER SES CONNAISSANCES

ACTIVITÉ 1 Le principe du crédit à la consommation

3 À partir du **document A**,

3.1 **Cocher** le crédit le moins coûteux.

☐ Crédit A ☐ Crédit B

3.2 Nommer deux des éléments qui font varier le montant total dû par l'emprunteur.

4 Indiquer le principe du crédit.

DOC A Deux propositions de crédit à la consommation

BANQUE PRETATOUT

Crédit	A	B
Montant du prêt	500 €	500 €
Montant de chaque mensualité	44,91 €	31,57 €
Durée du crédit	12 mois	18 mois
Montant total dû	538,92 €	568,26 €
Taux nominal¹ (taux débiteur fixe)	14,06 %	16,58 %
TAEG fixe²	15 %	17,90 %
Intérêts	38,92 €	68,26 €

1. Le taux nominal permet de calculer le montant des intérêts.
2. Le taux annuel effectif global est égal au taux nominal auquel on ajoute tous les frais de dossier et d'assurances.

5 À partir du **document B**,

5.1 Indiquer le coût du scooter si Juliette effectue son achat :

– comptant : – à crédit :

5.2 Comparer les résultats obtenus et **formuler** un commentaire.

DOC B La situation de Juliette

« Je voudrais acheter un scooter d'un montant de 1 250 €. Mon revenu mensuel net est de 1 650 €. J'ai un apport de 500 €. Mon loyer s'élève à 450 € et j'ai un crédit en cours d'un montant de 70 €. Pour financer le projet, le vendeur m'a proposé d'emprunter 750 € en remboursant 69,80 € sur 12 mois, intérêts et assurances comprises. »

ACTIVITÉ 2 Les avantages et les inconvénients du crédit

6 À partir des **documents B** et **C**,

6.1 Calculer :

– le taux d'endettement actuel de Juliette :

– le taux d'endettement si elle achète à crédit le scooter :

DOC C Le calcul du taux d'endettement

$$\text{Taux d'endettement} = \frac{\text{Charges mensuelles}^2}{\text{Revenus mensuels}^1} \times 100$$

1. Revenus mensuels : salaire mensuel + allocations familiales (prises en compte ou non suivant les banques).
2. Charges mensuelles : loyer + crédit en cours.

Risque de surendettement si le taux est supérieur à 33 %

6.2 Formuler un commentaire.

6.3 En **déduire** la définition du surendettement.

7 À partir du **document D** et de vos connaissances,

7.1 Indiquer les engagements :

– de l'emprunteur : ……………………………………………………………………………………

– du prêteur : ……………………………………………………………………………………………

7.2 Surligner en jaune le délai dont dispose l'emprunteur pour se rétracter après la signature du contrat, et en bleu le document qu'il lui faut alors envoyer.

DOC D Les engagements réciproques de l'emprunteur et de l'organisme prêteur lors d'un crédit

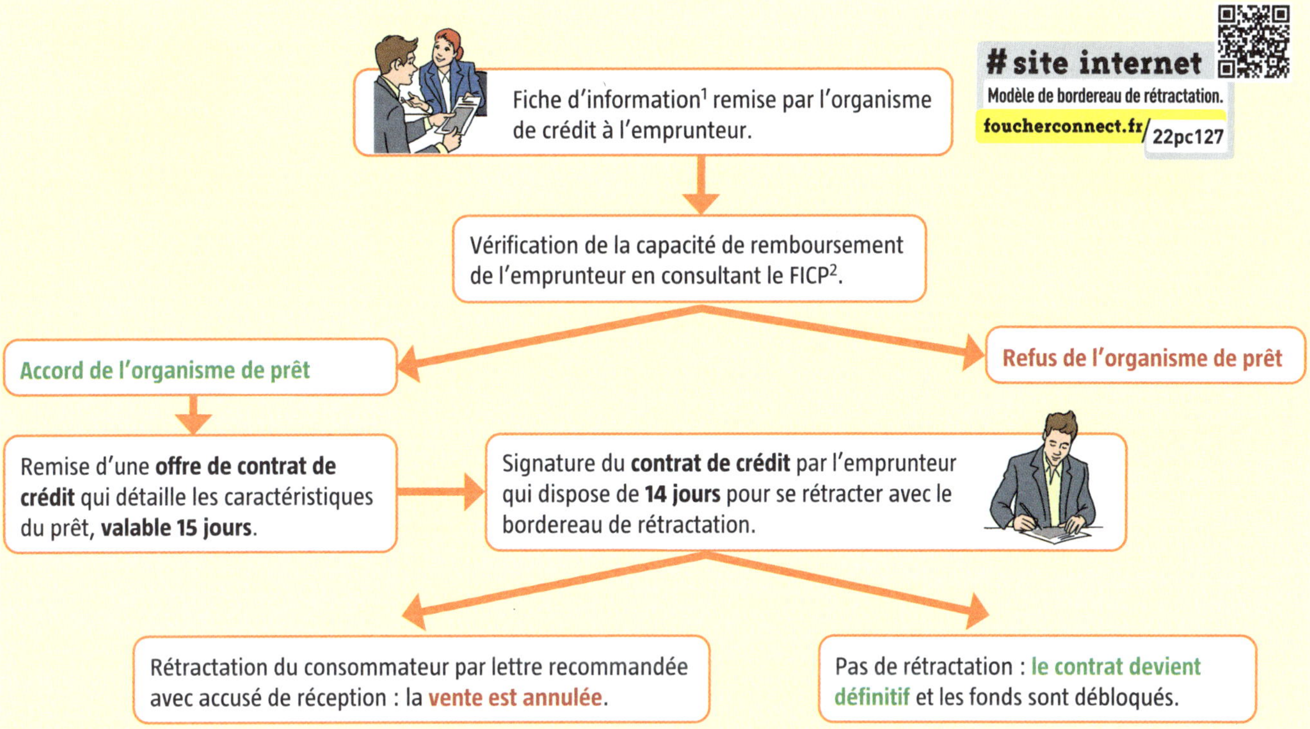

1. Elle précise toutes les informations utiles pour comparer différentes offres de crédit.
2. Le FICP (Fichier national des incidents de remboursement des crédits aux particuliers) recense les informations sur les incidents de paiement caractérisés, liés aux découverts et aux crédits accordés à des personnes physiques, pour des besoins non professionnels, ainsi que les informations relatives aux situations de surendettement.

8 Lister les avantages et les inconvénients du crédit à la consommation en renseignant le tableau.

Avantages	Inconvénients
……………………	……………………
……………………	……………………
……………………	……………………

PROPOSER DES SOLUTIONS

9 Calculer le taux d'endettement de Quentin s'il achète sa voiture à crédit.

……………………………………………………………………………………………………

10 Indiquer si Quentin peut acheter sa voiture à crédit et **justifier** la réponse.

……………………………………………………………………………………………………

Le crédit à la consommation

1. Le principe du crédit à la consommation

Le principe du crédit

L'organisme de crédit

Verse une somme d'argent pour l'achat d'un bien →

← **Rembourse** cette somme à laquelle s'ajoutent des **intérêts**, de manière échelonnée sur une période donnée

L'acheteur

Les conditions et engagements d'un crédit

L'organisme de crédit

- Remettre une fiche d'information et vérifier la capacité de remboursement.
- Remettre une offre descriptive du contrat de crédit (valable 15 jours).
- Faire signer le contrat de crédit.
- Mettre à disposition la somme d'argent.

L'acheteur

- Signer le contrat de crédit.
- Disposer de 14 jours pour se rétracter *via* le bordereau de rétractation.
- Rembourser les sommes dues selon les modalités du contrat.

2. Les avantages et les inconvénients du crédit

– Financer un projet immédiatement.
– Rembourser en plusieurs mensualités.

– Risquer le surendettement : impossibilité de rembourser des dettes, les charges étant plus importantes que les revenus.

Des mesures de prévention du surendettement

- Gérer son budget

- Ne pas dépasser un taux d'endettement de 33 % de ses revenus

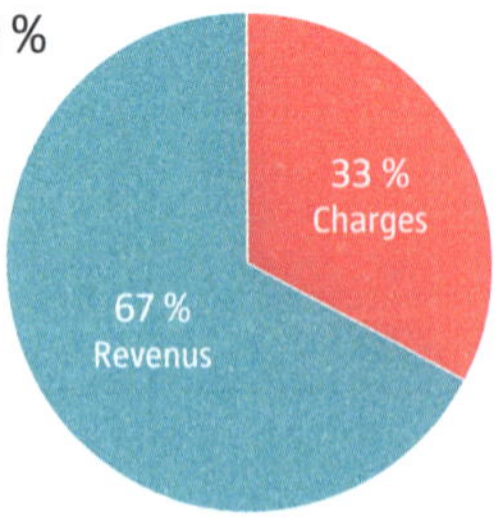

- Être attentif au taux effectif global (TEG) des organismes de prêt

LE MÉMO

Rédigé Audio

foucherconnect.fr/22pc128

#qcm

8 questions pour réviser

foucherconnect.fr/22pc129

Les achats

Objectif : acheter un bien.

ANALYSER LA SITUATION

1 **Identifier** le problème posé dans la situation en cochant la proposition exacte.

- ☐ L'augmentation du nombre de personnes allergiques aux produits alimentaires.
- ☐ La difficulté d'acheter des produits alimentaires issus du commerce équitable.
- ☐ Le choix des produits alimentaires.

2 **Identifier** les éléments de la situation en répondant aux questions.

Quoi ? *Quelle est la nature du problème ?* ›› ....

Qui ? *De qui s'agit-il ?* ›› Lucas.

Où ? *Où fait-il ses achats ?* ›› ....

Quand ? *À quel moment prend-il connaissance du problème ?* ›› ....
....

Comment ? *Comment s'aperçoit-il du problème ?* ›› ....
....

Pourquoi ? *Pourquoi est-ce important de régler le problème ?* ›› ....
....

Autre situation TEXTE

foucherconnect.fr/22pc130

ACTIVITÉ 1 Les avantages et les inconvénients du e-commerce

3 **Indiquer**, pour chaque situation, s'il s'agit d'un avantage ou d'un inconvénient du e-commerce et **justifier**.

	**1** Assia passe rapidement récupérer sa commande de courses alimentaires après sa journée de travail.	☐ Avantage ☐ Inconvénient Justification : …………
	**2** Naïm n'effectue pas d'achat sur Internet car il ne veut pas transmettre ses données personnelles et bancaires.	☐ Avantage ☐ Inconvénient Justification : …………
	**3** Oscar commande ses vêtements en ligne car il estime faire des affaires très intéressantes.	☐ Avantage ☐ Inconvénient Justification : …………
	**4** Pour la deuxième fois, Ophélie ne reçoit pas sa commande à la date indiquée par le vendeur. Elle est mécontente.	☐ Avantage ☐ Inconvénient Justification : …………
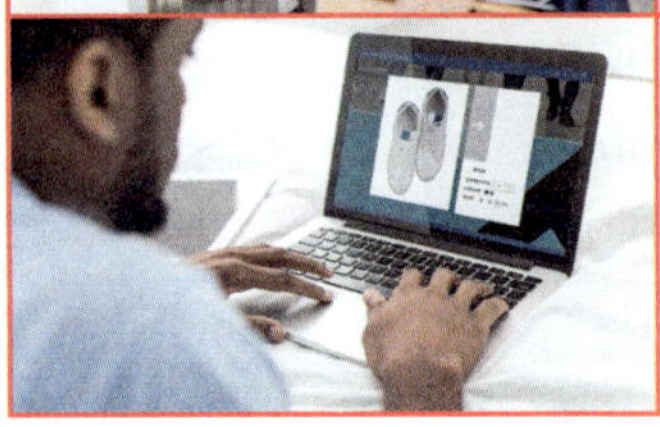	**5** Les chaussures commandées par Tristan ne lui conviennent pas. Il n'a pas vu l'option complémentaire payante concernant les frais de renvoi.	☐ Avantage ☐ Inconvénient Justification : …………

4 À partir du **document A**, **indiquer** le délai maximum dont dispose :

– le vendeur pour livrer la commande si aucun délai n'a été indiqué : …………

– le vendeur pour rembourser l'acheteur en cas de renvoi de la commande :

…………

– l'acheteur pour se rétracter après la réception de la commande : …………

DOC A La réglementation de la vente en ligne

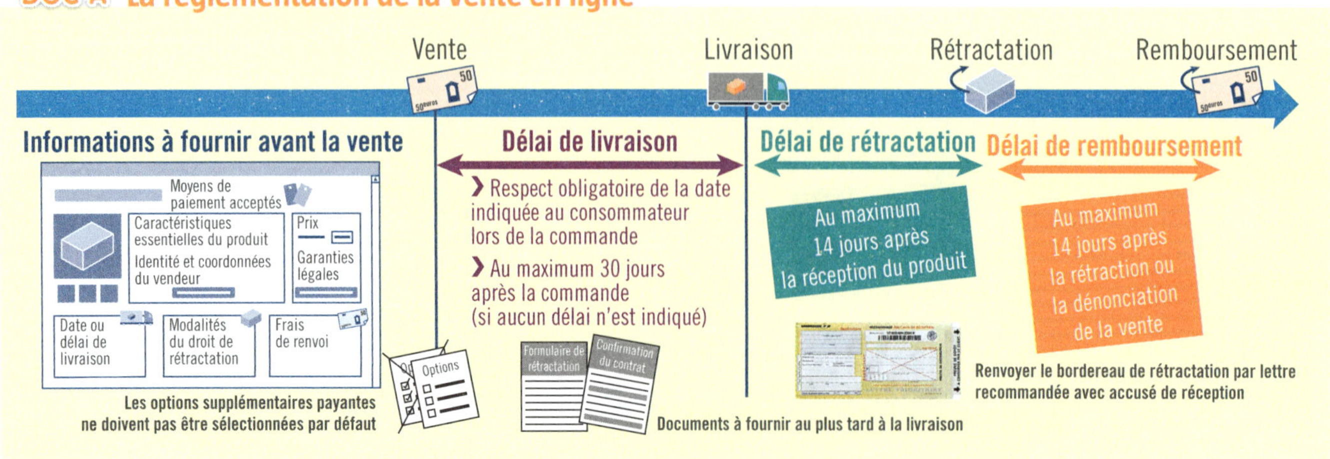

ACTIVITÉ 2 Les critères de choix d'un produit

 # vidéo
Comment choisir sa trottinette.
foucherconnect.fr/22pc131

5 À partir du **document B**, **identifier** six critères de choix d'une trottinette électrique.

....

....

DOC B Les caractéristiques de deux trottinettes électriques

1	2

– Couleur : blanche. – Moteur ultra puissant. – Grand écran LCD (choix du mode de vitesse jusqu'à 25 km/h). – Éclairage, avertisseur sonore. – Vitesse bridée à 25 km/h. – Batterie Lithium 36V 7,8 (autonomie jusqu'à 30 km). – Suspensions avant et arrière. – Structure en aluminium. – Puissantes leds avant et arrière permettant une visibilité optimale de nuit. – Poids : 11 kg. – Accessoire inclus : chargeur.	– Couleur : noire. – Moteur 250 watts. – 3 vitesses (10 km/h, 20 km/h, 25 km/h). – Guidon réglable. – Autonomie de 17 à 22 km. – Structure en aluminium. – Suspensions avant et arrière. – Puissantes leds avant et arrière permettant une visibilité optimale de nuit. – Pliable. – Batterie grande capacité. – Poids : 12 kg. – Accessoire inclus : chargeur.

ACTIVITÉ 3 L'étiquetage d'un produit alimentaire

 # site internet
Site de la DGCCRF.
foucherconnect.fr/22pc132

6 À partir du **document C** et du **site internet**, **indiquer** la signification des deux sigles de qualité qui figurent sur l'étiquette de ce produit alimentaire.

Étiquette alimentaire	Signes de qualité	Signification
	label Rouge	....
	Indication Géographique Protégée	....

DOC C Les informations portées sur l'étiquette d'un produit alimentaire préemballé

• Les informations obligatoires

1	La **dénomination de vente** : le nom du produit.
2	La **liste des ingrédients** : ils sont énumérés par ordre décroissant de quantité avec les additifs. Est mentionné en caractère gras tout ingrédient présent dans le produit susceptible de provoquer des intolérances ou des allergies.
3	La **quantité nette de produit** (poids).
4	Le **nom** ou la raison sociale et l'adresse du fabricant ou du conditionneur ou du vendeur établi à l'intérieur de l'Union européenne.
5	L'**estampille sanitaire** (ou marque de salubrité).
6	La **date limite de consommation** (DLC) pour les produits périssables et les semi-conserves signalés par la mention « à consommer avant le... », la **date de durabilité minimale** (DDM) pour les produits non périssables signalés par la mention « à consommer de préférence avant le... ».
7	Le **numéro de lot de fabrication** (si nécessaire).
8	Les conditions particulières de **conservation** ou de stockage.
9	Le **lieu d'origine** ou de provenance.
10	Les **valeurs énergétiques et nutritionnelles**.

• Les informations facultatives

11	Le **code-barres**.
12	Le **service consommateur**.
13	Des **signes officiels** de la qualité alimentaire.

AB AGRICULTURE BIOLOGIQUE — Label Rouge — appellation d'origine contrôlée AOC FRANCE — APPELLATION D'ORIGINE PROTÉGÉE — INDICATION GÉOGRAPHIQUE PROTÉGÉE

7 À partir du **document C**,

7.1 Identifier les mentions obligatoires portées sur l'étiquette du produit alimentaire en reportant dans chaque cercle le numéro concerné.

7.2 Préciser la température de stockage du produit.

....

....

8 Entourer, sur l'étiquette, les signes officiels qui garantissent un produit alimentaire issu de l'agriculture biologique.

© Éditions Foucher

9 À partir du **document C**, **indiquer** l'intérêt :

– d'apposer une étiquette sur l'emballage d'un produit alimentaire :

....

....

– de la présence des signes de qualité sur l'étiquette :

....

....

10 Après avoir consulté le **site internet**, **cocher** la définition qui correspond au commerce équitable.

 # site internet
Commerce équitable France.
www.commercequitable.org

- ☐ Système permettant de suivre un produit alimentaire de son lieu de production jusqu'à son lieu de distribution.
- ☐ Forme de commerce mondial qui a pour objectif de payer un prix décent aux producteurs du Sud, de protéger les droits fondamentaux des personnes et de respecter l'environnement.

11 **Compléter** le tableau.

	Pour les consommateurs	Pour les producteurs
Avantages du commerce équitable (ALTER ECO COMMERCE ÉQUITABLE)	....	....

PROPOSER DES SOLUTIONS

12 À partir de ces deux produits alimentaires, **entourer** celui adapté aux besoins de Lucas et **justifier**.

Justification : ....

....

Produit alimentaire n° 1		**Ingrédients** : sucre, huile de palme, **noisettes** 13 %, cacao maigre 7,4 %, **lait** écrémé en poudre 6,6 %, **lactoserum** en poudre, émulsifiants : lécithine (**soja**), vanilline. Sans gluten.
Produit alimentaire n° 2		**Ingrédients** : sucre de canne*, huile de tournesol*, chocolat* 16,5 % (sucre de canne*, poudre de cacao maigre*, beurre de cacao*), purée de **noisettes*** 10 %, poudre de **lait** écrémé*, farine de **soja***, émulsifiants : lécithine (**soja**), extrait de vanille Bourbon*. * Produits issus de l'agriculture biologique. Peut contenir des traces d'autres **fruits à coque** et **lupin**.

MÉMO 28 Les achats

1. Les avantages et les inconvénients du e-commerce

- Gain de temps lié à l'absence de déplacement.
- Possibilité d'acheter 24 h sur 24 h
- Prix souvent avantageux.
- Produit uniquement disponible en ligne.

- Coût supplémentaire.
- Délai de livraison plus ou moins long.
- Démarches de renvoi du produit pas systématiquement prises en charge par les boutiques.
- Transmission des coordonnées personnelles et bancaires du consommateur qui peuvent faire l'objet de piratage.

La réglementation de la vente en ligne

- Obligation de livraison en moins de 30 jours.
- Délai de rétractation de 14 jours.
- Remboursement des achats 14 jours après leur retour.

2. Les critères de choix d'un produit

- Le prix
- L'origine
- La qualité
- L'éthique, le social
- La marque

3. L'étiquetage d'un produit alimentaire

L'étiquetage d'un produit alimentaire

Les **mentions obligatoires** d'une étiquette :
- dénomination de vente,
- liste des ingrédients,
- quantité nette de produit,
- date limite de consommation (DLC) ou date de durabilité minimale (DDM),
- nom ou raison sociale du fabricant,
- numéro de lot de fabrication,
- valeurs énergétique et nutritionnelle,
- estampille sanitaire sur les produits d'origine animale,
- origine du produit,
- conditions particulières de stockage.

Les signes officiels de la qualité alimentaire

AB AGRICULTURE BIOLOGIQUE — Label Rouge — appellation d'origine contrôlée AOC FRANCE — APPELLATION D'ORIGINE PROTÉGÉE — INDICATION GÉOGRAPHIQUE PROTÉGÉE

Les caractéristiques du commerce équitable

- Une meilleure rémunération pour les producteurs du Sud
- Des producteurs qui décident de leur avenir
- Un environnement respecté
- Des produits de qualité

LE MÉMO

Rédigé Audio

foucherconnect.fr/22pc133

 # qcm

8 questions pour réviser

foucherconnect.fr/22pc134

Fiches secourisme

Module C8

Fiches établies d'après le Guide des données techniques et conduites à tenir (en vigueur depuis juin 2019)

Plan d'intervention du SST

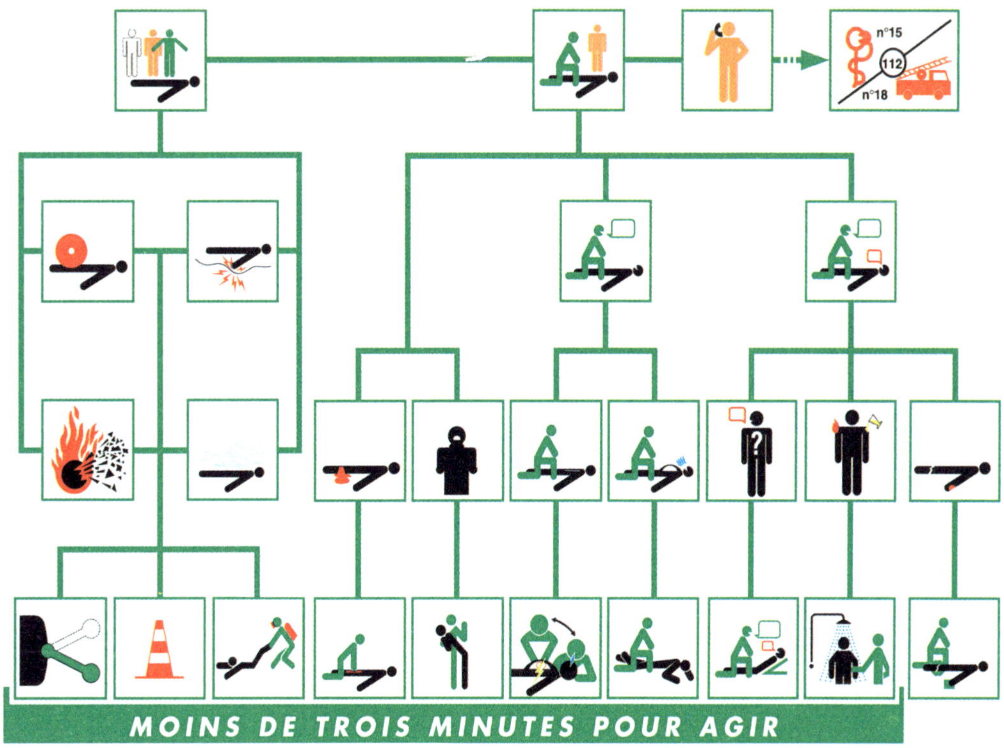

© INRS.
Ce plan est donné à titre d'information. Seules les personnes formées au cours d'un stage conforme au programme de formation national ont le droit d'intervenir sur un incident ou un accident.

Protéger

Résultat à atteindre **éviter un nouvel accident**

Protéger

- Je me pose les questions suivantes avant d'accéder à la victime pour ne pas m'exposer moi-même, les témoins ou la victime à un ou des dangers :
  - **Que s'est-il passé ?**
  - **Persiste-t-il un ou des dangers ?**

Danger d'origine mécanique

Danger d'origine électrique

Danger d'origine thermique ou pouvant provoquer un incendie ou une explosion

Danger dû à une atmosphère toxique ou irrespirable

Danger contrôlable ?

OUI

- Je **supprime** ou fait supprimer le(s) danger(s).

NON

- J'**isole** ou fais isoler le(s) danger(s).

et/ou

- Je **soustrais** ou fais soustraire la victime à(aux) danger(s) (manœuvre exceptionnelle).

et/ou

- Je **continue à isoler** la zone d'intervention et j'**alerte** ou fais alerter les secours spécialisés qui pourront agir sur le(s) danger(s).

Cas particulier

Alerte et protection des populations

- Lorsque j'entends le **signal** émis par des sirènes, annonçant un **danger immédiat** :

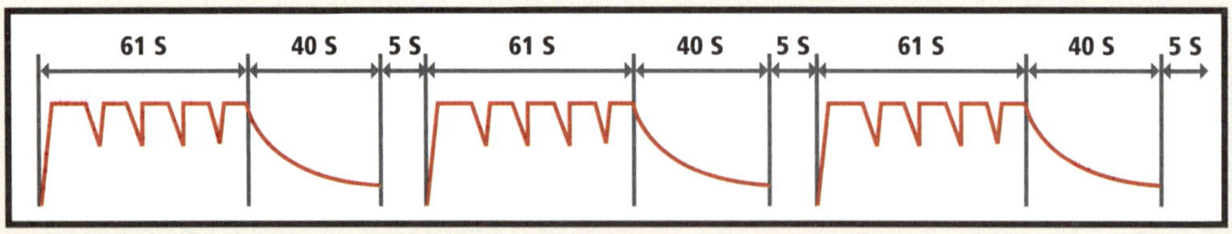

  - je me mets à l'abri en me rendant dans un local calfeutré ;
  - je m'informe en écoutant la radio (réseau France Bleu) ou en regardant la télévision (réseau France Télévisions) ;
  - je ne vais pas chercher mes enfants à l'école ;
  - je ne fume pas, j'évite toute flamme ;
  - je ne téléphone pas pour ne pas encombrer le réseau ;
  - je m'assure que mon entourage a reçu et exécuté ces consignes.

- Lorsque j'entends le **signal de fin d'alerte**, le danger est écarté :

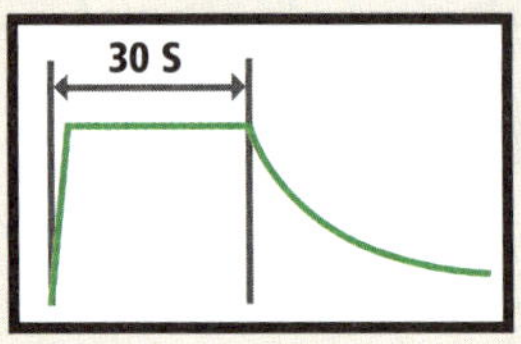

Examiner

Résultat à atteindre **déduire les actions à mettre en œuvre**

Examiner

Pourquoi examiner ?

- J'examine la victime pour :
  - **déterminer le résultat à atteindre** et en **déduire les gestes de secours** (ou actions) à mettre en œuvre ;
  - **transmettre ces informations aux secours spécialisés**, pour qu'ils puissent organiser leur intervention.

Comment examiner ?

- J'**observe** la victime et me **pose systématiquement 4 questions :** la victime saigne-t-elle abondamment ? s'étouffe-t-elle ? répond-elle ? respire-t-elle ?

La victime saigne-t-elle abondamment ?

- Je recherche les saignements abondants éventuels en observant la victime et son environnement, en respectant sa position et en lui parlant.

La victime s'étouffe-t-elle ?

- Je repère le comportement de la victime et lui pose une question.

  Si elle s'étouffe, elle :
  - porte brutalement ses mains à sa gorge ;
  - ne peut plus parler ;
  - ne peut plus crier ;
  - ne peut plus tousser ;
  - n'émet aucun son ;
  - ne peut plus respirer ;
  - s'agite.

La victime répond-elle ?

<u>**Pour un adulte ou un enfant :**</u>

- Je **pose une ou des questions simples** à la victime :
  - que s'est-il passé ?
  - comment ça va ?
  - m'entendez-vous ?
  - où avez-vous mal ?

En cas de non-réponse à ces questions : je lui **secoue doucement les épaules** ou lui prends la main et lui **demande d'exécuter un ordre simple** (ex. : « serrez-moi la main », « ouvrez les yeux »).

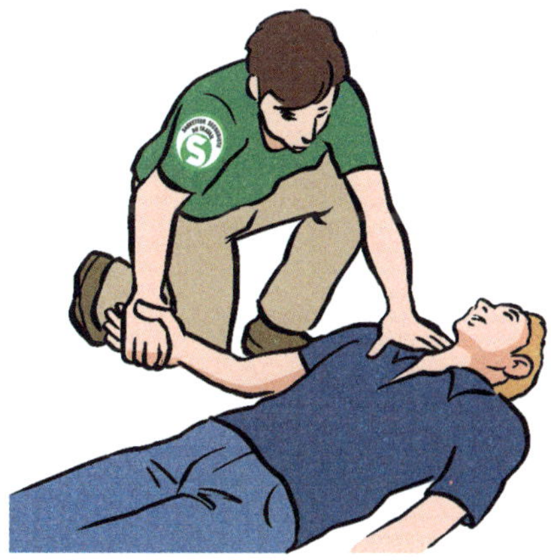

<u>**Pour un nourrisson :**</u>

- Je **fais du bruit**, par exemple en tapant des deux mains, puis je **stimule** l'enfant **au niveau des mains**.

La victime respire-t-elle ?

Je poursuis l'examen si la victime ne répond pas :

Pour un adulte ou un enfant (sur le dos) :

- Je bascule doucement la tête en l'inclinant vers l'arrière et simultanément j'élève le menton pour entraîner la remontée de la langue du fond de la gorge et ainsi permettre le passage de l'air.

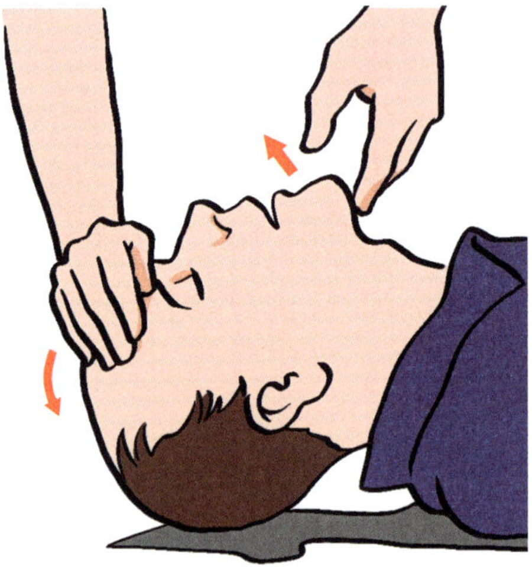

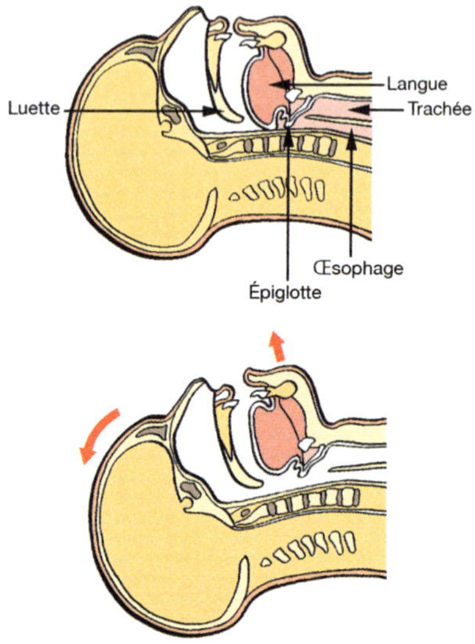

Pour un nourrisson (sur le dos) :

- Je ramène la tête en position neutre et j'élève simultanément le menton.

  - Je me penche, durant 10 secondes, sur la victime et place mon oreille et ma bouche au-dessus de sa bouche tout en gardant son menton élevé.
  - J'écoute les bruits normaux ou anormaux (sifflement, ronflement…) de la respiration.
  - Je perçois avec ma joue le flux d'air expiré par le nez et la bouche de la victime.
  - Je regarde se soulever le ventre et/ou la poitrine de la victime.

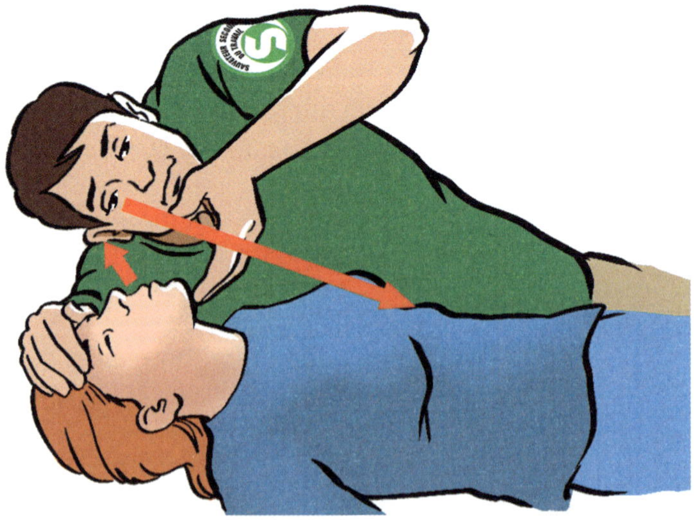

Cas particulier

Victime sur le ventre

- Si la victime ne répond pas, je la mets sur le dos pour ensuite vérifier si elle respire.

Faire alerter ou alerter

Résultat à atteindre transmettre selon l'organisation des secours de l'entreprise les informations nécessaires et suffisantes pour l'intervention efficace des secours

Faire alerter ou alerter

Qui dois-je faire alerter ou alerter ?

- Suivant le lieu où je me trouve, je fais alerter ou j'alerte :
  - les personnes prévues dans l'organisation des secours de l'entreprise ;
  - les moyens de secours **externes à l'entreprise :**

➡ **le SAMU (15) :** problème urgent de santé ou avis médical ;

➡ **les pompiers (18) :** demande de secours ;

➡ **le 112 :** numéro d'appel européen des services de secours mis en place afin que toute personne en Europe puisse contacter les secours.

Comment dois-je alerter ?

- Je choisis **la personne la plus apte à déclencher l'alerte** et je lui précise les éléments du message à transmettre :
  - l'identité de l'appelant ;
  - le numéro d'appel ;
  - le lieu de l'accident (adresse, atelier, étage...) ;
  - la nature de l'accident (explosion, électrisation...) ;
  - le nombre de victimes ;
  - l'état de la ou des victimes ;
  - les actions déjà engagées.

- Je lui précise les **consignes** pour une bonne transmission du message :
  - répondre aux questions posées par les services de secours ;
  - ne jamais raccrocher le premier ;
  - revenir rendre compte au SST ;
  - aller au-devant des secours pour les guider jusqu'à la victime.

- Si je suis seul, je donne l'alerte moi-même.

Secourir

La victime saigne abondamment

Résultat à atteindre **arrêter le saignement**

Protéger

 et/ou  et/ou 

Examiner

- Je vois le sang couler abondamment.
- Je repère l'origine du saignement.

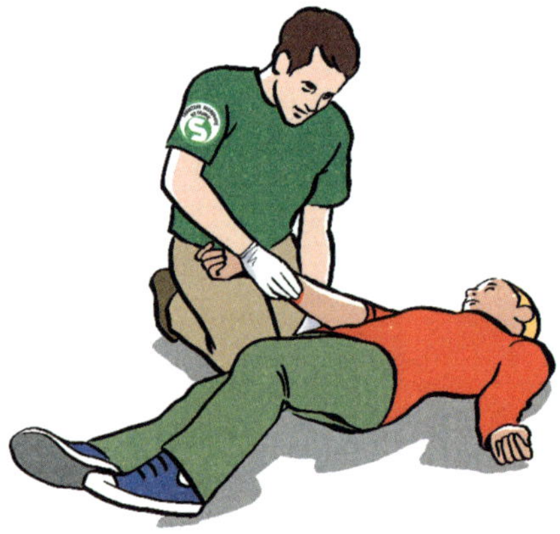

Secourir

- Je demande à la victime de **comprimer immédiatement** l'endroit qui saigne ou, à défaut, je le fais à sa place avec les doigts ou la paume de ma main protégée en interposant si possible une épaisseur de tissu propre recouvrant totalement l'endroit qui saigne.
- J'**allonge** la victime pour éviter une détresse circulatoire.
- Je **vérifie l'efficacité du geste**.

Faire alerter ou alerter

- Je **fais alerter** les secours médicalisés **(SAMU : 15)**.
- Je **maintiens cette compression** jusqu'à l'arrivée des secours tout en surveillant l'état de la victime et en la couvrant.
- Si je **dois me libérer** afin d'effectuer une autre action (geste vital sur la ou une autre victime ou alerte à donner si je suis seul sans téléphone portable) :
  - je remplace ma compression manuelle par **un pansement compressif** ;
  - si le saignement persiste, je reprends la compression manuelle par-dessus le pansement compressif.
- Si ma compression directe d'un membre est inefficace ou impossible, je mets en place un **garrot** quelques centimètres au-dessus de la plaie.

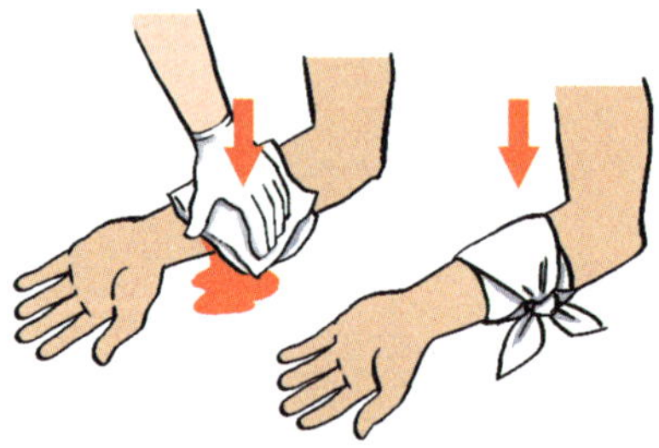

Cas particuliers

Saignement de nez
- J'assois la victime, tête penchée en avant. Je lui demande de se moucher vigoureusement, puis de comprimer ses narines avec deux doigts, pendant 10 minutes sans relâcher.

Vomissements ou crachats de sang
- Je vois du sang sortir de la bouche.
- J'alerte immédiatement le SAMU (15).
- J'installe la victime dans la position où elle se sent le mieux et je la surveille.

Autres saignements
- J'allonge la victime, je demande un avis médical et applique les consignes.

Secourir

La victime s'étouffe

Résultat à atteindre permettre à la victime de respirer

Protéger

 et/ou  et/ou 

Examiner

- Je vois la victime porter ses mains à sa gorge brutalement.
- Je pose une question et constate que la victime :
  - ne peut plus parler ni crier ;
  - n'émet aucun son ;
  - ne peut plus respirer ;
  - s'agite.

Secourir

- Je laisse la victime dans la position où elle se trouve.
- Je désobstrue les voies aériennes en effectuant de **1 à 5 tapes vigoureuses dans le dos entre les deux omoplates** avec le talon de la main ouverte pour déclencher un réflexe de toux.
- Si je constate que les **5 tapes** dans le dos sont **inefficaces**, je réalise pour l'adulte et l'enfant **1 à 5 compressions abdominales**.
- En cas d'**inefficacité**, je **renouvelle l'enchaînement des 5 tapes dans le dos et des 5 compressions abdominales jusqu'à l'expulsion du corps étranger**.
- Après expulsion du corps étranger, j'installe la victime dans la position où elle se sent le mieux et je la surveille.

Faire alerter ou alerter

- Je demande un avis médical.

Cas particuliers

Victime consciente et alitée présentant une obstruction totale des voies aériennes

- Je réalise des compressions thoraciques, comme pour le massage cardiaque.

Femme enceinte ou personne obèse

- Devant l'impossibilité d'encercler l'abdomen de la victime avec les bras, je remplace les compressions abdominales par des compressions thoraciques après les 5 tapes dans le dos.

Victime qui peut tenir sur l'avant-bras du SST (nourrisson, petit enfant)

- Je donne **1 à 5 tapes dans le dos**.

- Si les **5 tapes** dans le dos sont inefficaces,

je réalise **1 à 5 compressions thoraciques**.

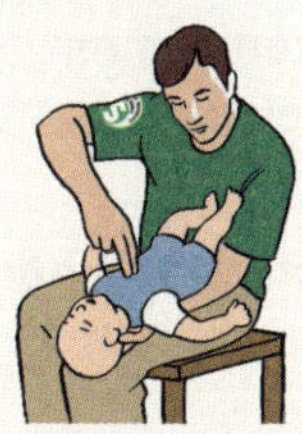

Secourir

La victime se plaint d'un malaise

Résultat à atteindre éviter l'aggravation et prendre un avis médical

Protéger

et/ou

et/ou

Examiner

- Je constate que la victime se plaint d'un **malaise**.
- Je mets la victime au **repos immédiatement**
  en l'**allongeant**. En cas de gêne respiratoire, je l'installe en position demi-assise ou la laisse dans la position qu'elle adopte spontanément.
- Je rassure la victime.
- J'observe des **signes** d'apparition soudaine, isolés ou associés, même de très courte durée, qui peuvent orienter le médecin vers :
  - un **accident vasculaire cérébral** (AVC) :
    - la faiblesse ou la paralysie d'un bras ;
    - une déformation de la face ;
    - un trouble de la vision ;
    - une difficulté de langage (incohérence de la parole) ou de compréhension ;
    - un mal de tête sévère et inhabituel ;
    - une perte de l'équilibre, une instabilité de la marche ou des chutes inexpliquées ;
  - un **accident cardiaque** : douleur dans la poitrine.
- La victime peut aussi se plaindre d'une douleur abdominale intense, d'une difficulté à respirer ou à parler, des sueurs abondantes, sans avoir fourni d'effort ou sans que la chaleur environnante soit importante, d'une sensation de froid ou une pâleur intense.

Secourir

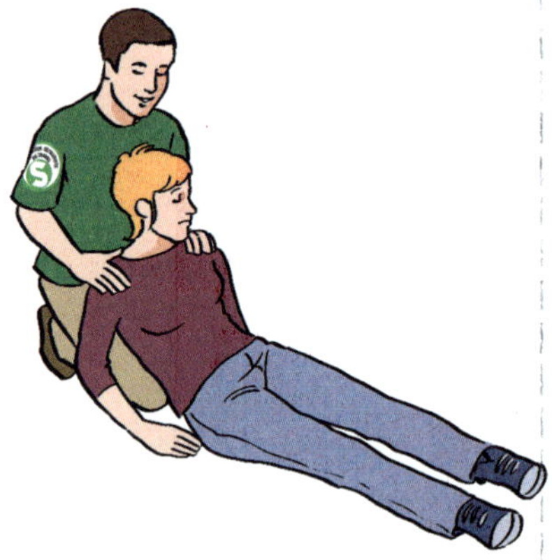

- J'**écoute**, je **questionne** la victime et son entourage afin d'obtenir des renseignements utiles :
  - quel âge a-t-elle ?
  - est-ce la première fois ?
  - quel est le type de douleur ?
  - où a-t-elle mal ?
  - depuis combien de temps a-t-elle ce malaise ?
  - a-t-elle été récemment malade et/ou hospitalisée ?
  - suit-elle un traitement ?

Faire alerter ou alerter

- Je **prends un avis médical** immédiatement, transmets précisément ce que j'ai observé et entendu et j'applique les consignes.
- Je surveille l'état de la victime.

Cas particulier

Prise habituelle de médicament ou de sucre

- À la demande de la victime, ou sur consigne du médecin préalablement alerté, j'aide la personne à prendre son traitement, en respectant les doses. Je donne du sucre à la personne qui en demande spontanément.

Malaises provoqués par la chaleur

- J'amène la victime dans un endroit frais et aéré, je la déshabille ou desserre ses vêtements, je la rafraîchis et la fais boire de l'eau fraîche par petites quantités.

Secourir

La victime se plaint de brûlures

Résultat à atteindre éviter l'aggravation de la brûlure

Protéger

 et/ou  et/ou 

Examiner

- Je détermine l'origine de la brûlure : thermique ou chimique.

Secourir

Faire alerter ou alerter

Brûlures thermiques	Brûlures chimiques
• Je refroidis la surface brûlée par ruissellement d'eau courante tempérée à faible pression. • Je fais alerter ou j'alerte. • Je mets la victime au repos. • Je surveille l'état de la victime. 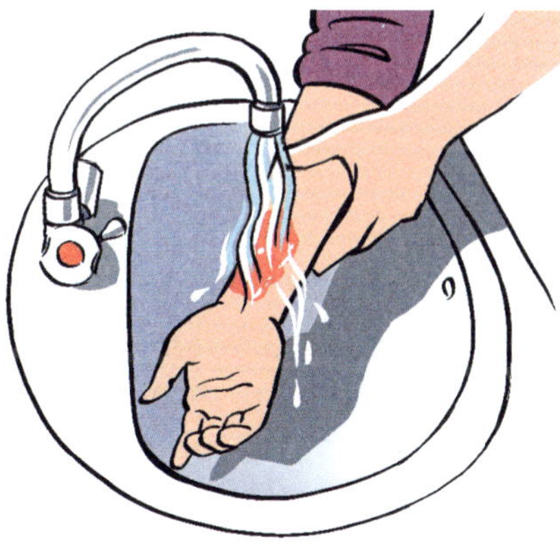	• Je rince abondamment la partie imprégnée de produit chimique à l'eau courante tempérée à faible pression jusqu'à l'obtention d'un avis médical. • Je retire immédiatement les vêtements imbibés de la victime en me protégeant. • Je n'oublie pas de retirer les chaussures de la victime. • J'alerte ou je fais alerter en précisant le nom du produit chimique en cause. • Je surveille l'état de la victime. 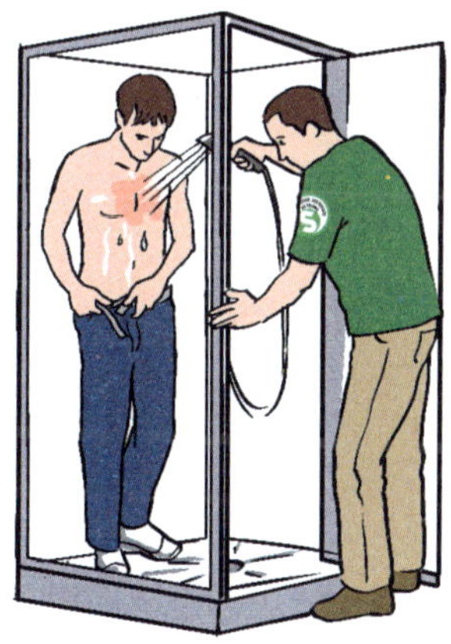

Cas particuliers

Brûlures électriques

- J'arrose la zone brûlée visible à l'eau courante.
- Je demande un avis médical.
- Je suis les consignes données par le médecin.
- Je surveille l'état de la victime.

Brûlures internes par ingestion ou inhalation

- Je place la victime en position demi-assise pour faciliter sa respiration.
- Je demande un avis médical et précise la nature du produit en cause (garder l'emballage et le produit restant).
- Je surveille l'état de la victime.

Secourir

FICHE SECOURISME 8

La victime se plaint d'une douleur empêchant certains mouvements

Résultat à atteindre éviter l'aggravation du traumatisme supposé

Protéger

et/ou

et/ou

Examiner

- Je constate que la victime :
  - se plaint d'une douleur vive ;
  - se plaint d'une difficulté ou d'une impossibilité de bouger ;
  - présente un gonflement ou déformation visible.

Secourir

Faire alerter ou alerter

Douleur au cou suite à un traumatisme	Traumatisme lié à un coup sur la tête	Traumatisme au niveau d'un membre
▪ Je conseille fermement à la victime de ne faire aucun mouvement, en particulier de la tête. ▪ Je maintiens la tête de la victime à deux mains. ▪ Je fais alerter ou alerte les secours. ▪ Je surveille l'état de la victime.	▪ J'observe l'apparition des signes suivants : ▸ agitation ou prostration ; ▸ vomissements ; ▸ absence de souvenir de l'accident ou propos incohérents ; ▸ maux de tête persistants ; ▸ diminution de la force musculaire ou engourdissement. ▪ Je demande à la victime de s'allonger. ▪ Je demande un avis médical. ▪ Je surveille l'état de la victime.	▪ Je conseille fermement à la victime de ne pas mobiliser le membre atteint. ▪ Je fais alerter ou alerte les secours. ▪ Je respecte les recommandations données par les secours. ▪ Je surveille l'état de la victime.

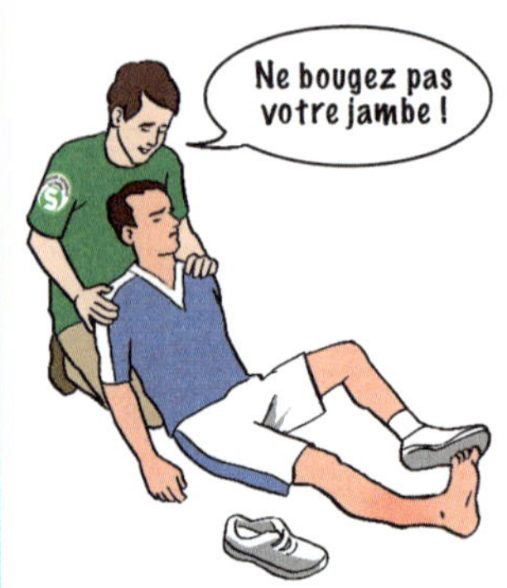

Secourir

La victime se plaint d'une plaie qui ne saigne pas abondamment

Résultat à atteindre éviter l'aggravation de la plaie

Protéger

 et/ou  et/ou 

Examiner

- Je dois **distinguer si la plaie** est **grave** ou **simple**.

Une plaie grave dépend de plusieurs critères :

Le mécanisme d'apparition de la plaie	- Par projectile - Par injection dans la peau d'un liquide sous pression - Par piqûre accidentelle avec un matériel de soin - Par outil - Par morsure - Par objet tranchant
Son aspect	- Avec présence d'un corps étranger - Écrasée - Membre sectionné
Sa localisation	- Au cou, à l'œil ou à la face - À proximité d'un orifice naturel - Au thorax - À l'abdomen
Ses conséquences	- La victime n'arrive plus à bouger l'extrémité de son membre (en aval de la plaie) - La victime a des sensations anormales (fourmillements, sensation de froid…)
Les antécédents médicaux de la victime	- Certaines maladies peuvent être un facteur aggravant

Secourir

Plaie simple

- Je me lave les mains avec de l'eau et du savon.
- Je nettoie la plaie à l'eau courante avec du savon en prenant les mesures pour éviter le contact sanguin.
- Je rince à l'eau claire.
- Je sèche la peau.
- J'utilise un antiseptique préconisé par le médecin du travail.
- Je protège par un pansement.
- Je demande à la victime si elle est vaccinée contre le tétanos et ses éventuels antécédents médicaux et lui conseille de consulter un médecin en cas de doute sur la vaccination.
- Je demande à la victime de surveiller sa plaie.
- Je me lave à nouveau les mains avec de l'eau et du savon.

Plaie grave

	Au thorax, à l'abdomen, à l'œil	Membre sectionné
Secourir	■ J'installe la victime en position d'attente : ▸ **Plaie au thorax** : position assise ▸ **Plaie à l'abdomen** 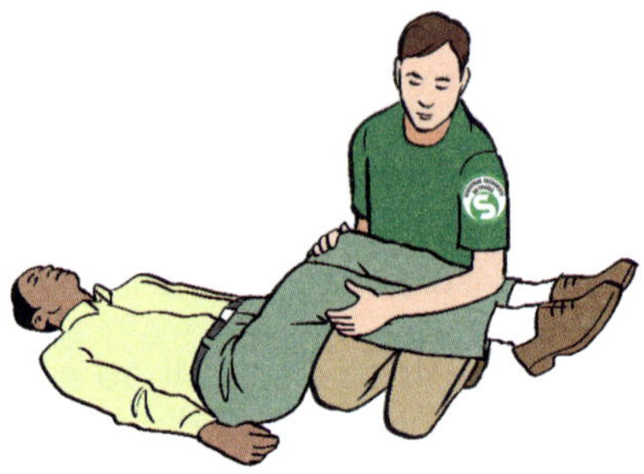 ▸ **Plaie de l'œil** : position à plat dos, yeux fermés, tête immobile.	■ J'allonge la victime et je protège le moignon. ■ Je récupère le segment sectionné. ■ Je l'enveloppe dans une compresse, puis le place dans un sac plastique propre fermé de façon étanche. ■ Je place le sac contenant le segment dans un second sac plastique contenant de l'eau fraîche, ou mieux de l'eau et des glaçons, que je confie aux secours dès leur arrivée.
Faire alerter ou alerter	■ J'alerte ou je fais alerter les secours. ■ Je surveille la victime.	■ J'alerte ou je fais alerter les secours. ■ Je surveille la victime.

Secourir

FICHE SECOURISME 10

La victime ne répond pas, mais elle respire

Résultat à atteindre permettre à la victime de continuer à respirer

Protéger

et/ou

et/ou

Examiner

- Je constate que la victime ne répond pas aux questions et aux stimulations, mais présente des signes visibles de respiration.

Secourir

- Je place la victime sur le côté, en **position latérale de sécurité** (PLS), pour permettre l'écoulement des liquides vers l'extérieur et éviter que la langue ne chute dans le fond de la gorge.

1. Je prépare la mise sur le côté de la victime.

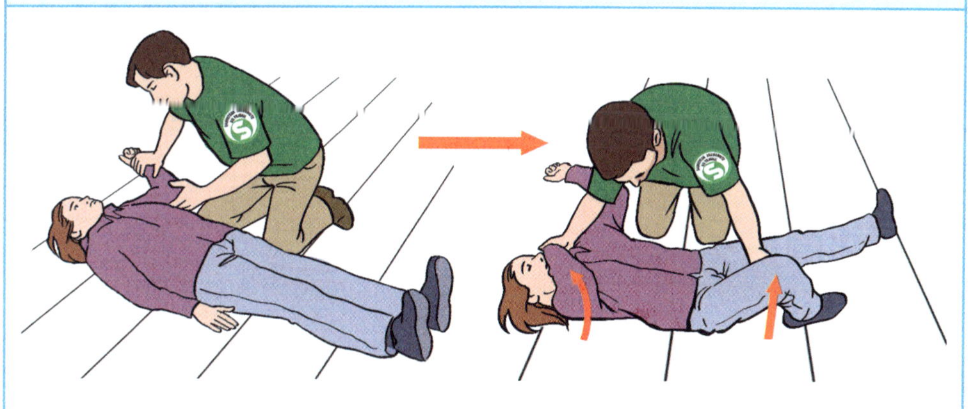

2. Je mets la victime sur le côté.

3. Je stabilise la victime sur le côté.

4. J'ouvre la bouche de la victime.

Faire alerter ou alerter

- Je vais **alerter** immédiatement si je n'ai pas obtenu l'aide d'un témoin pour le faire.
- Je surveille l'état de la victime.

Cas particuliers

Nourrisson

- Je place le nourrisson qui ne répond pas et qui respire **sur le côté dans mes bras**.

Enfant

- Je place l'enfant sur le côté, en **position latérale de sécurité** (PLS).

Victime présentant des convulsions

- Je ne **touche pas la victime** et **j'écarte tout objet dangereux** pendant la durée des convulsions. À la fin de celles-ci, je procède à l'examen de la victime et, si nécessaire, je la mets en **position latérale de sécurité**.

Secourir

La victime ne répond pas et ne respire pas

Résultat à atteindre assurer une respiration et une circulation artificielles

Protéger → Examiner → Faire alerter ou alerter → Secourir

 et/ou  et/ou 

- Je ne perçois aucun souffle, pendant les 10 secondes que dure la recherche de respiration ; je n'entends aucun bruit, et ni le ventre, ni la poitrine de la victime ne se soulèvent.

En présence d'un témoin :

- Je **demande immédiatement au témoin d'alerter** les secours (15), et de m'apporter un **défibrillateur** si possible.

- **J'allonge si nécessaire la victime sur le dos**, et si possible sur **un plan dur**.
- Je **pratique immédiatement une réanimation cardio-pulmonaire en alternant 30 compressions thoraciques, puis 2 insufflations** en attendant le défibrillateur. Les compressions thoraciques sont réalisées avec le talon de la main au centre de la poitrine sur la moitié inférieure du sternum. Elles consistent en une **poussée verticale de 5 à 6 cm à une fréquence de 100 à 120 par minute**. La durée de l'insufflation est d'une seconde.

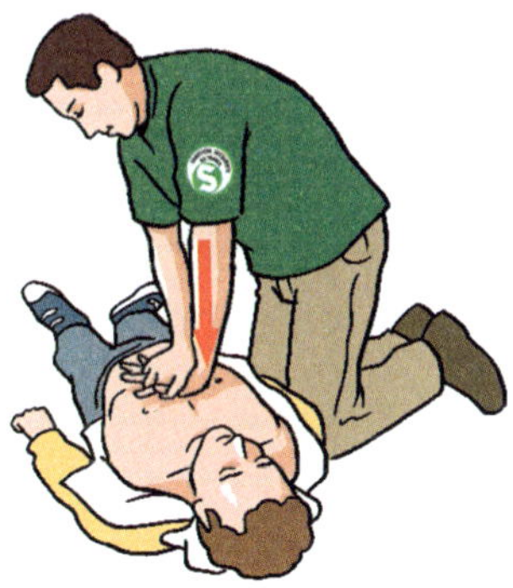

- Je poursuis la réanimation cardio-pulmonaire jusqu'à :
  - la mise en œuvre du défibrillateur ;
  - l'arrivée des services de secours.

En l'absence d'un témoin :

- J'alerte immédiatement le SAMU (15) et me munis d'un défibrillateur s'il est à portée de main.

Cas particulier

Victime âgée de moins de 8 ans

- La conduite à tenir est la même que chez l'adulte.

Le défibrillateur automatique externe (DAE)

- **L'utilisation du défibrillateur automatique externe**
  - J'appuie sur le bouton « marche-arrêt ».
  - Je suis les indications vocales et/ou visuelles données par l'appareil.
  - Je mets en place les électrodes, conformément au schéma sur l'emballage, sur le thorax nu et sec de la victime. Si je constate une cicatrice et perçois un boîtier sous la peau à l'endroit où je dois poser l'électrode (côté droit de la victime), je colle l'électrode à une largeur de main au-dessous de la bosse/cicatrice.
  - Je connecte les électrodes.
  - Je m'assure que personne ne touche la victime pendant l'analyse du rythme cardiaque.

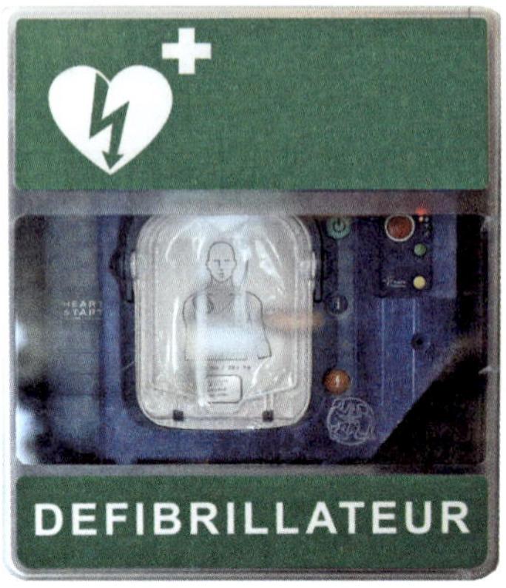

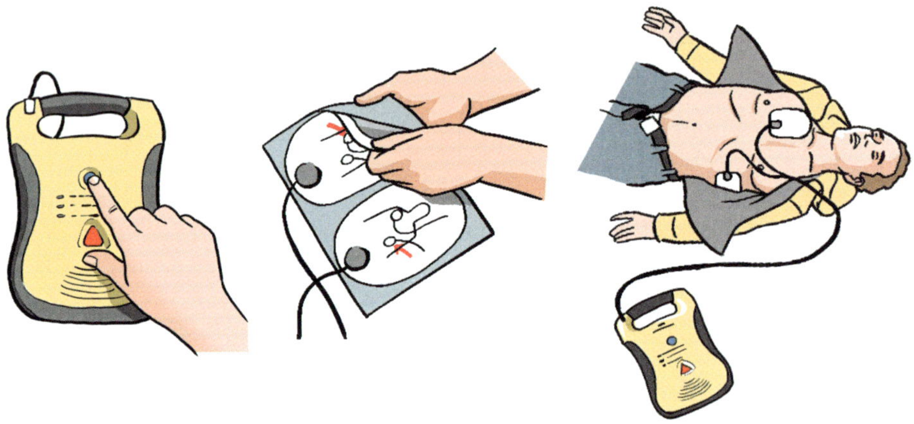

Si le défibrillateur annonce :

- **qu'un choc est indiqué** et demande de se tenir à distance de la victime :
  - je m'assure que personne ne touche la victime et annonce à haute voix « écartez-vous » ;
  - j'appuie sur le bouton « choc » ou je laisse déclencher le choc ;
  - je débute ou reprends sans délai la réanimation cardio-pulmonaire jusqu'à l'arrivée des secours ou la reprise de respiration et continue à suivre les recommandations du défibrillateur jusqu'à l'arrivée des secours.
- **qu'un choc n'est pas nécessaire** :
  - je débute ou reprends sans délai la réanimation cardio-pulmonaire et continue à suivre les recommandations du défibrillateur jusqu'à l'arrivée des secours.

Entraînement pour préparer le CCF

Situation d'évaluation n° 1

Nom de l'élève :	Durée : 50 min
Prénom de l'élève :	Coefficient : 1
Date : .... / .... /	Note : ..../15

Thématique A (5 points)

SITUATION 1

Les Français dorment de moins en moins… et c'est mauvais signe

Une étude menée par Santé publique France* montre que, pour la première fois, les Français dorment moins de 7 heures par nuit, soit la durée minimale recommandée pour une bonne récupération.
Entre l'attrait des écrans, le bruit des villes, le temps de travail et les trajets quotidiens, nous dormons de moins en moins. Les Français dorment en moyenne 6 heures et 42 minutes chaque nuit. Un déclin jugé « préoccupant » par Santé publique France. […]
Un temps de sommeil insuffisant qui peut mettre en péril la santé. On sait par de très nombreuses études épidémiologiques que dormir moins de 6 heures est associé à un risque plus élevé d'obésité, de diabète de type 2, d'hypertension, de pathologies cardiaques et d'accidents. […] Dormir moins de 6 heures réduit aussi la vigilance dans la journée, augmente l'irritabilité et perturbe les relations familiales, ainsi que la qualité de vie et du travail.

* Réalisée en 2017 et publiée en 2019.

Source : « Les Français dorment de moins en moins… et c'est mauvais signe », AFP, 12/03/2019.

C2 **1** **Identifier le problème posé dans la situation n° 1 en cochant la proposition exacte.** / 0,5 pt

- ☐ L'impact du changement d'horaire sur le sommeil.
- ☐ Les Français dorment de moins en moins.
- ☐ Le sommeil et le travail de nuit.

C2 **2** **Identifier les éléments de la situation en renseignant le tableau.** / 2,5 pts

QUOI ? Quelle est l'origine du problème ?	....
QUAND ? Quand l'étude a-t-elle été menée ?	....
COMMENT ? Comment le problème se manifeste-t-il ?	....
POURQUOI ? Pourquoi faut-il régler le problème ?	....

/ 1 pt **3** **Nommer** les deux types de récupération que permet le sommeil : C3

– ....

– ....

/ 1 pt **4** **Proposer** deux mesures de prévention individuelle pour résoudre les méfaits des écrans sur le sommeil. C4

....

....

....

....

....

Thématique D (*6 points*)

SITUATION 2

Ursula travaille comme agent d'entretien dans l'entreprise Panette. Elle a un salaire mensuel net de 1 390 euros et perçoit 115 euros d'aide personnalisée au logement. Elle fait régulièrement le bilan de ses dépenses mensuelles car elle envisage l'achat d'une trottinette électrique pliable d'un montant de 650 euros. Elle estime que c'est plus écologique qu'un scooter et plus maniable. En plus, cela lui permettra un gain de temps considérable aux heures où les routes sont saturées. Elle profite d'une offre promotionnelle dans un magasin spécialisé. Le vendeur lui propose un crédit à la consommation afin qu'elle n'utilise pas ses 400 euros d'économie.

/ 0,5 pt **5** À partir de la situation n° 2, **identifier** les différentes catégories de recettes d'Ursula. C2

....

....

....

....

/ 1,75 pt **6** Dans le tableau, C2

6-1 **Nommer** la catégorie de dépenses obligatoires dont Ursula ne peut réduire le montant (rubrique A).

6-2 **Calculer** le montant :

– des recettes d'Ursula (rubrique D) ;
– de chaque poste de dépenses (rubriques A, B, C) ;
– du total général des dépenses (rubrique E) ;
– de l'épargne (rubrique F).

Le budget mensuel d'Ursula						
Recettes (en €)	**Dépenses mensuelles (en €)**					
1 390,00 115,00	A		B Dépenses courantes		C Dépenses d'équipement et de renouvellement	
		En €		En €		En €
	Loyer	310,20	Alimentation	275,00	Habillement	95,00
	EDF	29,80	Loisirs	74,00	Vacances	25,00
	Impôt sur le revenu	20,00	Hygiène-santé	40,00	Équipement ménager	30,50
	Eau	16,00	Entretien divers	30,50	Cadeaux	18,00
	Téléphone	31,50	Transport	35,00		
	Taxe d'habitation	27,95				
	Crédit en cours	120,00				
D **Total :**	**Total**	....	**Total**	....	**Total**	....
	E **Total général des dépenses** :					
	F **Montant de l'épargne** :					

C2 **7** **Qualifier** l'état du budget d'Ursula en cochant la proposition exacte. **/ 0,25 pt**

- ☐ Budget excédentaire
- ☐ Budget déficitaire
- ☐ Budget équilibré

C3 **8** **Énoncer** la principale règle de gestion d'un budget. **/ 0,25 pt**

....

....

....

C2 **9** À partir du document A, du budget mensuel d'Ursula et de son crédit en cours, **calculer** : **/ 0,75 pt**

– son taux actuel d'endettement :

....

....

– son taux d'endettement si elle souscrit un crédit de 650 € avec des mensualités de 55,90 € sur 12 mois pour l'achat de sa trottinette :

....

....

– le montant total du crédit pour l'achat de la trottinette avec des mensualités de 55,90 € sur 12 mois :

DOC A Le calcul du taux d'endettement

$$\text{Taux d'endettement} = \frac{\text{Remboursement mensuel du crédit} + \text{loyer}}{\text{Revenus}} \times 100$$

....

....

/ 1 pt **10** **Expliquer** les avantages et les inconvénients d'un crédit à la consommation. C3

Deux avantages	
Deux inconvénients	

11 À partir du document B, C3

/ 0,25 pt **11-1** **Expliquer** le principe de l'assurance comme fonctionnement solidaire.

/ 0,25 pt **11-2** **Identifier** pour chacun des termes sa définition en les reliant. C3

TERME	DÉFINITION
Prime	Somme d'argent versée en cas de sinistre.
Indemnité	Événement redouté contre lequel on s'assure.
Risque	Somme d'argent à payer pour être assuré.

DOC B **Le principe de l'assurance**

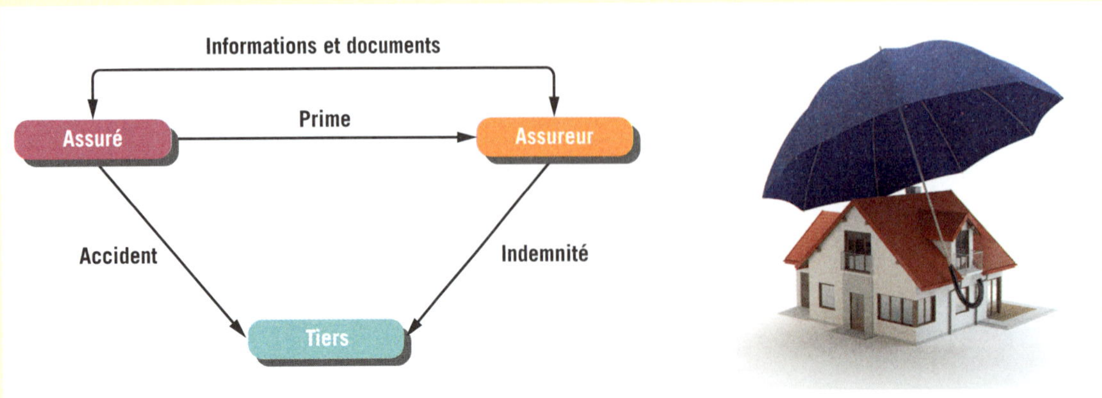

C3 **12** À partir du **document C**, **démontrer** le caractère obligatoire de l'assurance souscrite par Ursula pour sa trottinette électrique.

....

....

....

....

....

/ 0,5 pt

DOC C Ce que dit le Code civil

La notion de **responsabilité civile** est définie par le Code civil. C'est une obligation légale qui précise que vous êtes responsables des dommages que vous pouvez involontairement causer à autrui, par négligence ou par imprudence. Vous êtes également responsables des dommages causés par vos enfants mineurs, par vos employés de maison, par les animaux dont vous avez la garde ou encore par les objets que vous détenez.

C2 **13** À partir du **document D**, **indiquer** et **justifier** :

– si Ursula est assurée contre le vol de sa trottinette électrique :

....

– si l'assurance souscrite la remboursera intégralement en cas de vol de sa trottinette électrique :

....

/ 0,5 pt

DOC D Un extrait du contrat d'assurance souscrit pour la trottinette électrique d'Ursula

MANDALA ASSURANCES

Votre contact

MANDALA ASSURANCES

MANDALA Assurances SA
38 rue de la liberté
49100 ANGERS
Tél. : 02 41 48 17 42

Nom et adresse de l'assuré

DUFOUR Ursula
7 rue Picasso
49800 TRÉLAZÉ

N° 160033897
Contrat : Trottinette
Référence : MO126005
Date d'effet : 04/08/2022

LE VÉHICULE ASSURÉ
Trottinette électrique

DURÉE DU CONTRAT
du 04/08/2022 au 04/08/2023
avec renouvellement annuel automatique

LE(S) CONDUCTEUR(S) DÉSIGNÉ(S) : DUFOUR Ursula
né(e) le 28/11/2003 Sexe : F

LES GARANTIES	**SOUSCRITES**	**FRANCHISE**
– Responsabilité civile (dommages causés aux tiers)	oui	sans
– Dommages corporels du conducteur	oui	sans
– Dommages au véhicule	oui	260 €
– Vol	oui	260 €
– Incendie	oui	260 €
– Défense, protection juridique	oui	sans
– Assistance 0 kilomètre	non	

Fait à Angers, le 04/08/2022

LE SOUSCRIPTEUR

Thématique C (4 points)

/ 0,5 pt **14** À partir du document E, pour le secteur professionnel « boucherie – charcuterie » : C2

14-1 **Relever** la cause principale à l'origine des accidents du travail avec arrêt.

....

14-2 **Indiquer**, en moyenne, le nombre de jours d'arrêt pour un accident du travail.

....

DOC E Le quotidien à risques du métier de boucher-charcutier

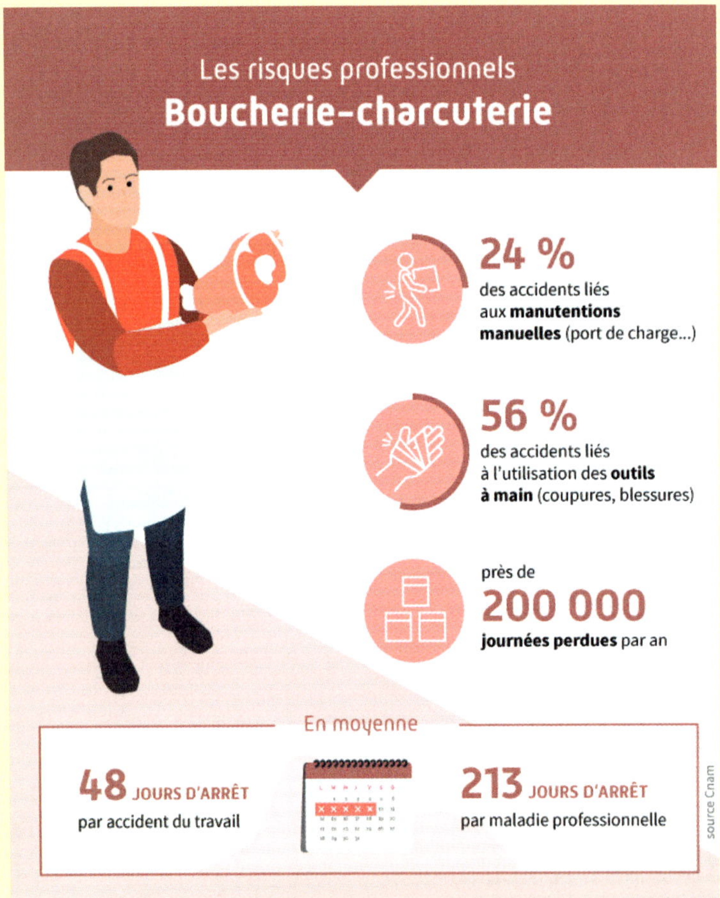

Source : L'Assurance maladie.

SITUATION 3

Julie, bouchère-charcutière depuis deux ans, est salariée dans une boucherie employant 58 salariés. Lors de ces activités, elle se déplace dans le laboratoire où le sol est glissant du fait des graisses et de l'humidité.

C2 **15** À partir de la situation n° 3, / 1 pt

15-1 **Identifier** dans l'activité de travail de Julie le danger pouvant occasionner un risque de chute.

....

15-2 **Identifier**, pour le danger repéré précédemment, la situation dangereuse, l'événement dangereux ou déclencheur et un dommage potentiel en renseignant le schéma du principe d'apparition d'un dommage.

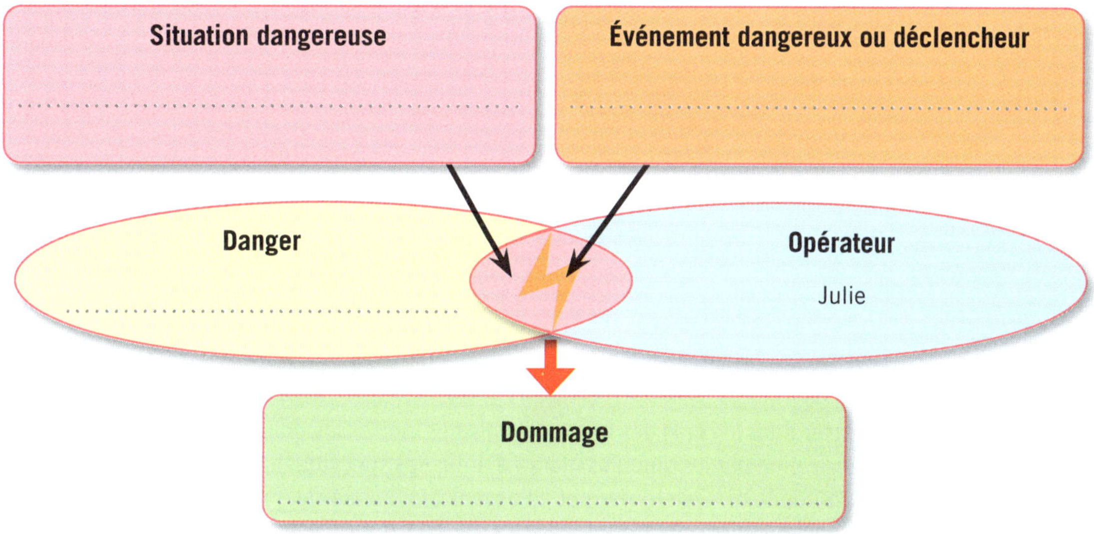

C4 **16** **Proposer** deux mesures de prévention pour éviter ce risque de chute. / 0,5 pt

....

....

....

SITUATION 3 (SUITE)

Il y a quinze jours, Julie s'est coupée avec la scie à os. Suite à cet accident du travail, elle a eu 7 jours d'arrêt de travail.

C5 **17** À l'aide de la situation n° 3 (suite), **argumenter** en quoi la coupure de Julie relève d'un accident du travail. / 0,75 pt

....

....

....

C3 **18** **Justifier** la présence d'un comité social et économique dans la boucherie où Julie est salariée. / 0,25 pt

....

SITUATION 3 (SUITE)

Suite au risque de coupure, la vaccination contre le tétanos doit être à jour chez tous les bouchers.

/ 0,75 pt

19 À partir du document F, **indiquer** le rôle du vaccin, sa composition et son mode d'action en renseignant le tableau. C3

La vaccination	
Rôle du vaccin	....
Composition du vaccin	....
Mode d'action du vaccin	....

DOC F Le principe de la vaccination

La vaccination consiste à injecter dans le corps des micro-organismes inoffensifs pour lutter contre une maladie donnée. Ils provoquent la fabrication par les globules blancs d'anticorps spécifiques et informent les cellules spécialisées de la mémoire immunitaire. Celle-ci permet à l'organisme de fabriquer des anticorps pendant plusieurs années. Lorsque le « vrai » micro-organisme pénètre dans le corps, il est tout de suite reconnu et éliminé par les anticorps restés dans le sang. La maladie ne se déclare pas. La vaccination a donc un rôle préventif. Des injections de rappel sont nécessaires pour stimuler la mémoire immunitaire.

/ 0,25 pt

20 À partir du document G, **expliquer** l'intérêt de la vaccination pour la collectivité. C3

....

....

....

....

DOC G Les objectifs de la vaccination au niveau collectif

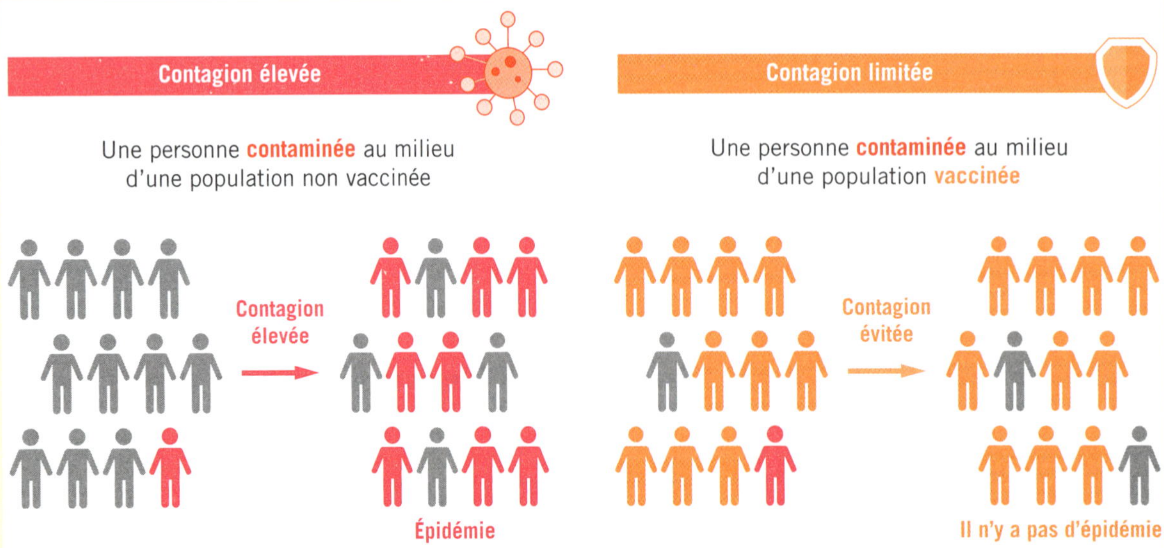

Entraînement pour préparer le CCF

Situation d'évaluation n° 2

Nom de l'élève : .... Durée : 50 min

Prénom de l'élève : .... Coefficient : 1

Date : .... / .... / .... Note : ..../15

Thématique A (6 points)

SITUATION 1

Bouger plus, une nécessité pour les Français

Parues en 2017, les dernières données de l'étude Esteban* menée par Santé publique France montrent que l'inactivité physique et la sédentarité gagnent du terrain dans la population française. Les femmes sont les plus concernées. En 10 ans, la proportion de femmes physiquement actives a baissé de 16 %. Une baisse préoccupante quand on sait que l'inactivité physique a été identifiée en 2009 comme le quatrième facteur de risque des maladies non transmissibles, impliquées dans plus de 3 millions de morts évitables. Fort de ce constat, Santé publique France a développé pour la rentrée de nouveaux outils digitaux, informatifs et incitatifs, invitant les Français, et particulièrement les Françaises, à bouger plus et mieux.

* Étude nationale de santé publique.

Source : Santé Publique France, 20/05/2019.

C2 **1 Identifier le problème posé dans la situation n° 1 en cochant la proposition exacte.** / 0,25 pt

- ☐ L'impact des écrans sur le sommeil.
- ☐ L'inactivité physique et la sédentarité.
- ☐ La santé des femmes en France.

C2 **2 Identifier les éléments de la situation en renseignant le tableau.** / 1 pt

QUOI ? Quelle est la cause du problème ?	....
QUI ? Qui est concerné par le problème ?	....
OÙ ? Où se pose le problème ?	....
QUAND ? Quand l'étude a-t-elle été publiée ?	....
POURQUOI ? Pourquoi faut-il régler le problème ?	....

C3 **3 À partir du document A,** / 0,5 pt

3-1 Nommer :

– l'organe à l'origine du message nerveux transmis aux muscles pour leur permettre de se contracter et de se relâcher :

....

– l'organe qui transmet le message nerveux jusqu'aux muscles :

....

/ 0,75 pt 3-2 **Identifier les éléments consommés et rejetés lors de la contraction musculaire.** C3

– Les éléments consommés par le muscle sont ....

– L'élément rejeté par le muscle est ....

DOC A La commande nerveuse du muscle et son fonctionnement

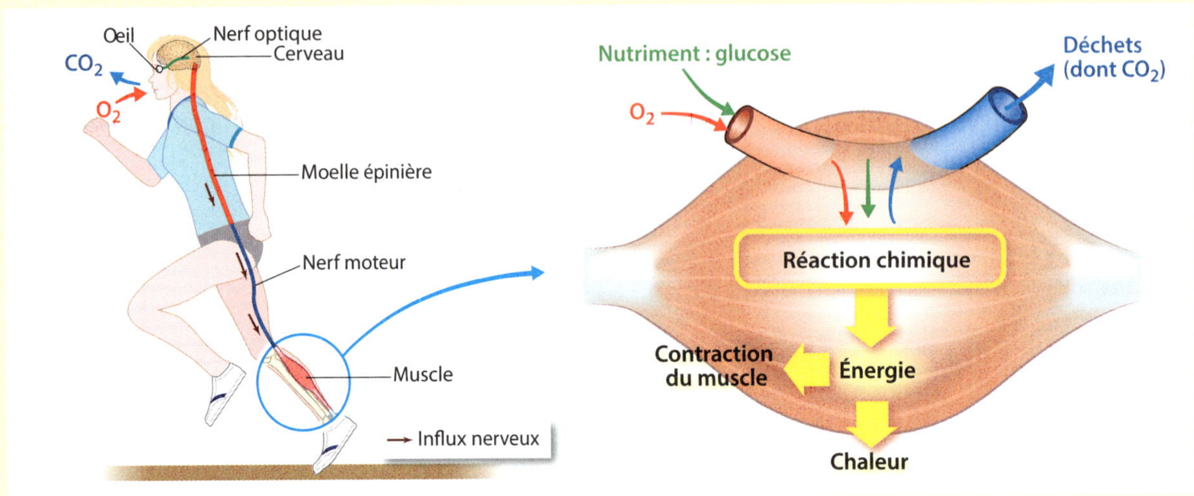

/ 1 pt **4 Justifier**, pour les quatre organes représentés, l'intérêt de pratiquer une activité physique régulière. C3

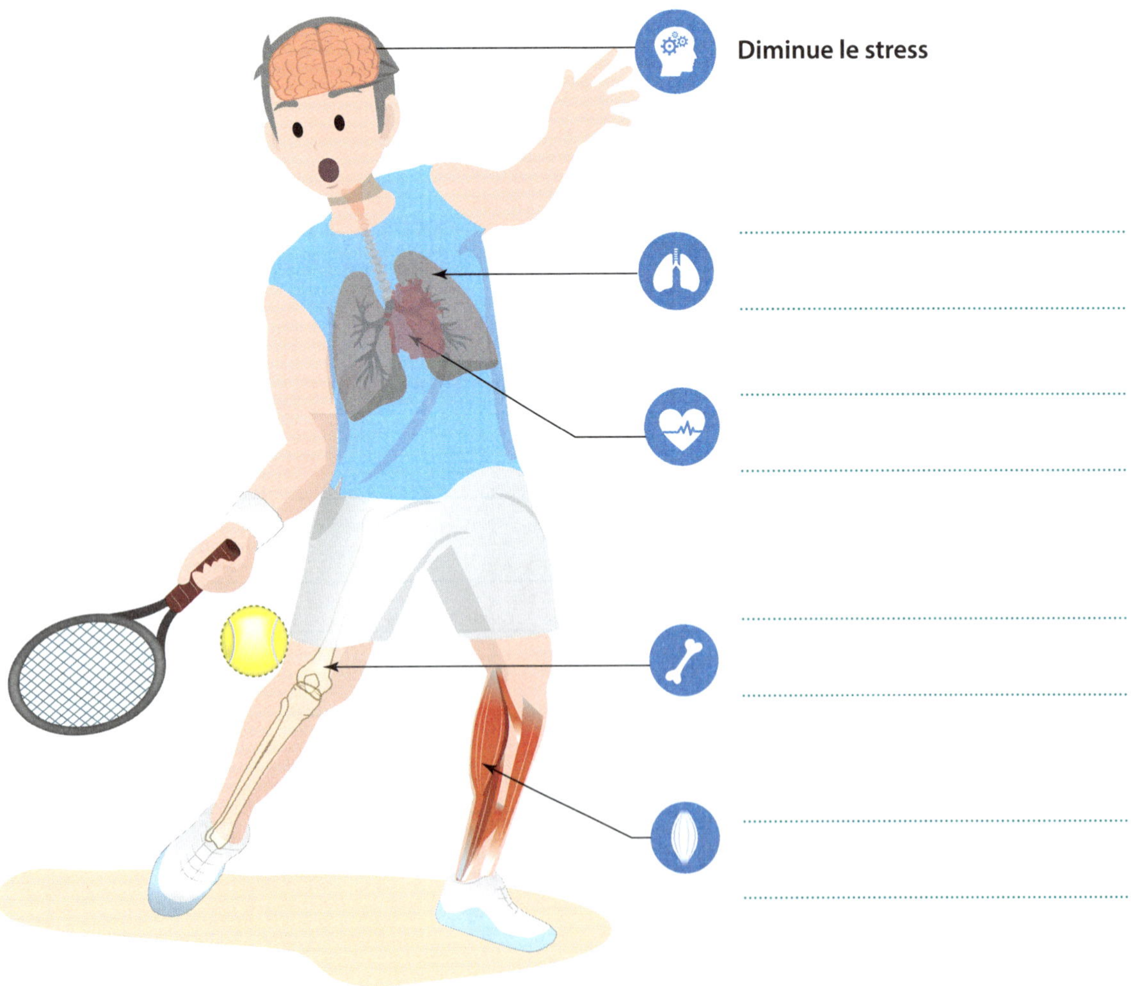

C3 **5** À partir du document B, **présenter** l'intérêt du parcours de soins coordonnés. / 0,25 pt

....

....

DOC B Le parcours de soins coordonnés pour une consultation à 25 euros

Consultation dans le cadre du parcours de soins coordonnés	Consultation hors du parcours de soins coordonnés
Taux de remboursement de la Sécurité sociale : **70 % du prix de la consultation**	Taux de remboursement de la Sécurité sociale : **30 % du prix de la consultation**

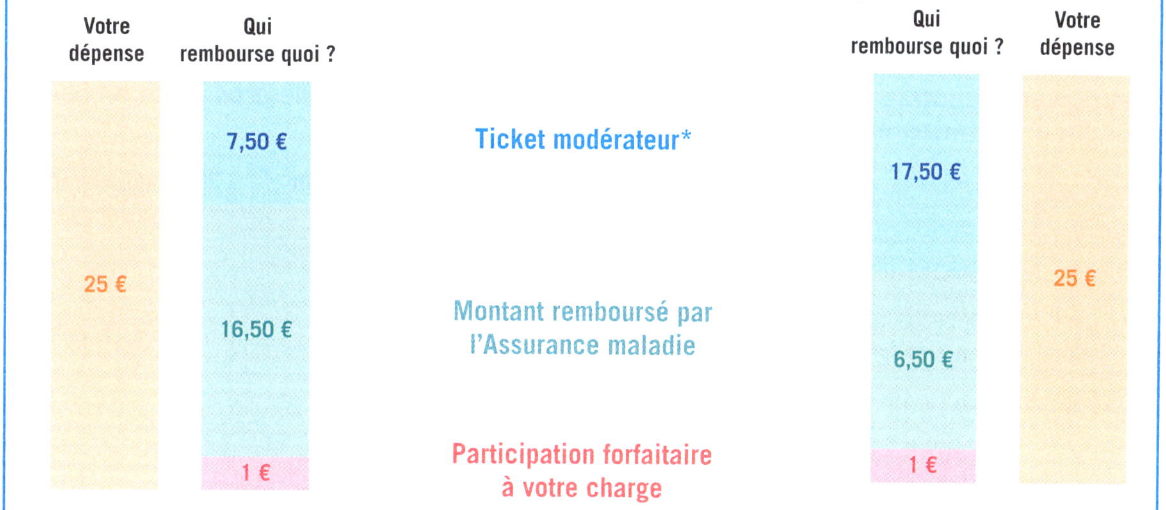

* Partie des dépenses de santé qui reste à la charge de l'assuré. La complémentaire santé peut le prendre en charge en partie ou en totalité.
Tarif applicable depuis le 1er mai 2017.

C3 **6** À partir du document C, **caractériser** la syphilis en renseignant le tableau. / 1 pt

La syphilis	
Micro-organisme responsable	....
Origine du micro-organisme	....
Symptômes	....
Mode de contamination	....

DOC C La carte d'identité de la syphilis

La syphilis est une infection sexuellement transmissible (IST) causée par une bactérie appelée *Treponema pallidum* (tréponème pâle). Elle se manifeste initialement par l'apparition d'une ulcération non douloureuse au pénis, au vagin ou à l'anus. Une syphilis non traitée peut être très destructrice et entraîner de nombreuses complications telles que des lésions internes ou externes, des troubles cardiovasculaires et de santé mentale graves. Elle peut, dans certains cas, conduire au décès.

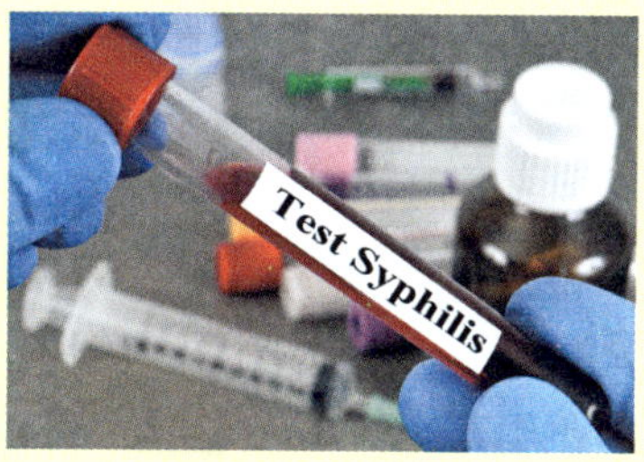

Source : www.passeportsante.net

/ 0,25 pt **7** **Nommer**, sous chaque photo, le moyen de contraception. C3

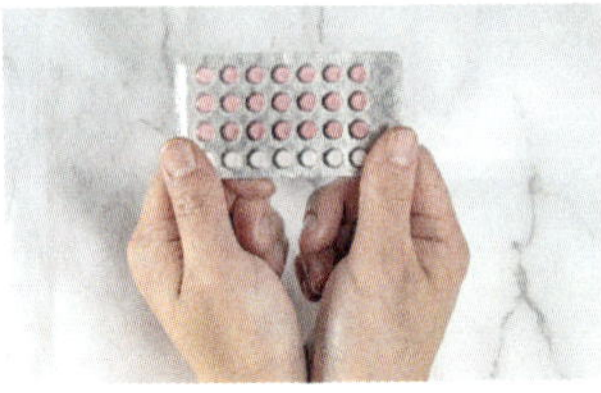

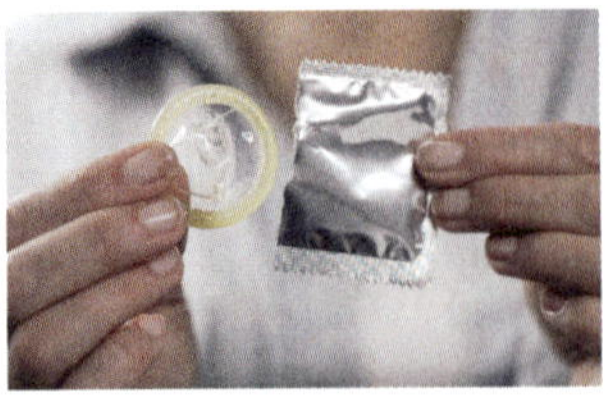

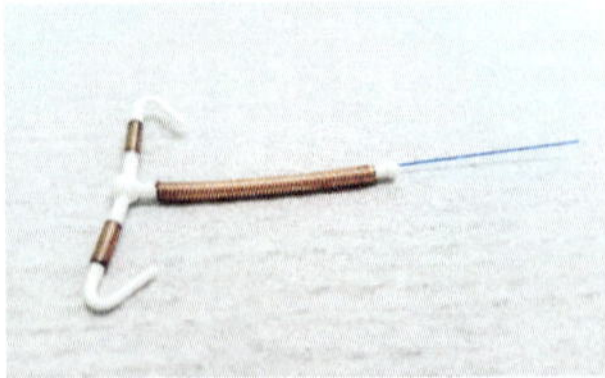

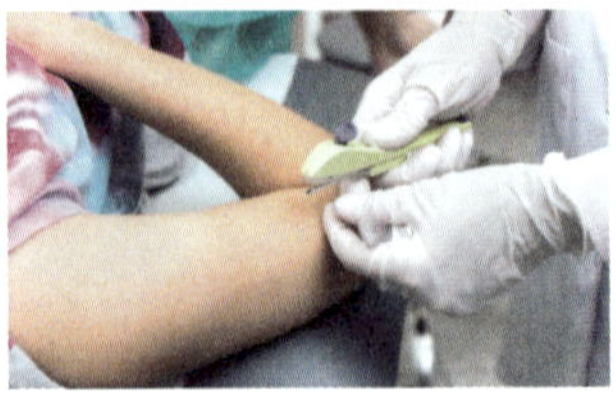

....

/ 0,75 pt **8** Parmi les quatre moyens de contraception ci-dessus, **entourer** celui qui permet d'éviter de contracter la syphilis et **justifier** ce choix. C4 C5

....

/ 0,25 pt **9** **Distinguer** la contraception d'urgence et l'interruption volontaire de grossesse en cochant pour chaque affirmation la réponse exacte. C3

	Contraception d'urgence	Interruption volontaire de grossesse (IVG)
Met fin à une grossesse non désirée.		
Délivrée par l'infirmière scolaire dans les trois jours suivant un rapport non protégé ou mal protégé.		
Autorisée avant la fin de la 12e semaine de grossesse en France.		

Thématiques B et D (*5 points*)

/ 2 pts **10** À partir de l'étiquette, **décoder** les informations identifiées par un numéro. C2

Informations figurant sur l'étiquette			
①	....	⑥	....
②	....	⑦	....
③	....	⑧	....
④	....	⑨	....
⑤	....	⑩	....

C3 **11** **Identifier** les deux grandeurs à prendre en compte pour préserver son audition. / 0,5 pt

....

....

C3 **12** **Tracer**, sur le document D, à l'aide de flèches, le trajet du son dans l'appareil auditif. / 0,25 pt

C3 **13** **Identifier** un effet du bruit sur l'appareil auditif. / 0,25 pt

....

....

C3 **14** À partir du document E, / 1 pt

14-1 **Indiquer** la personne responsable de la lutte contre le bruit au niveau de la commune.

....

....

DOC D Le schéma de l'appareil auditif

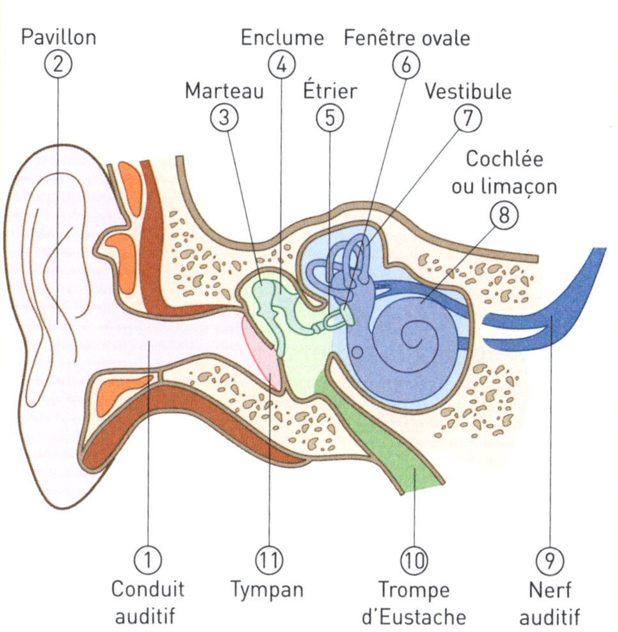

14-2 **Préciser** si le particulier peut effectuer des travaux de jardinage le dimanche à 14 heures et **justifier** la réponse.

....

....

DOC E Les nuisances de voisinage

Rappelons quelques règles de bon voisinage en matière de bruit !

Les travaux de bricolage ou de jardinage réalisés par des particuliers susceptibles de causer une gêne en raison de leur intensité sonore (tondeuses à gazon, tronçonneuses, perceuses, raboteuses, scies mécaniques...) ne peuvent être effectués que :

- Les jours ouvrables de 8 h 30 à 12 h 30 et de 14 h 30 à 19 h 30.
- Les samedis de 9 h à 12 h et de 15 h à 19 h.
- Les dimanches et jours fériés de 10 h à 12 h.

En revanche, toute personne utilisant dans le cadre de ses activités professionnelles des outils ou des appareils susceptibles de causer une gêne sonore pour le voisinage, doit interrompre ses travaux ***entre 20 h et 7 h et toute la journée des dimanches et jours fériés*** *(sauf en cas d'intervention urgente).*
Un mot également pour rappeler aux propriétaires d'animaux et en particulier de chiens qu'ils sont tenus de prendre toute mesure de nature à les dissuader de faire du bruit de manière intempestive et répétitive pour éviter une gêne pour le voisinage. [...]

Source : www.mairie-sadirac.fr

/ 1 pt **15** **Proposer** deux autres mesures pour limiter les bruits de voisinage dans les appartements. C4

....

....

....

Thématique C (*4 points*)

SITUATION 2

Émilien Bénont a signé un contrat de travail à durée indéterminée avec le responsable de l'entreprise Placodur employant 50 salariés. Il exercera les fonctions de plombier chauffagiste.

16 **À partir de la situation n° 2 et du document F, identifier les spécificités du contrat d'Émilien en renseignant le tableau.** C2 / 0,75 pt

Le contrat de travail d'Émilien	
Nature du contrat	....
Parties concernées	....
Date du début du contrat	....
Nature du poste	....
Montant de la rémunération mensuelle brute	....
Périodicité du versement du salaire	....
Durée de la période d'essai	....

17 **Identifier** une obligation de l'employeur et du salarié née d'un contrat de travail en renseignant le tableau. C3 / 0,5 pt

Obligations	• de l'employeur :	....
	• du salarié :	....

/ 0,25 pt **18** **Énoncer** un intérêt de la visite d'information et de prévention initiale. C3

....

....

....

DOC F Le contrat de travail d'Émilien

Contrat de travail à durée indéterminée

Entre les soussignés :
– l'entreprise PLACODUR, ZA du Plessis, 49000 Angers, représenté par Monsieur BARDEAU, responsable, d'une part,
– et Monsieur Émilien BÉNONT 53 rue des Lilas, 49000 Angers, d'autre part.

Il a été convenu ce qui suit :
- L'entreprise Placodur engage Monsieur Bénont sous réserve des résultats de la visite d'information et de prévention initiale, à partir du 1er septembre 2022 en tant que plombier chauffagiste aux conditions générales de la convention collective n° 3343.
- Le présent engagement ne sera définitif qu'après une période d'essai de 1 mois au cours de laquelle chacune des parties pourra rompre le contrat sans indemnités ni préavis.
- En contrepartie, Monsieur Bénont percevra une rémunération mensuelle brute de 1 803 euros pour un horaire hebdomadaire de 35 heures.
- Monsieur Bénont s'engage à respecter le règlement intérieur remis ce jour, ainsi que les consignes et instructions relatives au travail.

Fait en double exemplaire à Angers le 30 août 2022.

(Signature précédée de la mention « Lu et approuvé »)

L'intéressé	Le chef d'entreprise
Lu et approuvé	*Lu et approuvé*
Bénont	*Bardeau*

SITUATION 3

Lucas est cuisinier dans une restauration collective. Il est plus particulièrement affecté au poste de travail pour frire. Chaque jour, au moment du déjeuner, il est chargé de frire 80 kg de frites surgelés dans un bac à huile chauffé par plusieurs brûleurs.

C2 **19** **Identifier**, dans l'activité de travail de Lucas (situation n° 3), le danger, la situation dangereuse, l'événement dangereux ou déclencheur et un dommage potentiel en renseignant le schéma du principe d'apparition d'un dommage. / 1,25 pt

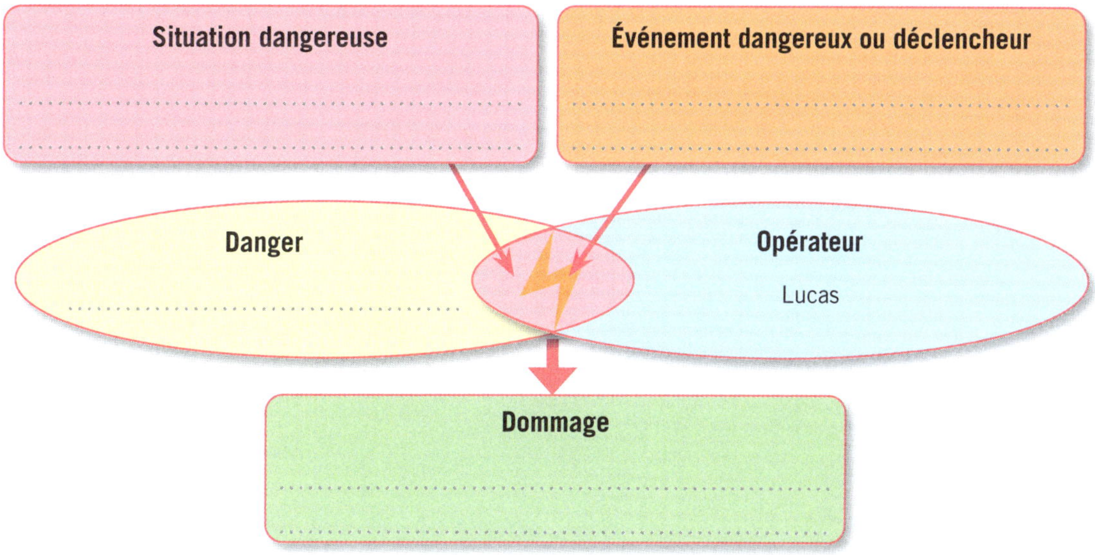

20 **Nommer**, pour l'activité de travail de Lucas (situation n° 3), le combustible et la source d'énergie qui peuvent être à l'origine d'un incendie.

/ 0,75 pt

C2

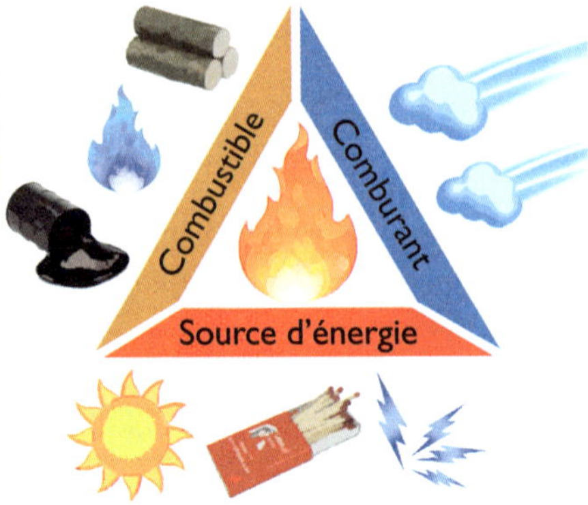

....
....

Oxygène

....
....

/ 0,25 pt

21 Parmi les dispositifs illustrés, **identifier** en l'entourant celui qui permet d'évacuer une partie des fumées et des gaz de combustion lors d'un incendie.

C4

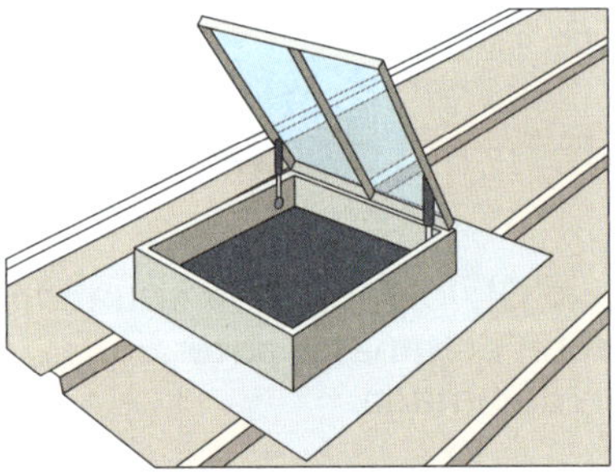

/ 0,25 pt

22 **Argumenter** deux mesures à mettre en œuvre pour éviter les risques liés à l'activité de travail de Lucas (situation n° 3).

C5

....

....

....

....

....

Entraînement pour préparer le CCF

Situation d'évaluation n° 3

Nom de l'élève :	Durée : 50 min
Prénom de l'élève :	Coefficient : 1
Date : .... / .... /	Note : ..../15

Thématique A (6 points)

SITUATION 1

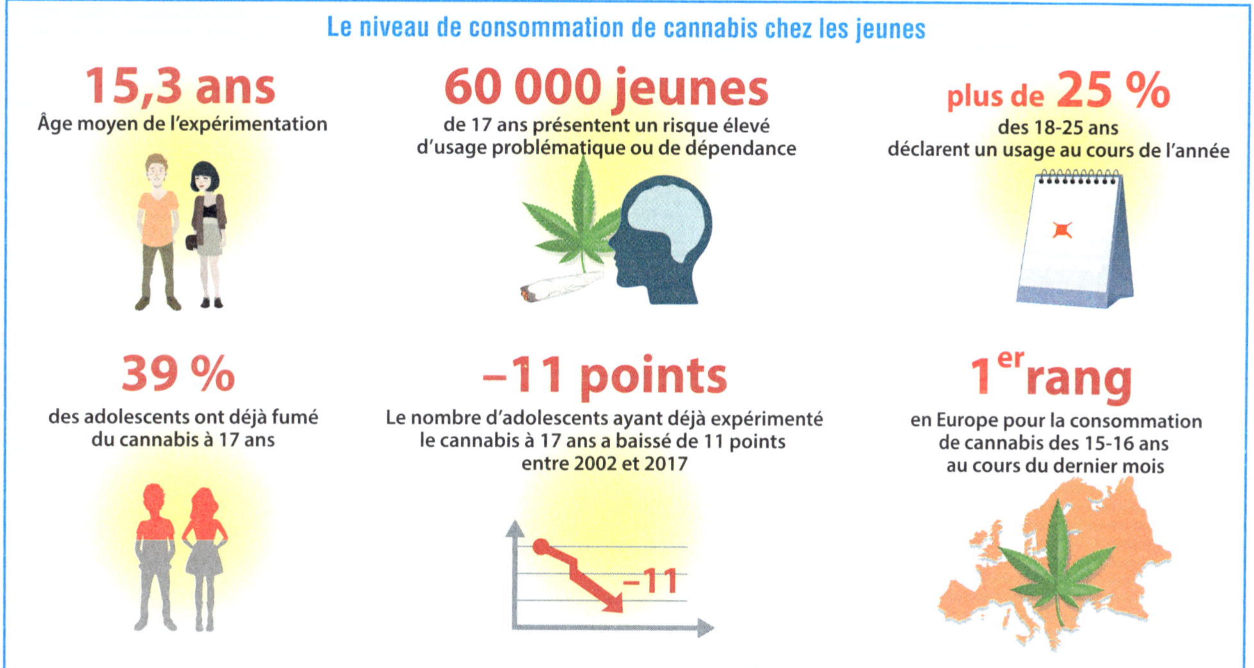

Source des chiffres : Baromètre santé 2017 de Santé publique France, ESCAPAD 2017, ESPAD 2016 de l'OFDT, Rapport annuel 2018 de l'OEDT. Dossier de la Mildeca : « Jeunes et cannabis : informer sur les risques, protéger les plus jeunes ».

C2 **1** **Identifier** le problème posé dans la situation n° 1 en cochant la proposition exacte. **/ 0,25 pt**

- ☐ Les substances psychoactives licites.
- ☐ La consommation de cannabis chez les jeunes.
- ☐ La réglementation de la consommation de cannabis.

C2 **2** **Identifier** les éléments de la situation en renseignant le tableau. **/ 1 pt**

QUOI ? Quelle est la substance psychoactive en cause ?	....
QUI ? Quelles sont les personnes concernées par le problème ?	....
OÙ ? Où la substance en cause est-elle consommée ?	....
QUAND ? Quel est l'âge moyen de la première prise de la substance psychoactive ?	....
POURQUOI ? Pourquoi cela pose-t-il problème ?	....

/ 0,25 pt

3 Dans la situation de Pedro, repérer, en cochant la proposition exacte, les facteurs de risques pouvant l'avoir conduit à consommer du cannabis. C2

Situation de Pedro		Facteurs de risques
	Au lycée, Pedro a sympathisé avec un groupe de jeunes qui consomment du cannabis. Pour ne pas se sentir exclu du groupe il a accepté un premier joint, puis un deuxième…	☐ Facteurs de risques personnels. ☐ Facteurs de risques liés à l'environnement. ☐ Facteurs de risques liés au produit.

4 À partir du document A, identifier :

/ 0,75 pt

– les effets immédiats du cannabis sur l'organisme : C3

....

....

....

/ 0,5 pt

– deux conséquences de la conduite automobile sous l'emprise du cannabis : C3

....

....

DOC A Conduire sous l'emprise de stupéfiants

Bien qu'illégal en France, le cannabis, très populaire auprès des jeunes conducteurs, fait partie de l'une des principales causes d'accidents de la route. Chaque année, plus de 200 personnes sont victimes d'accidents mortels dus à la prise de cannabis. En effet, les stupéfiants sont à l'origine de pertes de contrôle, de réflexes ralentis ou encore d'une diminution de la vigilance. En moyenne ils multiplient par deux le risque d'accident.

La consommation de stupéfiants, comme le cannabis, est interdite en France : il s'agit d'un délit, d'une infraction grave au Code de la route, qui expose à des sanctions pénales.

/ 0,5 pt

5 Identifier la définition correspondant à chacune des notions en les reliant. C3

NOTIONS	DÉFINITIONS
Drogue licite	Produit dont le Code pénal interdit la production, la détention, la vente et la consommation.
Drogue illicite	Produit qui peut être consommé et vendu, mais soumis à une réglementation.

/ 1 pt

6 À partir du document B, relever les mesures réglementaires mises en place dans le cadre de la consommation de cannabis. C3

....

DOC B Substances illicites, que dit la loi ?

« Faire usage » de stupéfiants signifie en consommer : l'usager de stupéfiants est donc celui qui consomme un produit classé comme stupéfiant, qu'il soit habituel ou occasionnel, individuel ou collectif. Cet usage illicite de l'une des substances ou plantes classées comme stupéfiants est puni d'un an d'emprisonnement et de 3 750 euros d'amende, comme le prévoit l'article L. 3421-1 du Code de santé publique.

Contrairement aux idées reçues, vendre ou offrir des produits stupéfiants, même à des amis, même en petite quantité, constitue au regard de la loi un trafic. Le trafic de produits stupéfiants est puni d'une peine maximale de 10 ans d'emprisonnement et 7 500 000 € d'amende.

Source : drogues.gouv.fr

C5 **7** **Argumenter** en quoi le cannabis relève des drogues illicites et non des drogues licites. / 1 pt

....

....

C4 **8** **Proposer** deux actions de prévention individuelle pour retenir une personne qui veut prendre sa voiture sous l'emprise du cannabis. / 0,5 pt

....

....

C4 **9** Sur le document C, **repérer**, en les entourant, le ou les numéros à composer pour obtenir des informations sur les risques liés à la consommation de cannabis. / 0,25 pt

DOC C Numéros de téléphone et sites internet d'information

- **Écoute alcool** : 0 811 91 30 30
- **Alcool info service** : 0 890 980 930 – www.alcool-info-service.fr
- **Drogues info service** : 0 800 23 13 13 – www.drogues-info-service.fr
- **Écoute cannabis** : 0 811 91 20 20
- **Tabac info service** : 39 89
- **Mission interministérielle de lutte contre la drogue et les conduites addictives** (MILDECA) : www.drogues.gouv.fr

Thématiques B et D (*4 points*)

SITUATION 2

Alberto et Louane vivent en couple et ont emménagé dans une maison individuelle avec un jardin.
Ils viennent de recevoir leur facture d'eau dont le montant leur semble très élevé. Ils se rendent compte que, contrairement à leurs amis, ils ne se préoccupent pas beaucoup des écogestes à mettre en œuvre au quotidien pour réduire leur consommation. Ils souhaitent donc impérativement modifier leur comportement pour y remédier.

C2 **10** **Formuler** le problème posé dans la situation n° 2 d'Alberto et Louane. / 0,25 pt

....

C2 **11** À partir du document D, / 1 pt

11-1 **Relever** la consommation moyenne d'eau par personne par an.

....

11-2 **Nommer** les trois postes de consommation d'eau les plus importants.

....

....

....

DOC D La consommation moyenne d'eau d'un ménage

La consommation moyenne d'eau d'un ménage est d'environ 40 m^3 (1 m^3 = 1 000 litres), par an et par personne.

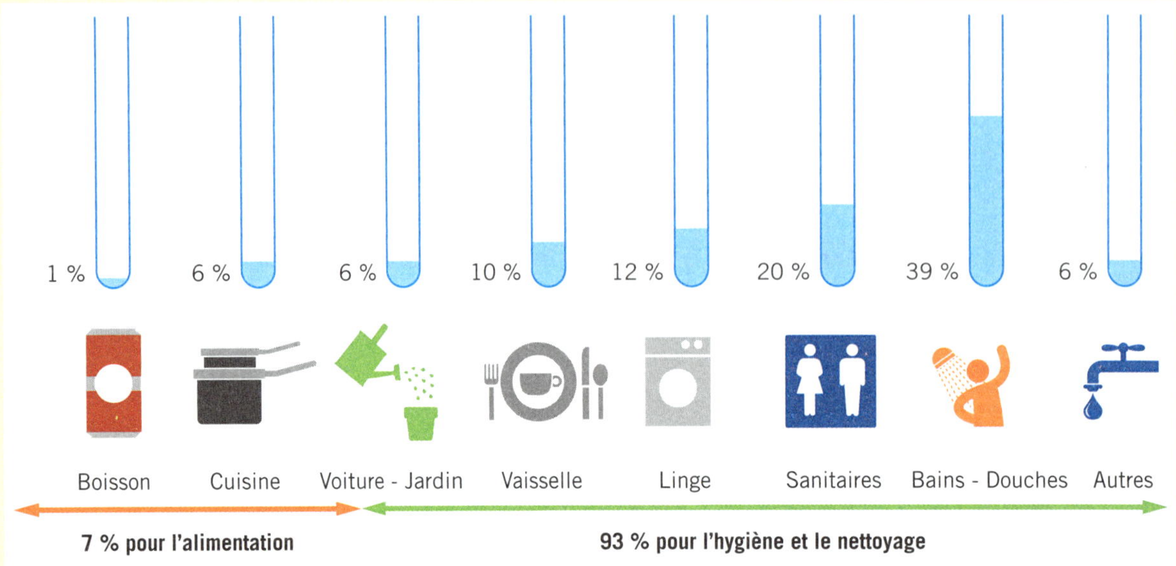

Source des chiffres : www.josmose.fr

/ 0,5 pt **12** **Repérer**, en entourant sur le document E, C3

– en orange, les lieux de prélèvement de l'eau pour la rendre potable ;

– en rouge, le lieu de traitement des eaux usées.

/ 0,75 pt **13** **Justifier** l'intérêt de traiter les eaux usées avant de les rejeter dans le milieu naturel. C3

....

....

DOC E Le cycle domestique de l'eau

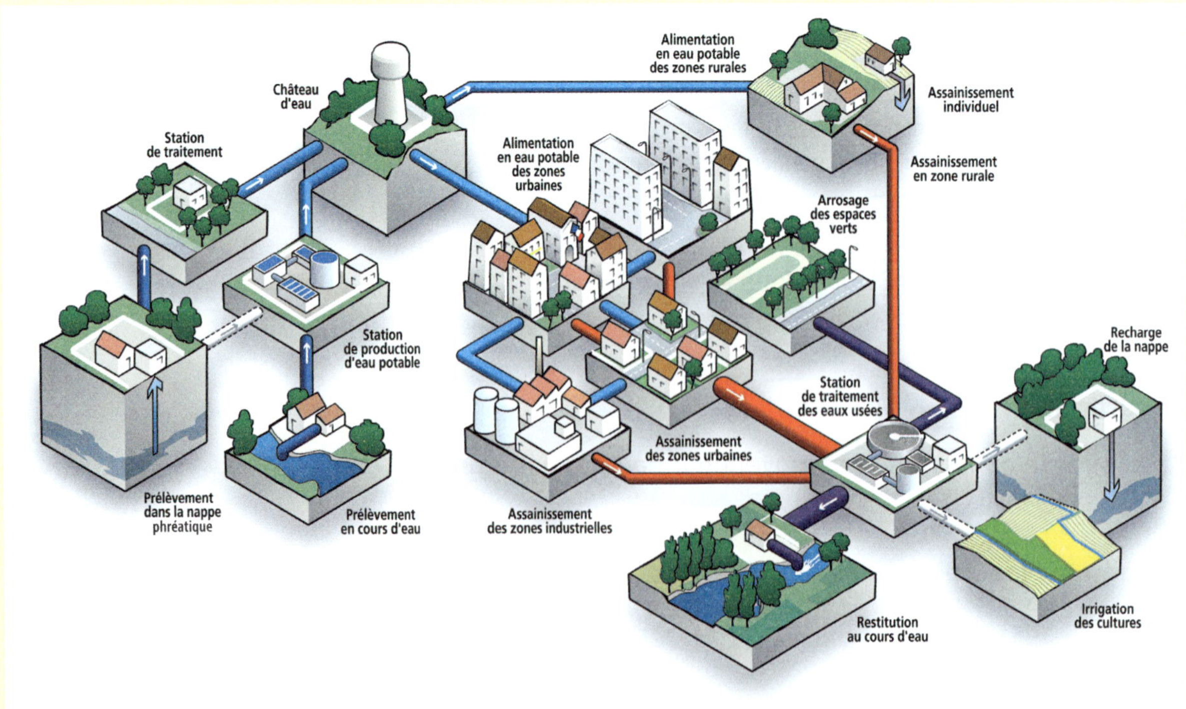

SITUATION 2 (SUITE)

Alberto et Louane souhaitent acheter un lave-linge qui consomme peu d'eau. Ils ont sélectionné deux modèles qui correspondent au budget dont ils disposent.

C5 **14** À partir du document F, **indiquer** et **justifier** le choix du lave-linge correspondant au principal critère souhaité par Alberto et Louane. / 0,5 pt

....

....

....

....

DOC F Les caractéristiques de deux lave-linge

N° 1 : Lave-linge hublot THOMSON TW1490

499,99 €

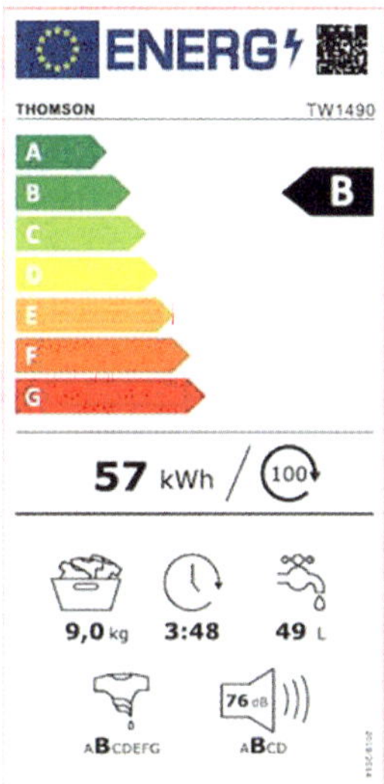

N° 2 : Lave-linge hublot LG F94V52IXA

599,99 €

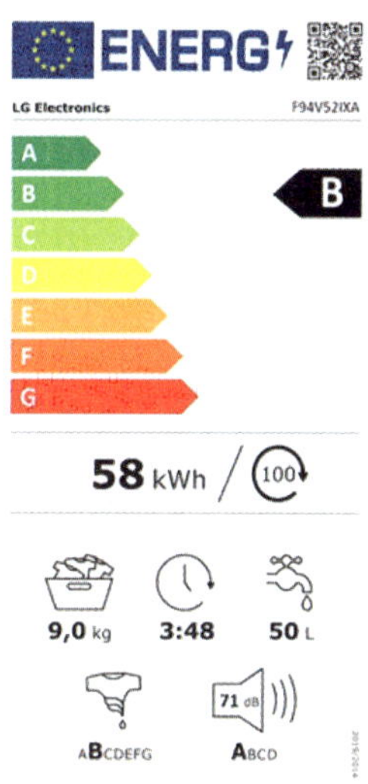

C4 **15** **Proposer** quatre mesures de prévention individuelle pour limiter la consommation d'eau d'Alberto et Louane dans leur nouveau logement. / 1 pt

....

....

....

....

....

Thématique C (5 points)

SITUATION 3

Les métiers de la petite enfance

Qu'ils soient physiques, psychologiques ou même infectieux, il existe de nombreux risques pour les professionnels de la petite enfance, générateurs d'accidents de travail ou à moyen terme de maladies professionnelles.

Source : www.ameli.fr/entreprise/sante-travail/votre-secteur/aide-soins-personne/petite-enfance

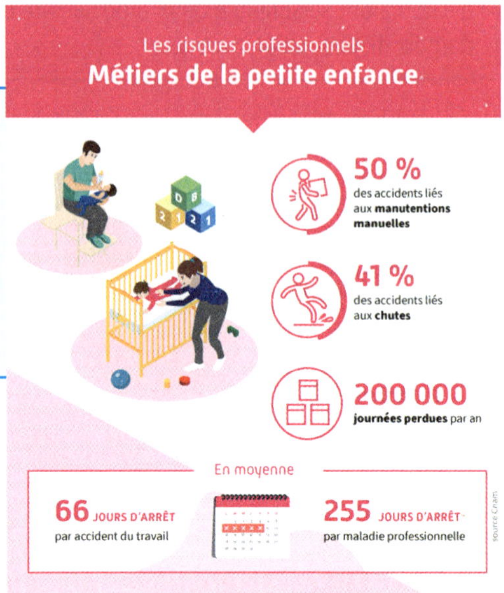

Source : L'Assurance maladie.

/ 0,75 pt **16** **À partir de la situation n° 3 pour les métiers de la petite enfance, préciser :** C2

– la cause principale à l'origine des accidents du travail : ....

– la durée moyenne d'un arrêt du travail : ....

– un danger qui peut être à l'origine des chutes : ....

SITUATION 4

Manon, titulaire du CAP Accompagnant éducatif petite enfance, est salariée depuis sept ans dans la crèche « Les bout'chous ». Lors de ses activités, elle est amenée à porter des enfants et à ranger les jouets. En arrêt depuis un mois, son dos l'a fait extrêmement souffrir. Son médecin lui a diagnostiqué une sciatique.

17 **À partir de la situation de Manon (situation n° 4),**

/ 0,25 pt 17-1 **Relever la nature du risque évoqué dans la situation auquel Manon est exposée.** C2

....

/ 0,25 pt 17-2 **Proposer une définition de la notion de maladie professionnelle.** C3

....

/ 1 pt 17-3 **Argumenter, en vous aidant du document G, en quoi la sciatique de Manon relève d'une maladie professionnelle.** C5

....

....

....

....

....

DOC G Tableau n° 98 : Affections chroniques du rachis lombaire provoquées par la manutention manuelle de charges lourdes

Désignation des maladies	Délai de prise en charge	Liste limitative des travaux susceptibles de provoquer ces maladies
Sciatique par hernie discale L4-L5 ou L5-S1 avec atteinte radiculaire de topographie concordante Radiculalgie crurale par hernie discale L2-L3 ou L3-L4 ou L4-L5, avec atteinte radiculaire de topographie concordante.	6 mois (sous réserve d'une durée d'exposition de 5 ans).	Travaux de manutention manuelle habituelle de charges lourdes effectués : – dans le fret routier, maritime, ferroviaire, aérien ; – dans le bâtiment, le gros œuvre, les travaux publics ; – dans les mines et carrières ; – dans le ramassage d'ordures ménagères et de déchets industriels ; – dans le déménagement, les garde-meubles ; – dans les abattoirs et les entreprises d'équarrissage ; – dans le chargement et le déchargement en cours de fabrication, dans la livraison, y compris pour le compte d'autrui, le stockage et la répartition des produits industriels et alimentaires, agricoles et forestiers ; – dans le cadre des soins médicaux et paramédicaux incluant la manutention de personnes ; – dans le cadre du brancardage et du transport des malades ; – dans les travaux funéraires.

Source : www.legifrance.gouv.fr

C3 **18** **Pour préserver son dos, Manon applique pourtant les principes de sécurité physique. Justifier l'intérêt de chacun de ces principes de sécurité en renseignant le tableau.** / 1 pt

	Principe de sécurité	Justification
1	Se rapprocher de la charge.	Superposer les centres de gravité.
2	Écarter et décaler les pieds de chaque côté de la charge.	....
3	Fléchir les jambes.	....
4	Positionner les mains.	....
5	Fixer la colonne vertébrale et lever la tête.	....

SITUATION 4 (SUITE)

Manon est chargée d'effectuer le change de Lou, trois mois, dont la couche est souillée par des selles.

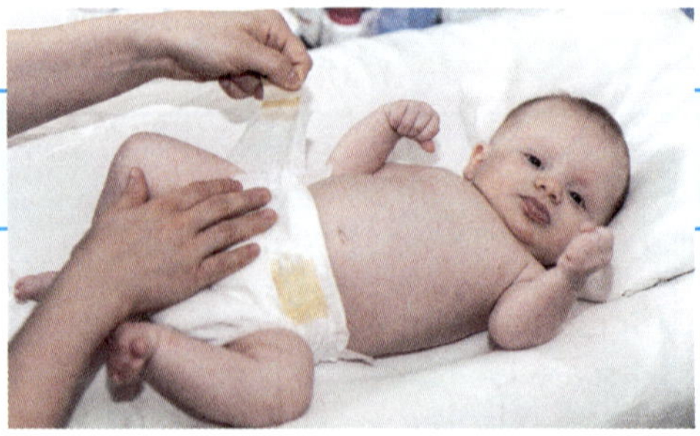

C2

/ 1,25 pt

19 Identifier, dans l'activité de travail de Manon, le danger, la situation dangereuse, l'événement dangereux ou déclencheur et le dommage possible, en complétant le schéma du principe d'apparition d'un dommage.

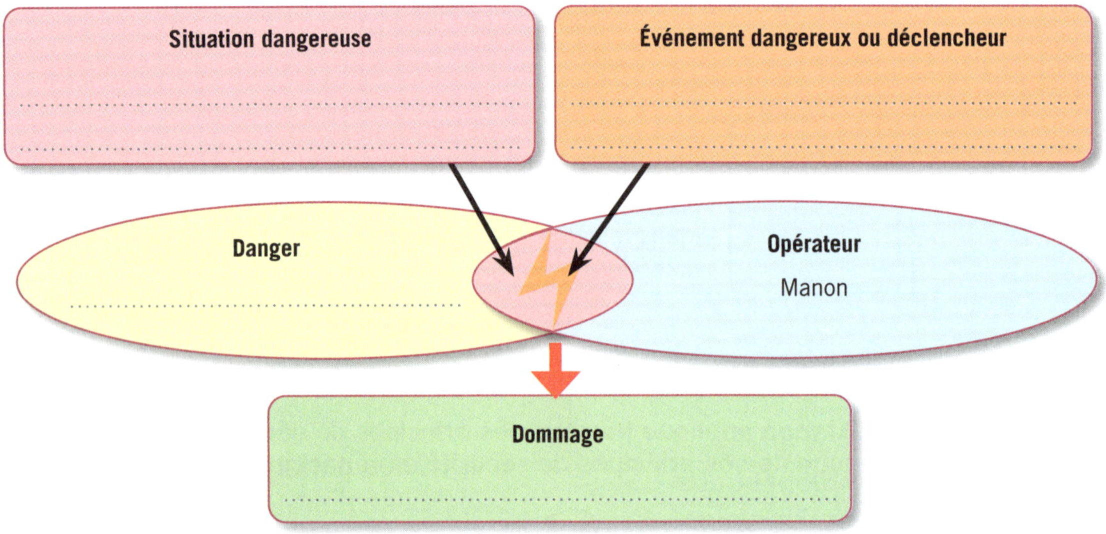

/ 0,5 pt

20 Proposer deux mesures de protection pour le danger identifié.

C4

....

....

....

Glossaire

THÉMATIQUE A : L'individu responsable de son capital santé

Activité physique
Tout mouvement produit par les muscles squelettiques striés qui augmente la dépense énergétique.
Chapitre 3, page 22

Addiction
Impossibilité de stopper un comportement en dépit de la connaissance de ses conséquences négatives.
Chapitre 4, page 28

Contraception
Ensemble des moyens provoquant une infécondité temporaire chez l'homme et la femme.
Chapitre 5, page 39

Contraception d'urgence
Méthode de contraception utilisée juste après un rapport non protégé, dans le but de diminuer le risque de grossesse non désirée.
Chapitre 5, page 40

Désynchronisation
Décalage entre le rythme biologique d'une personne et celui qui lui est imposé par ses obligations personnelles ou professionnelles.
Chapitre 2, page 17

Équilibre alimentaire
Équilibre entre les apports des différents constituants alimentaires énergétiques, non énergétiques et les dépenses globales de l'organisme.
Chapitre 7, page 53

Hormone
Substance produite naturellement par un organe du corps, qui est transportée par le sang et agit sur d'autres organes.
Chapitre 2, page 17

Illicite
Interdit par la loi. Exemple : le cannabis.
Chapitre 4, page 32

Licite
Autorisé par la loi. Exemple : l'alcool.
Chapitre 4, page 32

Mélatonine
Hormone qui régule les rythmes biologiques circadiens. Elle intervient dans la gestion du rythme veille/sommeil.
Chapitre 2, page 17

Parcours de soins coordonnés
Dispositif qui consiste à confier au médecin traitant la coordination des soins pour le suivi médical du patient et permet un meilleur remboursement.
Chapitre 1, page 12

Plan santé
Programme mis en place pour protéger, promouvoir et restaurer l'état de santé de l'ensemble de la population française. Exemple : le plan national de mobilisation contre les addictions.
Chapitre 1, page 10

Polyconsommation
Fait de consommer plusieurs substances psychoactives.
Chapitre 4, page 30

Principe de solidarité nationale de la Sécurité sociale
Versement d'une cotisation par chaque salarié et chaque employeur pour couvrir les risques sociaux (maladie, accident) et la vieillesse...
Chapitre 1, page 11

Rythme biologique ou Biorythme
Phénomène biologique naturel qui se répète à intervalles réguliers dans le temps (exemple :

le rythme veille/sommeil qui s'appelle le rythme circadien).
Chapitre 2, page 16

Rythme circadien
Rythme biologique qui se répète toutes les 24 heures (exemple : le rythme veille/sommeil).
Chapitre 2, page 16

Sommeil paradoxal
Phase du sommeil pendant laquelle le relâchement musculaire est maximal alors que l'activité cérébrale est intense. Permet une récupération mentale et la mémorisation.
Chapitre 2, page 17

Sommeil profond
Phase du sommeil qui permet de récupérer physiquement, de fabriquer l'hormone de croissance, les anticorps et de réparer les tissus.
Chapitre 2, page 17

Substance psychoactive
Substance naturelle ou synthétique qui agit sur le psychisme, modifie le comportement et procure des sensations que recherche l'individu jusqu'à un état d'accoutumance et de dépendance.
Chapitre 4, page 28

THÉMATIQUE B : L'individu responsable dans son environnement

Acouphène
Sensation auditive anormale (sifflements, bourdonnements) entendue sans aucun stimulus sonore extérieur.
Chapitre 11, page 87

Aléa
Présence d'un événement qui est la manifestation d'un phénomène naturel ou anthropique et potentiellement dangereux.
Chapitre 9, page 68

Anthropique
Phénomène qui peut être le résultat de l'action de l'être humain.
Chapitre 9, page 68

Bruit
Ensemble de sons (vibrations de l'air qui se propagent sous forme d'ondes acoustiques) perçus comme gênants.
Chapitre 11, page 84

Décibel(A)
Niveau du bruit réellement perçu par l'oreille.
Chapitre 11, page 84

Document d'information communal sur les risques majeurs (DICRIM)
Document qui permet d'identifier les risques majeurs au niveau d'une commune et d'informer la population sur la conduite à tenir.
Chapitre 9, page 70

Eau virtuelle
Ensemble des consommations d'eau nécessaire à la fabrication d'un produit.
Chapitre 8, page 64

Effet de serre
Phénomène naturel qui permet de maintenir sur Terre la température moyenne de 15 °C. Sans l'effet de serre, la température serait de – 18 °C.
Chapitre 10, page 78

Empreinte carbone
Ensemble des gaz à effet de serre émis tout au long de la vie d'un produit.
Chapitre 10, page 79

Empreinte en eau
Estimation du volume d'eau utilisé durant le cycle de vie d'un produit.
Chapitre 8, page 64

Enjeux
Conséquences (humaines, économiques, environnementales…) engendrées par l'aléa.
Chapitre 9, page 68

Hyperacousie
Fait de percevoir les sons plus forts qu'ils ne le sont réellement.
Chapitre 11, page 87

Risque majeur
Possibilité qu'un événement se produise (aléa) entraînant des conséquences graves

humaines et matérielles (enjeux) qui dépassent les capacités de réaction de la société. Il se caractérise par sa faible fréquence et son énorme gravité.
Chapitre 9, page 68

THÉMATIQUE C : L'individu dans son milieu professionnel, impliqué dans la prévention des risques

Accident du trajet
Accident survenu à un salarié déclaré à la Sécurité sociale sur le trajet aller-retour entre l'entreprise et le lieu d'habitation ou le lieu où il se rend pour prendre ses repas sans détour sauf pour les nécessités de la vie quotidienne (ex. : boulangerie, école).
Chapitre 14, page 106

Accident du travail « proprement dit »
Accident survenu à un salarié déclaré à la Sécurité sociale sur le temps et le lieu de travail, par le fait ou à l'occasion du travail, suite à une action soudaine et violente entraînant une blessure.
Chapitre 14, page 106

Anticorps
Molécule de défense fabriquée par des globules blancs spécialisés, les lymphocytes B, qui neutralisent l'antigène (par exemple une bactérie) présent dans le corps humain.
Chapitre 24, page 169

Antigène
Élément étranger à l'organisme humain capable de déclencher une réaction spécifique du système immunitaire visant à l'éliminer.
Chapitre 24, page 169

Comité social et économique (CSE)
Instance représentative des salariés, obligatoire dans les entreprises d'au moins 11 salariés.
Chapitre 23, page 163

Contact direct avec le courant électrique
Contact entre le corps et des pièces nues normalement sous tension, directement ou à l'aide d'un conducteur (outil).
Chapitre 19, page 136

Contact indirect avec le courant électrique
Contact entre le corps et une masse métallique mise accidentellement sous tension.
Chapitre 19, page 136

Contrat de travail
Accord par lequel une personne s'engage à mettre son activité à disposition d'une autre personne contre une rémunération.
Chapitre 12, page 94

Danger
Cause capable de provoquer une lésion ou une atteinte à la santé.
Chapitre 15, page 115

Document unique d'évaluation des risques professionnels (DUERP)
Document d'évaluation des risques professionnels d'une entreprise qui consiste à identifier et classer les risques auxquels peuvent être exposés les salariés, et à proposer des mesures de prévention.
Chapitre 13, page 101

Dommage
Lésion et/ou atteinte à la santé.
Chapitre 15, page 115

Droit d'alerte
Fait de signaler immédiatement à l'employeur toute situation de travail dont le salarié a un motif raisonnable de penser qu'elle présente un danger grave et imminent pour la vie ou la santé des salariés.
Chapitre 13, page 102

Droit de retrait
Disposition du droit du travail qui permet au travailleur de quitter son poste de travail en cas de danger grave et imminent.
Chapitre 13, page 102

Événement dangereux ou déclencheur
Événement susceptible de causer un dommage pour la santé.
Chapitre 15, page 115

Habilitation électrique
Reconnaissance par l'employeur de la capacité d'un personnel à effectuer en toute sécurité les tâches fixées.
Chapitre 19, page 139

Indemnité journalière
Somme versée par la Caisse primaire d'assurance maladie en cas d'arrêt de travail pour compenser la perte de salaire.
Chapitre 14, page 109

Maladie professionnelle
Conséquence de l'exposition, plus ou moins prolongée, d'un salarié ou d'une personne qui a été salariée, à un risque (vapeurs, poussières, bruits, vibrations, gestes répétitifs...) lors de l'exercice habituel de sa profession. Les maladies professionnelles indemnisables figurent sur des tableaux spécifiques qui précisent les conditions à remplir (délai de prise en charge, durée d'exposition au risque, liste de travaux effectués).
Chapitre 14, page 107

Mémoire immunitaire
Capacité du système immunitaire à reconnaître rapidement un antigène (corps étranger) déjà rencontré.
Chapitre 24, page 169

Prestations en espèces
Indemnités journalières, et/ou rente d'incapacité, et/ou rente aux ayants droit, versées par la Caisse primaire d'Assurance maladie suite à un accident du travail ou une maladie professionnelle.
Chapitre 14, page 109

Prestations en nature
Prise en charge des soins à 100 % par la Caisse primaire d'Assurance maladie suite à un accident du travail ou une maladie professionnelle. Les prestations sont versées directement aux praticiens (médecin, pharmacien...) afin d'éviter l'avance des frais par la victime.
Chapitre 14, page 109

Protection collective
Ensemble de mesures de sécurité qui visent à protéger plusieurs personnes des dangers (ex. : carter de protection).
Chapitre 15, page 116

Protection individuelle
Ensemble de mesures de sécurité qui visent à protéger l'individu des dangers (ex. : bouchons d'oreilles, lunettes).
Chapitre 15, page 116

Situation dangereuse
Toute situation dans laquelle une personne est exposée à un ou plusieurs dangers.
Chapitre 15, page 115

Troubles musculo-squelettiques (TMS)
Ensemble d'atteintes douloureuses des muscles, nerfs, tendons et ligaments.
Chapitre 22, page 156

Vaccin
Traitement préventif qui consiste à injecter dans l'organisme des micro-organismes inoffensifs ou dont la virulence a été atténuée pour provoquer la fabrication d'anticorps.
Chapitre 24, page 169

THÉMATIQUE D : L'individu consommateur averti

Assurance
Contrat par lequel l'assureur s'engage à indemniser l'assuré de certains risques ou sinistres éventuels, moyennant le versement d'une prime ou d'une cotisation.
Chapitre 25, page 174

Budget
Prévision des recettes et des dépenses pour une période donnée.
Chapitre 26, page 181

Budget déficitaire
Budget dont les recettes sont inférieures aux dépenses.
Chapitre 26, page 182

Budget équilibré
Budget dont les recettes sont égales aux dépenses.
Chapitre 26, page 182

Budget excédentaire
Budget dont les recettes sont supérieures aux dépenses.
Chapitre 26, page 182

Délai de rétractation
Délai qui permet à un particulier, lors de la souscription d'un prêt, de revenir pendant 14 jours sur sa décision d'emprunt à l'aide du bordereau de rétractation.
Chapitre 27, page 187

Prime d'assurance
Somme d'argent à payer pour être assuré.
Chapitre 25, page 174

Recette
Somme d'argent reçue.
Chapitre 26, page 181

Responsabilité civile
Obligation légale de réparer le dommage corporel ou matériel causé à autrui.
Chapitre 25, page 175

Sinistre
Événement redouté pour lequel il est préférable de s'assurer.
Chapitre 25, page 174

Surendettement
Situation d'une personne dans l'impossibilité de rembourser ses dettes non professionnelles, les charges étant plus importantes que les revenus.
Chapitre 27, page 186

Taux d'endettement
Taux exprimant en pourcentage la part des revenus mensuels consacrée aux remboursements des prêts chaque mois. Le taux ne doit pas dépasser 33 % des revenus mensuels d'un ménage.
Chapitre 27, page 186

Taux effectif global (TEG)
Taux intégrant les frais de dossier, les frais d'assurance et les intérêts en cas d'obtention d'un prêt.
Chapitre 27, page 186

Crédit photographique

…e.
… stock.
…studio / stock.
…slasnyi / stock.
…novoir – **bg** : ph © visoot / …com – **bd** : ph © El Gaucho / …be.com
…**g** : ph © Kara / stock.adobe.com
…**m** : ph © Sea Wave / stock.adobe. com – **bd** : ph © hedgehog94 / stock. adobe.com –
p. 15 g : ph © Antonioguillem / stock. adobe.com – **d** : ph © C5Media / stock. adobe.com
p. 18, h : ph © Chopard Photography / stock.adobe.com – **m** : ph © StefanieBaum / stock.adobe.com – **b** : ph © Sergiy Serdyuk / stock.adobe.com
p. 19, hg : ph © Nattakorn / stock.adobe. com – **hm** : ph © iryna_l / stock.adobe. com – **hd** : ph © VadimGuzhva / stock. adobe.com – **mg** : ph © Yummypic / stock. adobe.com – **mm** : ph © Jacob Lund / stock.adobe.com – **md** : ph © Olivier Le Moal / stock.adobe.com – **bg** : ph © Boris Bulychev /stock.adobe.com – **bm** : ph © dima_sidelnikov / stock.adobe.com – **bd** : ph © rades / stock.adobe.com
p. 21 : ph © rodjulian / stock.adobe.com
p. 24, h : ph © S. Crosnier / Foucher – **hg** : ph © theartofphoto / stock.adobe. com – **hm** : ph © Viktoriia /stock.adobe. com – **hd** : ph © Яна Солодкая / stock. adobe.com – **mg** : ph © NewAfrica / stock. adobe.com – **mm** : ph © ivananikolic / stock.adobe.com – **md** : ph © master1305 / stock.adobe.com – **bg** : ph © fovivafoto / stock.adobe.com – **bm** : ph © djile / stock. adobe.com – **bd** : ph © fizkes / stock. adobe.com
p. 25, g : ph © Kara / stock.adobe.com – **d** : ph © Robert Kneschke / stock.adobe. com
p. 27, b : affiche « Lutter contre cannabis… » : © derrierelafumee.gouv.fr / Service d'information du gouvernement
p. 28, h : ph © Andrey_Arkusha / stock. adobe.com – **m** : ph © bobex73 / stock. adobe.com – **b** : ph © dgmata / stock. adobe.com
p. 30, bg : ph © R. Gino SantaMaria / stock.adobe.com – **bd** : ph © Viacheslav Iakobchuk / stock.adobe.com
p. 31, hg : ph © Luftbildfotograf / stock. adobe.com – **hm** : ph © Rawpixel.com / stock.adobe.com – **hd** : ph © Monkey Business / stock.adobe.com – **mg** : ph © Shmel / stock.adobe.com – **mm** : ph © Vasyl / stock.adobe.com – **md** : ph © Tinnakorn / stock.adobe.com – **bg** : ph © Thomas / stock.adobe.com – **bd** : ph © kasto / stock.adobe.com
p. 33, h : ph © Photographee.eu / stock. adobe.com – **b** : ph © wstockstudio / stock.adobe.com
p. 35 et p. 43 : ph © Africa Studio / stock. adobe.com
p. 40 : ph © Voisin / Phanie
p. 41 g : ph © Andrey Popov / stock. adobe.com – **d** : ph © Iryna / stock.adobe. com
p. 42 g : filsantejeunes.com – **d** : © Ministère chargé de l'Égalité entre les femmes et les hommes, de la Diversité et de l'Égalité des chances
p. 46, b, c, d, e, f, g : © Kateryna_Kon / stock.adobe.com
p. 48, b : © lekiosque.org
p. 49, g : ph © Foucher – **m** : ph © Matton – **d** : ph © Tsuboya / stock.adobe.com
p. 49, b : © Sida Info Service
p. 50, hg, hm, hd : © Kateryna_Kon / stock.adobe.com – **bg** : © edwardolive / stock.adobe.com – **bd** : © ZAIRIAZMAL / stock.adobe.com
p. 51 : ph © WavebreakmediaMicro / stock.adobe.com
p. 52 : ph © alfa27 / stock.adobe.com
p. 53 : ph © Mihail / stock.adobe.com
p. 56, g : ph © Oleg / stock.adobe.com – **d** : ph © carles / stock.adobe.com
p. 57 : ph © diego cervo / stock.adobe. com
p. 59, b : ph © Elenathewise / stock. adobe.com
p. 61, h : ph © weber11 / stock.adobe.com – **g** : ph © Patrik Stedrak / stock.adobe. com – **d** : ph © Carola Vahldiek / stock. adobe.com – **h** : ph © pbombaert / stock. adobe.com – **m** : ph © Sergey / stock. adobe.com
p. 65 : © Journee mondiale de l'eau organisee par la Roannaise de l'Eau
p. 67 et 73 : ph © mb67 / stock.adobe. com
p. 69, h : ph © Daniel Tager / stock.adobe. com – **d** : ph © andrewburgess / stock. adobe.com
p. 70 : © Mairie de Villemur-sur-Tarn
p. 74, h : © Graphitheque / stock.adobe. com
p. 75, h : ADEME, Qu'est-ce qu'on fait ? www.qqf.fr – **b** : ph © Wayhome Studio / stock.adobe.com
p. 76, hg : ph © Rafa Irusta / stock.adobe. com – **hm** : ph © 孤飞的鹤 / stock.adobe. com – **hd** : ph © PRUSSIA ART / stock. adobe.com – **mg** : ph © Patricia W. / stock. adobe.com – **mm** : ph © nfrPictures / stock.adobe.com -**md** : ph © EKHPictures / stock.adobe.com – **bg** : ph © pubmanhero / stock.adobe.com – **bm** : ph © FOTOWAWA / stock.adobe.com – **gd** : ph © Ben Burger / stock.adobe.com
p. 83 : ph ©LIGHTFIELD STUDIOS / stock. adobe.com
p. 85, b : © savanno / stock.adobe.com
p. 88, g : ph © WavebreakmediaMicro / stock.adobe.com – **mg** : ph © Drobot Dean / stock.adobe.com – **md** : ph © Halfpoint / stock.adobe.com – **d** : ph © BillionPhotos.com / stock.adobe.com
p. 89, h : ph © Melinda Nagy / stock. adobe.com – **bd** : ph © fotomek
p. 90 : © Conseil national du bruit
p. 93, h : ph © Richard Villalon / stock. adobe.com – **bg et p. 97** : ph © Nabokov Alex / stock.adobe.com – **bd et p. 97** : ph © dtiberio / stock.adobe.com
p. 94, h : ph © rogerphoto / stock.adobe. com
p. 97, h : ph © Frederic Massard / stock. adobe.com – **m** : ph © Alexander / stock. adobe.com
p. 100, h : © Eva Minem / INRS – **bd** : ph © Olivier-Tuffe / stock.adobe.com
p. 101, h et p. 102 : ph © Antonioguillem / stock.adobe.com – **b et p. 102** : ph © Flamingo Images / stock.adobe.com
p. 105, h : ph © W PRODUCTION / stock. adobe.com – **b** : ph © japolia / stock. adobe.com
p. 106, h : ph © annanahabed / stock. adobe.com – **hm** : ph © kite_rin / stock. adobe.com – **bm** : ph © seventyfour / stock.adobe.com – **b** : ph © pressmaster / stock.adobe.com
p. 109, h : ph © glisic_albina / stock. adobe.com – **b** : ph © isabel2016 / stock. adobe.com
p. 113, d : ph © ChiccoDodiFC / stock. adobe.com – **g** : ph © Africa Studio / stock.adobe.com
p. 115, h : ph © motortion / stock.adobe. com – **b** : ph© nd3000 / stock.adobe.com
p. 119, b : ph © JackF / stock.adobe.com
p. 123, h : ph © Kadmy / stock.adobe. com – **b** : ph © Виталий Сова / stock. adobe.com
p. 124, hg : ph © kruraphoto / stock. adobe.com – **hm** : ph © SGr / stock. adobe.com – **hd** : ph © Sergey_Siberia88 / stock.adobe.com – **bg** : ph © tuaindeed / stock.adobe.com – **bm** : ph © Gorodenkoff / stock.adobe.com – **bd** : ph © magdal3na / stock.adobe.com
p. 125, h1 : ph © PAO joke / stock.adobe. com – **h2** : ph © Seventyfour / stock. adobe.com – **h3** : ph © gani_dteurope / stock.adobe.com – **h4** : ph © Kadmy / stock.adobe.com – **h5** : ph © stock. adobe.com
p. 127, hg : ph © Tomas Ragina / stock. adobe.com – **hm** : ph © Matton – **mm** : ph © Matton – **md** : ph © Maxime / stock. adobe.com – **bg** : ph © pixarno / stock. adobe.com – **bm** : ph © slexp880 / stock. adobe.com – **bd** : ph © Gaël Kerbaol / INRS
p. 129, h : ph © baranq / stock.adobe.com – **b** : romaset / stock.adobe.com
p. 130, h : ph © Виталий Сова / stock. adobe.com – **m1** : ph © ungvar / stock. adobe.com – **m2** : ph © Andrey Popov / stock.adobe.com – **b** : ph © hunterbliss / stock.adobe.com
p. 131, hg : ph © praisaeng / stock.adobe. com – **hmg** : ph © Vera Kuttelvaserova / stock.adobe.com – **hmd** : ph © ohishiftl / stock.adobe.com – **hd** : ph © Matthew Benoit / stock.adobe.com – **bg** : ph © timonina / stock.adobe.com – **bmg** : ph © Y's harmony / stock.adobe.com – **bmd** : ph © Cherries / stock.adobe.com – **bd** : ph © dziewul / stock.adobe.com
p. 133, hg : ph © herraez / stock.adobe. com – **hm** : © Camac / stock.adobe.com – **hd** : ph © v_l / stock.adobe.com – **mg** : ph © leszekglasner / stock.adobe.com – **mm** : ph © warut / stock.adobe.com – **md** : ph © Александр Юркевич / stock. adobe.com – **bg** : ph © THINK b / stock. adobe.com – **bm** : © Irsst
p. 135, b : ph © warongdech / stock. adobe.com
p. 136, hg : ph © stanislav_uvarov / stock. adobe.com – **hd** : ph © New Africa / stock. adobe.com – **bg** : ph © Artur Golbert / stock.adobe.com – **bm** : ph © Ljupco Smokovski / stock.adobe.com – **bd** : ph © Jürgen Fälchle / stock.adobe.com
p. 137, g : naraichal / stock.adobe.com – **mg** : ph © BigBlueStudio / stock.adobe. com – **md** : ph © decade3d / stock.adobe. com – **g** : ph © 3drenderings / stock. adobe.com
p. 138, hg : ph © somrerk / stock.adobe. com – **hm** : ph © AndreiNN / stock.adobe. com – **hd** : ph © warongdech / stock. adobe.com – **mg** : ph © Joaquin Corbalan / stock.adobe.com –**m** : ph © Komarov Dmitriy / stock.adobe.com – **md** : ph © Ponchy / stock.adobe.com – **bg** : ph © leonid_shtandel / stock.adobe.com – **bm** : ph © Vladimir Vydrin / stock.adobe.com – **bd** : ph © Saidin Jusoh / stock.adobe.com
p. 139 : ph © aleksandrn / stock.adobe. com
p. 141, b : ph © Stanislaw Mikulski / stock. adobe.com
p. 142, h : ph © New Africa / stock.adobe. com – **mh** : ph © SHOTPRIME STUDIO / stock.adobe.com – **mb** : ph © Satakorn / stock.adobe.com – **b** : ph © Daniel Perdiguero/ stock.adobe.com
p. 143, g : ph © industrieblick / stock. adobe.com – **mg** : ph © Pormezz / stock. adobe.com – **md** : ph © 6okean / stock. adobe.com – **d** : ph © littlewolf1989 / stock.adobe.com
p. 144, g : ph © WavebreakmediaMicro / stock.adobe.com – **m** : ph © Halfpoint / stock.adobe.com – **d** : ph © danimages / stock.adobe.com
p. 145, h : ph © Jerome Moreaux / stock. adobe.com – **m** : ph © Pixel-Shot / stock. adobe.com – **b** : ph © arkna / stock. adobe.com
p. 147, b : ph © loraks / stock.adobe.com
p. 148 : ph © lunamarina / stock.adobe. com
p. 149, 3 : ph © nikkytok / stock.adobe. com – **4** : ph © endlesssea2011 / stock. adobe.com – **5** : ph © Guido Grochowski / stock.adobe.com – **6** : ph © Bertold Werkmann / stock.adobe.com – **8** : ph © industrieblick / stock.adobe.com – **9** : ph © Bacho Foto / stock.adobe.com – **12** : ph © tuayai / stock.adobe.com
p. 150 : ph © Guido Grochowski / stock. adobe.com
p. 153 : ph © New Africa / stock.adobe. com
p. 154, hg : ph © Matton – **hd** : ph © Matton – **bg** : ph © kuchina / stock.adobe. com – **bd** : ph© siculodoc / stock.adobe. com
p. 155, hg : ph © ronstik / stock.adobe. com – **hd** : ph © deagreez / stock.adobe. com – **bg** : ph © Ivan / stock.adobe.com – **bd** : ph © bernardbodo / stock.adobe.com
p. 156, g : ph © kustvideo / stock.adobe. com – **d** : ph © Andrey Popov / stock. adobe.com
p. 158, g : ph © midobun2014 / stock. adobe.com – **mg** : ph © Andrey Popov / stock.adobe.com – **md** : ph © Tom Prokop / stock.adobe.com – **d** : ph © yunava1 / stock.adobe.com
p. 161 : ph © pressmaster / stock.adobe. com
p. 163 : ph © Jerome Romme / stock. adobe.com
p. 167, b : ph © WavebreakmediaMicro / stock.adobe.com
p. 169 : ph © yanadjan / stock.adobe.com
p. 170, h : ph © Sergey / stock.adobe.com – **b** : ph © Halfpoint / stock.adobe.com
p. 173, b : ph © kimono / stock.adobe.com
p. 174 : ph © itchaznong / stock.adobe. com
p. 176, h : ph © Piman Khrutmuang / stock.adobe.com – **b** : ph © nfrPictures / stock.adobe.com
p. 177, h : ph © benjaminnolte / stock. adobe.com – **m** : ph © Claudio Diviza / stock.adobe.com – **b** : ph © Brian Jackson / stock.adobe.com
p. 179, b : ph © Mongkol Chuewong / stock.adobe.com
p. 180, hg : ph © lordn / stock.adobe. com – **hm** : ph © chris32m / stock.adobe. com – **hd** : ph © Kiattisak / stock.adobe. com – **bg** : ph © VadimGuzhva / stock. adobe.com – **bm** : ph © stokkete / stock. adobe.comb – **bd** : ph © herreneck / stock.adobe.com
p. 181, h : ph © asife / stock.adobe.com – **m** : ph © carballo / stock.adobe.com – **b** : ph © Rido / stock.adobe.com
p. 182, g : ph © herreneck / stock.adobe. com – **m** : ph © Unclesam / stock.adobe. com – **b** : ph © Karspars Grinvalds / stock. adobe.com
p. 186 : ph © vladimirfloyd / stock.adobe. com
p. 189, b : ph © goodluz / stock.adobe. com
p. 190, 1 : ph © nenetus / stock.adobe. com – **2** : ph © Syda Productions / stock. adobe.com – **3** : ph © pikselstock / stock. adobe.com – **4** : ph © Drazen / stock. adobe.com – **5** : ph © Prostock-studio / stock.adobe.com
p. 191, g : ph © kegfire / stock.adobe. com – **d** : ph © Prostock-studio / stock. adobe.com
p. 199 : ph © Gajus / stock.adobe.com
p. 212 : ph © velimir / stock.adobe.com
p. 214 : ph © Studio Harmony / stock. adobe.com
p. 216, g : © L'Assurance maladie - **b** : Kzenon / stock.adobe.com
p. 221 : © Richard Villalon / stock.adobe. com
p. 222, g : ph © oasisamuel / stock.adobe. com – **gm** : ph © motortion / stock.adobe. com – **dm** : ph © laura / stock.adobe.com – **d** : ph © wip-studio / stock.adobe.com
p. 224 : ph © kalou1927 / stock.adobe. com
p. 225 : ph © hxdyl / stock.adobe.com
p. 228 : ph © Syda Productions / stock. adobe.com
p. 229, h : ph © Africa Studio / stock. adobe.com – **b** : ph © Prostock-studio / stock.adobe.com
p. 231 : ph © Nomad_Soul/stock.adobe. com
p. 232, h : © L'Assurance maladie – **b** : ph © highwaystarz / stock.adobe.com
p. 234 : ph © thodonal / stock.adobe.com

NB – CL/EG

Achevé d'imprimer par Grafica Veneta à Trebaseleghe - Italie - Dépôt légal : 16472-1/02 - Juin 2023